MÂLE MOYEN ÂGE

Œuvres de Georges Duby
chez Flammarion

Dialogues avec Guy Lardreau (coll. *Dialogues*)

Dans la collection *Champs*

L'économie rurale et la vie des campagnes dans l'Occident médiéval (2 vol.).

Saint Bernard. L'art cistercien.

L'Europe au Moyen Âge.

La société chevaleresque (Hommes et structures du Moyen Âge, I).

Seigneurs et paysans (Hommes et structures du Moyen Âge, II).

Dans la Nouvelle Bibliothèque Scientifique

R.W. SOUTHERN : L'Église et la Société dans l'Occident médiéval.

GEORGES DUBY

de l'Académie Française

MÂLE MOYEN ÂGE

De l'amour et autres essais

FLAMMARION

Comme l'indique son titre, ce livre réunit des essais. Entendons bien : ces textes courts dressent, aux étapes successives d'une œuvre en progrès, le bilan d'un parcours. Faire ainsi le point de temps à autre est nécessaire avant de s'aventurer plus loin. Ce sont comme des pages d'un carnet d'atelier. Elles furent écrites entre 1967 et 1986, en diverses circonstances. Certaines pour le plaisir. La plupart à l'occasion de ces rencontres où des historiens viennent périodiquement confronter le résultat de leurs recherches, se critiquant, se confortant mutuellement. L'intérêt de ces notes est de montrer comment se poursuit, hésitante et féconde, l'exploration d'un territoire mal connu.

Ce Moyen Âge est mâle, résolument. Car tous les propos qui me parviennent et me renseignent sont tenus par des hommes, convaincus de la supériorité de leur sexe. Je n'entends qu'eux. Cependant, je les écoute ici parlant avant tout de leur désir, et par conséquent des femmes. Ils ont peur d'elles, et, pour se rassurer, les méprisent. Mais d'un tel témoignage que déforment la passion, les préjugés, les règles du jeu d'amour courtois, il faut bien que je me contente. Je m'apprête à l'exploiter. Je voudrais en effet découvrir la part cachée, la féminine. Ce qu'était la femme en ces temps lointains, voici ce qu'à présent je m'évertue à reconnaître.

DE L'AMOUR ET DU MARIAGE

Le mariage dans la société
du haut Moyen Âge

Comme tous les organismes vivants, les sociétés
humaines sont le lieu d'une pulsion fondamentale qui
les incite à perpétuer leur existence, à se reproduire
dans le cadre de structures stables. La permanence de
ces structures est, dans les sociétés humaines, instituée
conjointement par la nature et par la culture. Ce qui
importe en effet, c'est la reproduction non seulement
des individus mais encore du système culturel qui
rassemble ceux-ci et qui ordonne leurs relations. Aux
prescriptions du code génétique individuel s'ajoutent
donc celles d'un code de comportement collectif, d'un
ensemble de règles qui se voudraient elles aussi infran-
gibles et qui entendent définir d'abord le statut respec-
tif du masculin et du féminin, répartir entre les deux
sexes le pouvoir et les fonctions, contrôler ensuite ces
événements fortuits que sont les naissances, substituer
à la filiation maternelle, la seule évidente, la filiation
paternelle, désigner enfin parmi tous les accouple-
ments possibles les légitimes, entendons ceux qui sont
seuls tenus pour susceptibles d'assurer convenablement la reproduction du groupe – bref de règles dont
l'objet est, bien sûr, d'instituer un couple, d'officialiser
la confluence de deux « sangs », mais plus nécessairement d'organiser, par-delà celle des deux personnes, la
conjonction de deux cellules sociales, de deux « maisons », afin que soit engendrée une cellule de forme

semblable. Le système culturel dont je parle est le système de parenté, le code dont je parle est le code matrimonial. Au centre de ces mécanismes de régulation, dont la fonction sociale est primordiale, prend place en effet le mariage.

Régulation, officialisation, contrôle, codification : l'institution matrimoniale se trouve, par sa position même et par le rôle qu'elle assume, enfermée dans une stricte armature de rites et d'interdits – de rites, puisqu'il s'agit de publier, je veux dire de rendre public, et par là de socialiser, de légaliser un acte privé – d'interdits, puisqu'il s'agit de tracer la frontière entre la norme et la marginalité, le licite et l'illicite, le pur et l'impur. Pour une part, ces interdits, ces rites relèvent du profane. Pour une autre part, ils relèvent du religieux, puisque par la *copulatio* la porte s'entrouvre sur le domaine ténébreux, mystérieux, terrifiant de la sexualité et de la procréation, c'est-à-dire sur le champ du sacré. Le mariage se situe par conséquent au carrefour de deux ordres, naturel et surnaturel. Dans bien des sociétés, et notamment dans la société du haut Moyen Age, il est régi par deux pouvoirs distincts, à demi conjugués, à demi concurrents, par deux systèmes régulateurs qui n'agissent pas toujours en concordance, mais qui l'un et l'autre prétendent emprisonner étroitement le mariage dans le droit et dans le cérémonial.

La fermeté de cette enveloppe juridique et liturgique, la vivacité des commentaires qu'elle inspira, le développement des réflexions idéologiques qui tentèrent d'en justifier les rigueurs font que l'institution matrimoniale se prête beaucoup mieux que nombre de faits sociaux à l'observation des historiens de la chrétienté médiévale. Ils peuvent la saisir, et très tôt, par l'intermédiaire de textes explicites. Mais cet avantage a son revers. Le médiéviste, dont la position déjà est beaucoup moins assurée que celle des ethnologues analysant des sociétés exotiques, et même que celle des historiens de l'Antiquité, puisque la culture qu'il étudie est en grande partie la sienne, qu'il peine à prendre à son égard les distances nécessaires, et qu'il reste malgré lui prisonnier d'un rituel et d'un système de valeurs qui ne sont pas foncièrement différents de ceux qu'il examine et qu'il souhaiterait démythifier, n'atteint aisément du mariage que son écorce, ses apparences extérieures, publiques, formelles. De ce qui remplit cette coquille, dans le privé, dans le vécu, tout ou presque tout lui échappe.

Il me paraît donc nécessaire, comme un rappel de méthode, de mettre clairement en évidence les deux dangers qui menacent nos entreprises d'élucidation, les deux déviations que la nature des sources risquerait de déterminer dans le parcours de nos recherches si nous n'y prenions garde. Dans la première de ces erreurs de perspective l'historien tomberait s'il s'en tenait, justement, aux énonciations normatives, aux termes des règlements, aux formulaires des actes juridiques, s'il se fiait à ce que disent les mots, s'il croyait qu'ils ont effectivement gouverné le comportement des hommes. N'oublions jamais que toute prescription de la loi ou de la morale constitue un élément parmi d'autres d'une construction idéologique édifiée pour justifier certaines actions et pour en quelque mesure les masquer, que, sous cette couverture où s'entretient la bonne conscience, toute règle est plus ou moins transgressée et que entre la théorie et la pratique une marge existe dont l'historien, comme le sociologue mais beaucoup plus malaisément que lui, doit s'appliquer à repérer l'extension. L'écran que dressent les formules peut abuser d'ailleurs de manière plus insidieuse. Je prends l'exemple de ces titres de donation ou de vente où, dans le cours du XIIᵉ siècle, en certaines provinces, mention est faite de plus en plus fréquemment de l'épouse aux côtés de son mari. Doit-on voir là le signe d'une effective promotion de la femme, d'un desserrement de l'emprise exercée par les mâles au sein du ménage, bref de la progressive victoire du principe de l'égalité des conjoints que l'Église, à ce moment même, travaille à faire accepter? Ne faut-il pas plutôt considérer que, s'agissant de droits sur des

biens, sur un héritage, l'épouse est requise d'intervenir moins en raison de ce qu'elle détient que de ce
qu'elle garantit et transmet, et que le lent retrait du
monopole marital accroît davantage sur la fortune du
couple les prérogatives des mâles de son lignage et
de sa progéniture que les siennes propres? Quant à la
seconde illusion, l'historien s'y abandonnerait s'il
adoptait sans précautions le point de vue des ecclésiastiques, lesquels ont rédigé à peu près tous les
témoignages dont nous pouvons disposer, s'il en
venait, involontairement, à partager leur pessimisme
ou bien leur irénisme, à prendre pour argent comp-
tant ce que ces hommes, qui pour la plupart étaient
célibataires ou affectaient de l'être, exprimèrent des
réalités conjugales.

Les deux dangers que je dénonce sont pressants. Ils
ont freiné, ils freinent encore le progrès de la recherche. C'est pourquoi j'insiste sur la nécessité de traverser à toute force l'épaisseur, l'opacité de la couche de
moralisme qui recouvre notre information tout entière.
Puisque le mariage est un acte social, et sans doute le
plus important de tous, puisqu'il s'agit d'un problème
d'histoire sociale, il m'apparaîtrait préjudiciable au
succès de la recherche que ne fussent pas examinés
dans l'indissociable globalité qu'ils constituent un système de valeurs et un mode de production, les représentations idéologiques et les assises matérielles que
celles-ci surplombent. La tâche, à vrai dire, est difficile. Deux circonstances au moins, cependant, la favori-
sent.

La période qui nous occupe n'a pas laissé seulement des écrits normatifs. Il est fait état du mariage
dans d'autres documents, qui deviennent vite fort
abondants passé l'an mille. Dans des récits, des chroniques, quantité de narrations qui, bien sûr, disent
peu de choses mais du moins concrètes et point trop
déformées – et dans toute la littérature des divertissements de cour, celle-ci déformante autant que le
discours ecclésiastique, prisonnière elle aussi d'une

idéologie, mais d'une idéologie différente, concurrente, permettant pour cela d'observer sous un autre angle et d'opérer ici et là les corrections indispensables.

La période qui nous occupe voit d'autre part en Occident se développer les phases plus ou moins âpres d'un conflit entre deux pouvoirs, d'un affrontement dont la meilleure expression est fournie par les formules gélasiennes. Pouvoir profane, étayé par les « lois », la puissance de ceux dont la mission est de dire ces lois et de les faire respecter, par les modes de comportement traditionnels, mais reposant aussi sur la disposition des rapports de production, ce qui fait que, selon toute apparence, l'histoire du mariage n'est pas la même aux divers degrés de la hiérarchie des conditions sociales, au niveau des maîtres d'une part, au niveau des exploités de l'autre. Pouvoir sacré dont l'autorité anime et soutient l'infatigable action des prêtres pour insérer le mariage dans la totalité d'une entreprise de domination des mœurs, et pour, dans cet ensemble, le situer à sa juste place. Or cette dualité même, l'alternance qu'elle entretient de rivalités et de connivences, stimule l'effort de réflexion, l'effort de réglementation, en même temps qu'elle suscite, en dépit du fait que tous ceux qui ont alors écrit appartenaient à l'Église, une diversité d'éclairages, qui même si l'on se limite à l'observation de la surface, de ce qui n'est qu'un cadre, dogmatique, rituel, réglementaire, permet de discerner moins imparfaitement ce qui constitue l'objet de notre enquête.

Au cours de cette compétition séculaire, le religieux tend à l'emporter sur le civil. L'époque est celle d'une progressive christianisation de l'institution matrimoniale. Insensiblement les résistances à cette acculturation fléchissent, ou plutôt sont contraintes de se retrancher sur des positions nouvelles, de s'y fortement établir pour s'y préparer à d'ultérieures contre-offensives. Telle est la trame chronologique. Sur elle, de manière très subjective, je placerai seulement quelques remarques, imparfaites, discontinues, dont certaines aideront peut-être à orienter les discussions, mais qui ne sont, dans mon esprit, que simples suggestions d'itinéraire.

***

Disposons donc en premier lieu, face à face, les deux systèmes d'encadrement, qui par leurs desseins sont presque entièrement étrangers l'un à l'autre : un modèle laïque, chargé, dans cette société ruralisée, dont chaque cellule prend racine dans un patrimoine foncier, de préserver, au fil des générations, la permanence d'un mode de production ; un modèle ecclésiastique dont le but, intemporel, est de refréner les pulsions de la chair, c'est-à-dire de refouler le mal, en endiguant dans de strictes retenues les débordements de la sexualité.

Maintenir d'âge en âge l'« état » d'une maison : cet impératif commande toute la structure du premier de ces modèles. En proportion variable selon les régions, selon les ethnies, les traditions romaines et les traditions barbares se combinent dans les matériaux dont il est construit ; de toute manière cependant, il prend assise sur la notion d'héritage. Son rôle est d'assurer sans dommage la transmission d'un capital de biens, de gloire, d'honneur, et de garantir à la descendance une condition, un « rang » au moins égal à celui dont bénéficiaient les ancêtres. Tous les responsables du destin familial, c'est-à-dire tous les mâles qui détiennent quelque droit sur le patrimoine, et à leur tête l'ancien qu'ils conseillent et qui parle en leur nom, considèrent par conséquent comme leur premier droit et leur premier devoir de marier les jeunes et de les bien marier. C'est-à-dire, d'une part, de céder les filles, de négocier au mieux leur pouvoir de procréation et les avantages qu'elles sont censées léguer à leur progéniture, d'autre part d'aider les garçons à prendre femme. A la prendre ailleurs, dans une autre maison, à l'introduire dans cette maison-ci où elle cessera de relever de son père, de ses frères, de ses oncles pour être soumise à son mari, mais toutefois condamnée à demeurer toujours une étrangère, un peu suspecte de trahison furtive dans ce lit où elle a pénétré, où elle va remplir sa fonction primordiale : donner des enfants au groupe d'hommes qui l'accueille, qui la domine et qui la surveille. Dans la personne de ces enfants se conjoint ce qu'elle a apporté et ce qu'ils tiennent de leur père, l'espoir de deux successions, la révérence envers deux lignées d'aïeux où sont puisés, selon des règles que nous peinons à reconstituer, les noms donnés à chacun d'eux. La position qu'ils occuperont dans le monde, les chances qu'ils auront à leur tour d'être bien mariés dépendent des clauses de l'alliance conclue lors du mariage de leurs parents. C'est dire l'importance de cet accord, c'est comprendre qu'il soit l'aboutissement de longues et sinueuses tractations en quoi tous les membres de chacune des maisonnées sont impliqués. Stratégie à long terme, prévoyante, et ceci explique que souvent l'arrangement entre les deux parentés, les promesses échangées précèdent de fort loin la consommation du mariage. Stratégie qui requiert la plus grande circonspection puisqu'elle vise à conjurer, par le recours à des compensations ultérieures, le risque d'appauvrissement que, dans une société agraire, courent les lignages dès qu'ils deviennent prolifiques. Il semble bien que trois attitudes orientent principalement les négociations qui se développent alors en préambule à tout mariage : une propension, consciente ou non, à l'endogamie, à trouver des épouses dans le cousinage, parmi la descendance d'un même ancêtre, parmi les héritiers du même patrimoine, dont l'union matrimoniale tend ainsi à rassembler les fragments épars plutôt que de les dissocier davantage; la prudence, qui engage à ne pas multiplier outre mesure les rejetons, donc à limiter le nombre des nouveaux ménages, à maintenir par conséquent dans le célibat une part notable de la progéniture; la méfiance enfin, la cautèle dans les détours du marchandage, la précaution de se garantir, le souci de part et d'autre d'équilibrer les cessions consenties et les avantages attendus. En clôture de ces palabres, des gestes et des paroles publiques, un cérémonial lui-même dédoublé. D'abord les épousailles, c'est-à-dire un rituel de la foi et de la caution, des promesses de bouche, une mimique de la dévestiture et de la prise de possession, la remise de gages, l'anneau, les arrhes, des pièces de monnaie, le contrat enfin que, dans les provinces au moins où la pratique de l'écriture ne s'est pas tout à fait perdue, l'usage impose de rédiger. Ensuite les noces, c'est-à-dire un rituel de l'installation du couple dans son ménage : le pain et le vin partagés entre l'époux et l'épouse, et le banquet nombreux qui nécessairement environne le premier repas conjugal ; le cortège conduisant la mariée jusqu'à sa nouvelle demeure ; là, le soir tombé, dans la chambre obscure, dans le lit, la défloration, puis au matin, le cadeau par quoi s'expriment la gratitude et l'espoir de celui dont le rêve est d'avoir, en fécondant dès cette première nuit sa compagne, inauguré déjà ses fonctions de paternité légitime.

Tous ces rites, une éthique évidemment les enrobe, et je serais tenté de mettre en évidence trois de ses arêtes majeures.

Cette société n'est pas strictement monogame. Sans doute n'autorise-t-elle qu'une seule épouse à la fois. Mais elle ne dénie pas au mari, ou plutôt à son groupe familial, le pouvoir de rompre à son gré l'union, de renvoyer la femme pour en chercher une autre, et de relancer à cette fin la chasse aux beaux partis. Tous les engagements des épousailles, le *sponsalicium*, le *dotalicium*, ont, entre autres rôles, celui de protéger dans leurs intérêts matériels l'épouse répudiée et son lignage.

Le champ de la sexualité masculine, j'entends de la sexualité licite, n'est nullement renfermé dans le cadre conjugal. La morale reçue, celle que chacun affecte de respecter, oblige certes le mari à se satisfaire de son épouse, mais elle ne l'astreint nullement à ne point user d'autres femmes avant son mariage, durant ce qu'on appelle au XIIᵉ siècle la « jeunesse », ni après, dans son veuvage. De nombreux indices attestent le vaste et très ostensible déploiement du concubinage, des amours ancillaires et de la prostitution, ainsi que l'exaltation, dans le système de valeurs, des prouesses de la virilité.

En revanche, chez la fille, ce qui est exalté et ce que cherche précautionneusement à garantir toute une intrication d'interdits, c'est la virginité, et chez l'épouse, c'est la constance. Car le dérèglement naturel à ces êtres pervers que sont les femmes risquerait, si l'on n'y veillait, d'introduire au sein de la parenté, parmi les héritiers de la fortune ancestrale, des intrus, nés d'un autre sang, clandestinement semés, de ces mêmes bâtards que les célibataires du lignage répandent par une allègre générosité hors de la maison ou dans les rangs de ses serviteurs.

Cette morale que je schématise est domestique. Elle est privée. Les sanctions qui la font respecter le sont aussi : la vengeance d'un rapt appartient aux parents mâles de la fille, la vengeance d'un adultère au mari et à ses consanguins. Mais comme il est loisible d'appeler à la rescousse les assemblées de paix et la puissance du prince, place est naturellement faite au rapt et à l'adultère dans les législations civiles.

Du modèle proposé par l'Église nous sommes beaucoup mieux informés par quantité de documents et d'études. Il suffira de souligner cinq de ses traits.

Tout le versant ascétique, monastique de l'Église chrétienne, tout ce qui la porte à mépriser, à refuser le siècle, mais aussi tout ce qui, dans le bagage culturel qu'elle hérita de Rome, relie sa pensée aux philosophies de l'Antiquité l'incline à condamner le mariage, dont le tort est d'être à la fois souillure, trouble de l'âme, obstacle à la contemplation, en vertu d'arguments et de références scripturaires dont la plupart se trouvent déjà rassemblés dans l'*Adversus Jovinianum* de saint Jérôme.

Toutefois, puisque les humains, hélas, ne se repro-

duisent pas comme les abeilles et qu'ils doivent pour
cela copuler, et puisque parmi les pièges que tend le
démon, il n'en est pas de pire que l'usage immodéré
des organes sexuels, l'Église admet le mariage comme
un moindre mal. Elle l'adopte, elle l'institue – et
d'autant plus aisément qu'il fut admis, adopté, institué
par Jésus –mais à condition qu'il serve à discipliner la
sexualité, à lutter efficacement contre la fornication.

A cette fin, l'Église propose d'abord une morale de la
bonne conjugalité. Son projet : tâcher d'évacuer de
l'union matrimoniale ces deux corruptions majeures,
la salissure inhérente au plaisir charnel, les démences
de l'âme passionnée, de cet amour sauvage à la Tristan
que les *Penitentiels* cherchent à étouffer lorsqu'ils
pourchassent les philtres et autres breuvages enjôleurs.
Quand ils s'unissent, les conjoints ne sauraient donc
avoir d'autre idée en tête que la procréation. Se
laissent-ils aller à prendre à leur union quelque plaisir,
ils sont aussitôt « souillés », « ils transgressent, dit
Grégoire le Grand, la loi du mariage [1] ». Et même s'ils
sont restés de marbre, il leur faut se purifier s'ils
veulent après coup s'approcher des sacrements. Qu'ils
s'abstiennent de tout commerce charnel pendant les
temps sacrés, sinon Dieu se vengera ; Grégoire de
Tours met en garde ses auditeurs : les monstres, les
estropiés, tous les enfants malingres sont, on le sait
bien, conçus dans la nuit du dimanche [2].

Quant à la pratique sociale du mariage, l'Église
s'emploie à rectifier les coutumes laïques sur plusieurs
points. Ce faisant, elle déplace sensiblement les bornes
entre le licite et l'illicite, étendant d'un côté la part de
liberté et la restreignant de l'autre. Les ecclésiastiques
travaillent ainsi à assouplir les procédures conclusives
de l'union matrimoniale lorsque leur horreur du charnel les incite à transporter l'accent sur l'engagement
des âmes, sur le *consensus*, sur cet échange spirituel au
nom de quoi, à la suite de saint Paul, le mariage peut

---

1. *Regula Pastoralis.* III, 27, *P.L.* 77, 102.
2. *Liber II de virtutibus sancti Martini, M.G.H., S.R.M.,* I, 617.

devenir la métaphore de l'alliance entre le Christ et son Église; ceci les pousse en effet dans une voie qui mène à libérer la personne des contraintes familiales, à faire des accordailles une affaire de choix individuel; qui mène aussi, puisque l'on proclame que la condition des individus ne doit en rien gêner l'union des cœurs, à légitimer le mariage des non-libres, et à l'émanciper de tout contrôle seigneurial. Inversement l'Église vient resserrer les entraves quand, luttant pour une conception absolue de la monogamie, elle condamne la répudiation, le remariage, elle exalte l'*ordo* des veuves; lorsqu'elle s'efforce de faire admettre une notion démesurément élargie de l'inceste, lorsqu'elle multiplie les empêchements en raison de la consanguinité et de toute forme de parenté artificielle.

Dernier point : les prêtres s'immiscent peu à peu dans le cérémonial du mariage pour en sacraliser les rites, et spécialement ceux des noces, accumulant autour du lit nuptial les formules et les gestes destinés à refouler le satanique et à contenir les conjoints dans la chasteté.

Dans la très longue histoire de la progressive, de l'imparfaite insertion du modèle ecclésiastique dans le modèle laïque, le IXe siècle apparaît comme un moment décisif. Parce que, d'abord, la renaissance de l'écriture vient écarter les voiles qui, dans les temps antérieurs, dissimulent presque entièrement aux yeux de l'historien les faits sociaux. Parce que surtout, cette époque, dans la part de l'Europe soumise à la domination carolingienne, connaît, autour du roi sacré, une sorte de coopération du pouvoir civil et du pouvoir religieux qui conjuguent un moment leurs efforts pour édifier, à l'usage du peuple chrétien, une morale sociale moins éloignée des prescriptions de l'Écriture. L'œuvre est d'abord de réflexion sur des cas concrets, exemplaires, à propos d'affaires matrimoniales survenues dans la très haute aristocratie d'Empire et mettant en jeu ce que nous appellerions la politique. C'est la tâche spécifique des *oratores*, entendons des évêques, appliquant à l'élaboration conceptuelle du matériel patristique la *sapientia* dont le sacre les a imprégnés, d'entreprendre, afin de mieux guider leurs ouailles, l'analyse du *nuptiale mysterium*, de construire une théorie du mariage à des fins éminemment pastorales et pratiques. L'œuvre est parallèlement de codification sur cette frange élargie où, sous le regard du souverain présidant aux plaids généraux et aux conciles, le profane et le sacré se compénètrent plus profondément alors que jamais. Le mariage n'est-il pas en effet conçu désormais comme relevant conjointement de l'*auctoritas* des prélats et de la *potestas* des princes, et d'un système de sanctions dont les deux pouvoirs associés, Hincmar le dit expressément à propos du rapt de Judith, sont hiérarchiquement les ordonnateurs [1]?

De cette alliance procède ainsi, presque achevé, cet édifice normatif dont j'ai dit tout à l'heure qu'il ne fallait pas considérer que lui, mais qui mérite cependant grande attention lorsqu'il émerge brusquement de la nuit des âges obscurs. Pour une part, il est constitué de préceptes, d'exhortations à se mieux conduire, proposant un modèle de vie chrétienne à l'usage des *conjugati* que, certes, la conception des *ordines* relègue au degré le plus bas d'une hiérarchie ternaire des perfections couronnant d'abord la virginité puis la continence, mais à qui du moins le salut est promis, alors qu'il est refusé à tous les autres, aux fornicateurs, rejetés, parce qu'ils refusent les disciplines exclusives d'une sexualité conjugale indissoluble et chaste, dans les ténèbres extérieures. A ces admonestations s'adjoignent des règles instituées pour maintenir l'ordre social, prévenir, apaiser les discordes dont l'institution matrimoniale peut être la cause. Ces règles, c'est au roi qu'il appartient de les promulguer et de les faire respecter, aux princes dont la sollicitude doit protéger

---

1. «*Prius Ecclesiae quam laeserent satisfacerent, sic demum quod praecipiant jura legum mundialium exsequi procurarent*», *P.L.*, 126, 26.

spécialement la veuve et l'orphelin, les deux victimes de la rupture accidentelle du cadre conjugal. Remarquons bien que les capitulaires et les canons légifèrent avant tout à propos du rapt et s'en tiennent pour l'essentiel à ce qui du mariage participe au profane. Sauf cependant sur un point, l'inceste. En ce seul point, où le souverain « prohibe diligemment ce que prohibe la loi du Seigneur [1] », le modèle ecclésiastique parvient à prendre place dans le système d'interdictions et de sanctions publiques. Mais c'est un point capital. Car veiller à ce que nul « n'ose se souiller ni souiller autrui par des noces incestueuses [2] » impliquait que toutes les *nuptiae*, « celles de non-nobles comme celles de nobles [3] », fussent publiques; qu'elles ne fussent ni *inexordinatae* ni *inexaminatae*, et par conséquent, qu'une enquête sur le degré de parenté des époux les précédât [4]. Publicité, enquête – auprès des « parents », des « voisins », des *veteres populi* – mais, en premier lieu auprès du prêtre, auprès de l'évêque, appelés ainsi, désormais, légalement, à participer aux cérémonies nuptiales. Non seulement pour bénir, pour exorciser, non seulement pour moraliser, mais pour contrôler et pour autoriser. Pour juger. Donc pour régir.

M'est-il permis cependant d'insister davantage sur la période suivante, sur le xe, xie et sur le xiie siècle? Je le souhaite, et non seulement parce que je m'y sens mieux à l'aise, mais d'une part, parce que, me semble-t-il, la principale flexion dans l'histoire sociale du mariage européen se produit à ce moment, parce que d'autre part, une documentation moins uniforme permet dès lors de parcourir le champ dans presque toute son étendue, donc de poser plus rigoureusement les pro-

1. *Admonitio generalis*, 789, cap. 68, *M.G.H., Cap.* I, 59.
2. *Cap. missorum*, 802, cap. 35, *M.G.H., Cap.* I, 98.
3. Synode de Verneuil, *M.G.H., Cap.* I, 36.
4. Synode bavarois, 743, *M.G.H. Conc.* II, 53.

blèmes. Je m'explique par ces dernières réflexions, elles aussi trop rapides, trop subjectives, et que je rangerai en trois séries.

J'insisterai d'abord sur l'intérêt de considérer les modifications qui, dans la société aristocratique, affectent insensiblement durant cette période la stratégie matrimoniale. Les structures de parenté paraissent bien en effet se transformer alors dans ce milieu, par la lente vulgarisation d'un modèle royal, c'est-à-dire lignager, privilégiant dans la succession la masculinité et la primogéniture. Ce mouvement, qui n'est d'ailleurs qu'un aspect de ce glissement général par quoi se dissocie et peu à peu se pulvérise le pouvoir régalien de commander, par quoi se distribuent, se répandent en d'innombrables mains jusqu'au dernier degré de la noblesse, les vertus, les devoirs et les attributs royaux, détermine à l'égard du mariage, à l'intérieur des cellules familiales, plusieurs changements d'attitude qui ne sont pas sans conséquences. Parce que le patrimoine prend de plus en plus nettement l'allure d'une seigneurie, parce que, à l'instar des vieux *honores* ou des fiefs, il supporte de moins en moins d'être divisé et de passer sous un pouvoir féminin, la tendance est d'abord d'exclure les filles mariées du partage successoral en les dotant. Ce qui incline le lignage à marier s'il le peut toutes ses filles. Ce qui par ailleurs accroît l'importance de la dot, constituée de préférence en biens meubles, et aussitôt qu'il est possible en monnaie, par rapport à ce qu'offre le mari et qui pousse le *sponsalicium*, l'*antefactum*, le *morgengabe*, à céder la place au douaire. Une telle évolution est générale. On peut la suivre en particulier, mise en pleine lumière, dans l'aristocratie génoise du XIIe siècle, par l'une des meilleures études consacrées aux pratiques matrimoniales [1]. La crainte de morceler l'héritage, une réticence prolongée à l'égard de l'affirmation

_____

1. D. Owen Hughes, « Urban growth and family structure in medieval Genoa », *Past and Present*, 1975.

du droit d'aînesse, renforcent inversement les obstacles au mariage des garçons et font du XIIe siècle, en France du Nord, le temps des « jeunes », des chevaliers célibataires, expulsés de la maison paternelle, courant les ribaudes, rêvant aux étapes de leur aventure errante de trouver des pucelles qui, comme ils disent, les « tastonnent [1] », mais en quête d'abord, anxieusement, et presque toujours vainement, d'un établissement qui les transforme enfin en *seniores*, en quête d'une bonne héritière, d'une maison qui les accueille et où, comme l'on dit encore aujourd'hui dans certaines campagnes françaises, ils puissent « faire gendre ». Marier toutes les filles, maintenir dans le célibat tous les garçons sauf l'aîné, il s'ensuit que l'offre des femmes tend à dépasser largement la demande sur ce que l'on serait tenté d'appeler le marché matrimonial et que, par conséquent, les chances des lignages s'accroissent de trouver pour celui des garçons qu'ils marient un meilleur parti. Ainsi se renforce encore cette structure des sociétés nobles, où généralement l'épouse sort d'une parenté plus riche et plus glorieuse que celle de son mari – ce qui n'est pas sans retentir sur les comportements et les mentalités, sans raffermir par exemple cette fierté, dont témoignent tant d'écrits généalogiques, à l'égard de la particulière « noblesse » de l'ascendance maternelle [2]. Ces circonstances expliquent enfin que, dans le cours du XIIe siècle, on voie dans les tractations matrimoniales le seigneur intervenir de plus en plus fréquemment auprès des parents, et parfois sa décision l'emporter sur la leur – qu'il se sente le devoir de procurer des épouses aux chevaliers, les fils de ses « amis », qu'il a nourris dans sa maison et dont la bande tumultueuse accompagne son fils aîné dans les tournoiements de son errance, qu'il se sente le devoir – et le droit puisque alors son propre intérêt est en jeu – de

---

1. H. Oschinsky, *Der Ritter unterwegs und die Pflege der Gastfreundschaft in alten Frankreich*, in. dissert, Halle, 1900.
2. Le cas de Lambert de Wattreloos, G. Duby, « Structures de parenté et noblesse dans la France du Nord. XIe-XIIe siècle », *Mélanges J. F. Niermeyer*, Groningue, 1967.

doter les filles de son vassal défunt, ou bien le droit de marier à son gré, afin que le fief soit bien servi, les veuves et les orphelines de ses feudataires. Au niveau de la pratique matrimoniale, les changements ne sont à cette époque perceptibles que dans la couche supérieure de la société. Mais il est probable – et il faudrait voir se développer des recherches conduites à partir des coutumes seigneuriales, du statut de la tenure, du droit de formariage – que des mouvements, semblables ou dissemblables, les ont accompagnés dans le contrebas du peuple. De telles inflexions en tout cas, déterminées par ce qui se transforme sur le plan des structures matérielles, de la possession foncière, du pouvoir de commander, de la circulation monétaire, bref des rapports de production, nul ne saurait se désintéresser s'il cherche à comprendre et à situer dans leur juste perspective les modifications, beaucoup plus nettement visibles, qui affectent aux XIe et XIIe siècles l'arsenal des règlements et des proclamations idéologiques.

Si, dans la tension qui la pousse à se réformer, à rompre certaines de ses collusions avec le pouvoir laïque, à s'ériger en magistrature dominante, l'Église intensifie après l'an mille, à propos de l'institution matrimoniale, son effort de réflexion et de réglementation, c'est que cette action se relie étroitement au combat qu'elle mène alors sur deux fronts : contre le nicolaïsme, la réticence des clercs à se déprendre des liens conjugaux, leur revendication d'user eux aussi du mariage comme d'un recours, comme d'un remède à la fornication – et dans cette lutte l'autorité ecclésiastique trouve appui sur un fort courant d'exigences laïques, n'admettant pas que le prêtre, celui qui consacre l'hostie, soit en possession d'une femme, que ses mains, ses mains sacrifiantes, soient souillées par ce qui apparaît, et non seulement aux théoriciens de l'Église, comme la pollution majeure, celle qui écarte le plus résolument du sacré – contre, d'autre part, l'hyper-ascétisme, la conviction que tout commerce charnel est fornication et qui conduit à refuser radicalement le mariage. Ce danger-ci est lui aussi présent à l'intérieur même de l'institution ecclésiastique, sur son flanc monastique, mais le lent retrait du monachisme au cours du XIIᵉ siècle tend à l'amenuiser. Alors qu'en revanche il se déploie largement dans les ailes avancées de mouvements de purification dont beaucoup se dressent contre l'Église, dans le fourmillement des sectes pour qui la procréation est le mal. Première poussée au second quart du XIᵉ siècle, depuis Orléans et Arras jusqu'à Monteforte, seconde poussée, sensible après 1130, plus virulente et ne cédant pas, multipliant ceux qui professent, si l'on en croit Raoul Ardent, « que le crime est aussi grand de posséder sa femme que sa mère ou sa fille [1] », ceux qui s'engouffrent dans toutes ces communautés mixtes d'abstinence que les ragots complaisamment répandus parmi les orthodoxes ont désignées comme le repaire de toutes les turpitudes.

Face à ces deux déviations, et dans le droit fil des entreprises moralisatrices des évêques carolingiens, l'Église dans les dernières années du XIᵉ siècle et pendant tout le XIIᵉ s'efforce donc de perfectionner l'insertion du mariage chrétien dans les ordonnances globales de la cité terrestre. En affinant la théorie des *ordines*, en s'efforçant de la mettre en pratique – il me suffira sur ce point précis de renvoyer aux pages admirables que les documents du Latium ont inspirées à Pierre Toubet – en proposant la cellule conjugale comme le cadre normal de toute vie laïque. En complétant, subséquemment, le cercle de règles et de rites, en achevant de faire du mariage une institution religieuse – et la place qui lui est réservée s'élargit sans cesse dans les collections canoniques, puis dans les statuts synodaux, tandis que, depuis la fin du XIᵉ siècle, se discerne l'édification progressive, au nord et au midi, d'une liturgie matrimoniale par quoi l'essentiel du rituel jusqu'ici domestique et profane est appelé à se transférer à la porte de l'église et dans son intérieur.

---

1. *P.L.* 155, 2011.

En conduisant enfin à son terme la construction d'une idéologie du mariage chrétien. Celle-ci repose en partie, contre le catharisme, sur la justification, la déculpabilisation de l'œuvre de chair – et il conviendrait de suivre attentivement ce courant de pensée, à demi clandestin, à demi condamné, qui part d'Abélard et de Bernard Silvestre. Mais elle s'érige essentiellement en une remarquable entreprise de spiritualisation de l'union conjugale. Ses aspects, multiples, sont fort bien connus, depuis l'essor du culte marial qui aboutit à faire de la Vierge mère le symbole de l'Église, c'est-à-dire l'Épouse, en passant par le développement dans la littérature mystique du thème nuptial, jusqu'à cette recherche obstinée à travers les textes et leurs gloses, dont le terme est l'établissement du mariage parmi les sept sacrements. En cours de route, l'effort conjoint des canonistes et des commentateurs de la *divina pagina* a placé au centre de l'opération matrimoniale le consentement mutuel, où plutôt les deux engagements successifs entre lesquels, le premier, Anselme de Laon établit la distinction : *consensus de futuro, consensus de presenti*[1] : pour Hugues de Saint-Victor que reprend Pierre Lombard, c'est l'*obligatio verborum* qui fonde la conjugalité. Ce qui est, bien sûr, un moyen de mieux dissocier l'amour spirituel et la sexualité, et même de rejoindre, comme le fait Gratien, les rigueurs de saint Jérôme. Mais qui permet aussi à Hugues de Saint-Victor de parler de l'amour comme du *sacramentum* du mariage, et d'affirmer hautement dans sa *Lettre sur la virginité de Marie*, et cette fois épousant à plein l'élan du xiie siècle et ce qu'il exalte de responsabilité personnelle, que l'homme prend femme « pour être uni à elle de façon unique et singulière dans l'amour partagé[2] ».

Enfin toute cette évolution, la mieux connue, dont les dirigeants de l'Église sont les promoteurs doit

---

1. J.-B. Molin et P. Mutembe, *Le Rituel de mariage en France du xiie au xvie siècle*, Paris, 1974, p. 50.
2. *P.L.* 176, 184.

être mise en rapport avec ce que l'on peut découvrir de ce que pensent à ce moment les laïcs. Reconnaissons-le : on en découvre fort peu, par bribes éparses, qui viennent tard, qui n'éclairent guère que le XIIᵉ siècle et les attitudes des couches dominantes. Ne négligeons pas cependant ces quelques témoignages. Que montrent-ils? Essentiellement quatre traits.

Une distance, étroite mais sensible, se maintient entre le modèle prescrit par l'Église et la pratique. Je prends pour exemple le cas des rites. On peut lire dans l'*Historia comitum Ghisnensium* composée dans les toutes premières années du XIIIᵉ siècle par le prêtre Lambert d'Ardres, l'une des très rares descriptions précises d'un mariage, celui d'Arnoud, fils aîné du comte de Guînes, qui eut lieu en 1194 [1]. La conformité s'avère parfaite entre le schéma d'ensemble révélé par les sources normatives et le déroulement de cette cérémonie, scindée en deux étapes distinctes, la *desponsatio*, les *nuptiae*. Après de longues années de « jeunesse », de quête infructueuse et de mécomptes, Arnoud a découvert enfin l'héritière, *unicam et justissimam heredem* d'une châtellenie jouxtant la petite principauté dont il est l'héritier : c'est la plus évidente qualité de cette fille. Avec les quatre frères qui dominent dans l'indivision le lignage de celle-ci, son père, le comte, a poursuivi les palabres, fait rompre de premières fiançailles qui promettaient à son fils une moins fructueuse alliance, obtenu l'assentiment des prélats, de l'évêque de Thérouanne, de l'archevêque de Reims, la levée par l'official de l'excommunication qui pesait sur son fils pour une affaire de veuve spoliée, fixé enfin la *dos*, c'est-à-dire le montant du douaire. Première phase, décisive et qui suffit à conclure le *legitimum matrimonium*. Restent les noces. Elles ont lieu à Ardres dans la maison du nouveau couple. « Au début de la nuit, lorsque l'époux et l'épouse furent réunis dans le même lit, le comte, poursuit Lambert,

1. Cap, 149, *M.G.H.*, *S. S.*, XXIV, 637, 8.

nous appela, un autre prêtre, mes deux fils et moi » (en 1194 le prêtre Lambert est marié, deux de ses fils sont prêtres, ce qui manifeste sur ce point aussi l'écart entre le règlement et son application); il ordonna que les mariés fussent dûment aspergés d'eau bénite, le lit encensé, le couple béni et confié à Dieu – tout ceci dans la stricte observance des consignes ecclésiastiques. Toutefois, le dernier, le comte prend la parole; à son tour il invoque le Dieu qui bénit Abraham et sa semence, il appelle sa bénédiction sur les conjoints « afin que ceux-ci vivent dans son amour divin, persé-vèrent dans la concorde et que leur semence se multiplie dans la longueur des jours et les siècles des siècles ». Cette formule est bien celle que les rituels du XIIᵉ siècle proposent dans cette province de la chré-tienté. L'important est que ce soit le père qui la prononce, que le père, et non le prêtre, soit ici le principal officiant.

Je tiens pour un second trait majeur la répercus-sion dans la littérature de divertissement d'un esprit antimatrimonial qui s'exprime au même moment dans certains écrits des clercs, ainsi dans le *Policraticus* où l'on voit bien que le mariage avec la plus chaste des épouses ne peut être pour Jean de Salisbury qu'un pis-aller, qui mérite à peine indulgence. Il faut certes considérer que les poèmes, les chansons, les romans composés dans la langue des assemblées courtoises n'ont jamais fait que tendre un décor gratuit pour un jeu mondain, dont les règles alors s'échafaudaient et qui servait de compensation dérisoire aux frustrations des chevaliers contraints au célibat par les disciplines lignagères. Ce jeu tourne autour de la plus risquée des aventures puisque, transgressant les interdits, affron-tant les vengeances les plus cruelles, elle consiste à conquérir l'épouse du maître, la dame, en dépit des jaloux. Par là se trouve évidemment proclamée, comme par l'Héloïse de l'*Historia calamitatum*, la supériorité de l'amour libre, en définitive moins conti-nûment luxurieux, moins « adultère » que n'est l'ar-

deur des maris trop épris de leurs femmes. Mais, par
ce biais, ce dont cette littérature prépare les voies, c'est,
sur un plan et dans un propos totalement différent,
cette même spiritualisation, cette même libération du
mariage à l'avènement de quoi les docteurs de l'Église
dans le même moment s'évertuent. Exalter un amour
plus indépendant des contingences matérielles, une
union dont le symbole est semblable, un anneau, mais
porté, dit André le Chapelain, au petit doigt de la main
gauche, celui de tous qui échappe le mieux aux
souillures, réclamer contre toutes les pressions sociales
le droit de choisir, n'est-ce pas en effet rejoindre la
revendication des autorités ecclésiastiques d'une supériorité du *consensus* sur toutes les manigances et les
roueries des stratégies familiales? L'amour de choix de
la lyrique courtoise prétend bien, lui aussi, unir
d'abord deux êtres, et non point deux parentés, deux
héritages, deux réseaux d'intérêts. Le moine Henri de
Lausanne, pourchassé comme hérétique parce qu'il
prétendait également libérer l'institution matrimoniale
de tous les empêchements imposés par les décrets
conciliaires, prêchait-il autre chose au Mans en 1116,
lorsqu'il exigeait que des mariages fût désormais écar-
tée toute affaire d'argent, et qu'ils fussent exclusivement fondés sur le consentement mutuel?

De fait, et c'est un autre caractère, ce qui prévaut
après 1160 dans l'idéologie profane telle que l'exprime
la littérature de cour, c'est bien la valeur affirmée de
l'amour conjugal. Elle est au cœur d'*Erec et Enide*,
mais aussi de tous les romans de Chrétien de Troyes
que nous avons conservés, c'est-à-dire qui plurent.
Demeure – et en ce point encore confluent la pensée
laïque et celle des clercs – la veine antiféministe, mais
maintenant transférée à l'intérieur du couple, animée
par la peur de l'épouse, de la triple insécurité dont,
volage, luxurieuse et sorcière, on la sent, on la sait,
porteuse. L'accent n'en est pas moins mis sur le respect
de l'union matrimoniale et sur les richesses affectives
qu'elle entretient. Ainsi dans la littérature d'éloge, si le

dévergondage des héros est volontiers avoué aussi longtemps qu'ils restent privés d'épouses, sont-ils mariés, et tant que leur femme vit auprès d'eux, il n'est plus question que de l'amour qu'ils lui portent, de cette affection qui fait s'écrouler le comte Baudouin de Guînes lorsque meurt sa compagne, après quinze ans de mariage et au moins dix maternités. Cet homme dur et sanguin, qui ne vit qu'à cheval, garde le lit des jours et des jours; il ne reconnaît plus personne, ses médecins désespèrent de le sauver[1]; il tombe dans cette même folie qui saisit Yvain lorsque sa femme le repousse; il reste ainsi languissant pendant des mois – avant de partir, rétabli, veuf et de nouveau fringant, à la poursuite des jeunes servantes.

Un dernier point, à mes yeux capital : il semble bien qu'en ce moment même, c'est-à-dire dans le dernier tiers du XIIe siècle, quelques signes manifestent que la restriction au mariage des fils commence à se relâcher dans les familles aristocratiques. D'autres garçons que l'aîné sont autorisés à se marier; on les établit, on prépare pour eux des demeures où vont prendre racine les rameaux ainsi séparés du vieux tronc que la prudence lignagère avait pendant deux siècles au moins maintenu droit, planté tout seul au milieu de patrimoine. Pour confirmer cette impression il importerait de pousser la recherche, de construire des généalogies précises, de requérir l'avis des archéologues qui eux aussi voient, à partir de cette date, se multiplier auprès des anciens châteaux les nouvelles maisons fortes. Encore faudrait-il s'interroger sur les raisons de ce desserrement, les chercher en partie dans la croissance économique, dans le développement d'une aisance qui, depuis les principautés dont les perfectionnements de la fiscalité accroissent alors les ressources, se répand dans toute la noblesse, les chercher aussi parmi toutes les souples inflexions qui

---

1. *Historia comitum Ghisnensium*, cap. 86, *M.G.H.*, *S. S.*, XXIV, 601.

viennent insensiblement modifier les attitudes mentales. Les voies de l'exploration sont grandes ouvertes –
et sur ce champ d'une sociologie du mariage médiéval
que des brumes épaisses recouvrent encore. Mais à
mesure que cette pénombre se dissipe, s'éclaire à son
tour ce que nous connaissons mieux, et pourtant fort
imparfaitement, ce droit, cette morale, toute l'épaisseur de cette enveloppe normative.

Que sait-on de l'amour en France au XIIe siècle?

Je ne parlerai pas de l'amour de Dieu. Et pourtant, comment ne pas en parler? Des raisons, impérieuses, devraient contraindre de commencer par là. En effet, si, dans l'évolution de la culture européenne, il existe une inflexion, je dirais même un tournant, et décisif, quant à l'idée que les hommes se sont faite du sentiment que nous appelons l'amour, c'est bien dans les écrits des penseurs de l'Église que nous autres, les historiens, pouvons le discerner d'abord.

Des hommes qui méditaient sur les relations affectives entre le Créateur et les créatures, en France du Nord justement, et au seuil du XIIe siècle, dans l'école capitulaire de Paris, à Saint-Victor, à Clairvaux, dans d'autres monastères cisterciens, et par là, le mouvement gagnant aussitôt l'Angleterre — ces hommes, entraînés par le mouvement de renaissance qui portait à lire assidûment les grands textes du classicisme latin, pris eux-mêmes par la progressive intériorisation du christianisme, dans les répercussions de la croisade et l'attention plus soutenue aux enseignements du Nouveau Testament — ces hommes s'éloignèrent en effet rapidement d'une conception égocentrique de l'amour, celle de la tradition patristique, celle d'Augustin et celle du pseudo-Denys, pour se le figurer, s'inspirant de Cicéron et de son modèle de l'*amicilia*, comme un élan volontaire hors de soi, oublieux de soi, désintéressé, et conduisant par un progrès, une épuration de degré en degré, jusqu'à la fusion en l'autre.

Or, d'une part, les fruits de ces réflexions ne demeurèrent pas renfermés dans le cloître ou dans l'école. Ils se répandirent de toutes parts dans la société aristocratique, d'abord en vertu de cette osmose qui, par l'effet d'une étroite convivialité domestique entre clercs et laïcs, portait, dans les maisons nobles, les deux cultures, l'ecclésiastique et la chevaleresque, à se compénétrer, et plus tard, dans le courant du XIIe siècle, par les progrès de l'action pastorale, par l'effort délibéré pour éduquer, en l'exhortant, en le sermonnant, le peuple fidèle. (Et nombre des textes qui nous renseignent sur l'évolution de l'amour que le chrétien est appelé à porter à son Dieu furent écrits pour servir, précisément, à cette éducation.)

D'autre part – et c'est ce qui principalement importe ici – la méditation des théologiens et des moralistes sur la *caritas* inclina très vite, et naturellement, par le simple jeu des métaphores que propose l'Écriture sainte, à se prolonger en une méditation sur le mariage, sur la nature et la qualité du rapport affectif à l'intérieur du couple conjugal.

Mais je ne parlerai pas de l'amour de Dieu, et pour un sérieux motif. Parce que je ne suis pas historien de la théologie ni de la morale, parce que d'autres, et qui avaient qualité pour le faire, en ont abondamment parlé, scrutant tous les textes. Je suis historien de la société féodale. Je cherche à comprendre comment cette société fonctionnait, et pour cela, je m'interroge sur les comportements et sur les représentations mentales qui ont gouverné ces comportements. Je dois dès l'abord définir clairement le cadre d'une recherche dont je livre ici les premiers résultats. Il ne saurait s'agir pour moi de situer l'évolution de l'amour au niveau d'une simple histoire des sentiments, des passions, des « mentalités », qui serait autonome, isolée de l'histoire des autres composantes de la formation sociale, désincarnée. Il s'agit bien au contraire – et la part fondamentale que ménagent à l'incarnation les penseurs sacrés du XIIe siècle dont je viens de parler m'inciterait à elle seule à le faire – d'insérer cette évolution dans la matérialité des rapports de société et du quotidien de la vie. Cette recherche prend place dans le droit prolongement de celle que j'ai récemment conduite sur la pratique du mariage. Elle prélude à l'exploration d'un domaine mal connu où je commence à m'aventurer, prudemment, lorsque je pose le problème de la condition de la femme dans la société que nous appelons féodale. Par conséquent, l'amour dont je parlerai est celui dont la femme est l'objet, dont elle est elle-même animée, et dans son lieu légitime, dans la cellule de base de l'organisation sociale, c'est-à-dire le cadre conjugal. Ma question, précise, sera : que savons-nous, en France, au XIIe siècle, de l'amour entre époux ?

Nous n'en savons rien, et nous n'en saurons, je pense, jamais rien pour l'immense majorité des ménages : dans la France du Nord, pour cette époque ancienne, la conjugalité populaire échappe totalement à l'observation. Les rares lueurs se portent toutes sur le sommet de l'édifice social, sur les grands, sur les riches, sur l'aristocratie la plus haute, sur les princes. On parle d'eux. Ils paient, et fort cher, pour que l'on parle d'eux, pour qu'on célèbre leur gloire et pour qu'on dénigre leurs adversaires. Tous sont mariés, nécessairement, puisque la survie d'une maison dépend d'eux. Quelques figures d'épouses sortent donc, auprès d'eux, de l'ombre. Des couples. Et du sentiment qui les unissait, il arrive que l'on ait dit ici et là quelques mots.

Mais ces témoignages – et les meilleurs viennent de la littérature généalogique, dynastique, qui s'épanouit en cette région dans la seconde moitié du XIIe siècle – s'en tiennent tous à ce que les convenances imposaient alors d'exprimer. Ils demeurent en surface, ils ne montrent que la façade, les attitudes d'affectation. Lorsque le discours est agressif, dirigé contre des pouvoirs concurrents, le mari qu'il faut déconsidérer est dit, d'abord, trompé, et l'on s'esclaffe ; il est dit d'autre part, dans le latin de ces textes qui tous sont rédigés dans le langage hiératique des monuments de la culture, *uxorius*, c'est-à-dire asservi à son épouse, dévirilisé, déchu de sa nécessaire prééminence; une telle défaillance étant dénoncée comme effet de la *puerilitas*, de l'immaturité. L'homme en effet, qui prend femme, quel que soit son âge doit se comporter en *senior* et tenir cette femme en bride, sous son étroit contrôle. Inversement, lorsque le discours glorifie le héros, c'est-à-dire le commanditaire ou bien ses ancêtres, lorsqu'il est élogieux, son auteur se garde bien d'évoquer des mésententes; il insiste sur la parfaite *dilectio*, ce sentiment condescendant que les maîtres doivent tourner vers ceux qu'ils protègent et que l'époux porte à cette épouse, toujours belle, toujours noble et qu'il a déflorée; s'il devient veuf, il est montré, tel le comte Baudoin II de Guînes, malade de chagrin, inconsolable. Un voile est ainsi tendu devant la vérité des attitudes. Fait écran, dans ce genre d'écrits, l'idéologie dont ils sont l'expression et qui, à cet étage de la société, dans le courant du XIIe siècle, s'établit en coïncidence avec l'idéologie des clercs, en certains points décisifs.

L'accord porte en premier lieu sur ce postulat, obstinément proclamé, que la femme est un être faible qui doit être nécessairement soumis parce que naturellement pervers, qu'elle est vouée à servir l'homme dans le mariage, et que l'homme est en pouvoir légitime de s'en servir. En second lieu, vient l'idée, corrélative, que le mariage forme le soubassement de l'ordre social, que cet ordre se fonde sur un rapport d'inégalité, sur cet échange de dilection et de révérence qui n'est pas dissemblable de ce que le latin des scolastiques nomme la *caritas*.

Cependant, lorsque, sollicitant d'autres indices plus explicites sur le concret de la pratique matrimoniale, on s'efforce de dépasser les apparences, de percer cette écorce d'ostentation et d'atteindre les comportements dans leur sincérité, on distingue qu'au déploiement de la *caritas* au sein de la conjugalité s'opposaient alors de robustes obstacles. Je les range en deux catégories.

Les plus abrupts tiennent aux conditions qui présidaient à la formation des couples. Dans ce milieu social, c'est un fait d'évidence, tous les mariages étaient arrangés. Des hommes avaient parlé entre eux, des pères ou bien des hommes en position paternelle, tel le seigneur du fief à propos de la veuve ou des orphelines du vassal défunt. Souvent aussi l'intéressé s'était exprimé lui-même, le *juvenis*, le chevalier en quête d'établissement, mais n'adressant point de paroles à celle qu'il souhaitait attirer dans sa couche, parlant à d'autres hommes. Chose sérieuse, le mariage est affaire masculine. Bien sûr, depuis le milieu du XIIᵉ siècle, l'Église a fait admettre dans la haute aristocratie que le lien conjugal se noue par consentement mutuel, et tous les textes, notamment la littérature généalogique, affirment nettement ce principe : celle que l'on donne, qu'un homme donne en mariage à un autre homme, a son mot à dire. Le dit-elle?

Les allusions, certes, ne manquent pas à des filles rétives. Mais de telles revendications de liberté, ou bien sont dénoncées comme coupables lorsque la fille refuse d'accepter celui qu'on a choisi pour elle, affirme qu'elle en aime un autre, lorsqu'elle parle précisément d'amour – et le ciel bien vite la punit. Ou bien ces résistances sont objet de louange lorsqu'il s'agit d'un autre amour, l'amour de Dieu, lorsque sont refusées les noces par volonté de chasteté. (Encore que les dirigeants de la parenté ne paraissent guère enclins à respecter de telles dispositions d'âme : les sévices qu'infligea à la mère de Guibert de Nogent la famille de son défunt mari qui voulait contre son désir la remarier ne furent guère moins violents, sinon moins efficaces, que ceux dont fut accablée Christine, la recluse de Saint-Albans.) Les femmes sont normalement au pouvoir des hommes. La règle stricte était que les filles soient livrées. Très tôt.

Extrême précocité des *sponsalia*, cérémonie par quoi le pacte était conclu entre les deux familles, le consentement mutuel exprimé, et, lorsque la fillette était trop jeune encore pour parler, un simple sourire de sa part semblait le signe suffisant de son adhésion. Mais précocité également des noces. La morale, la coutume autorisaient d'extraire l'enfant dès sa douzième année de l'univers clos réservé dans la maison aux femmes, où elle avait été couvée depuis sa naissance, pour la conduire en grande pompe vers un lit, pour la placer dans les bras d'un barbon qu'elle n'avait jamais vu, ou bien d'un adolescent à peine plus âgé qu'elle et qui, depuis qu'il était lui-même sorti, vers sa septième année, des mains féminines, n'avait vécu que pour se préparer au combat par l'exercice du corps et dans l'exaltation de la violence virile.

Dans une recherche si tâtonnante sur la préhistoire de l'amour, l'historien est bien obligé de prendre en considération de telles pratiques et d'imaginer leur inévitable retentissement sur l'affectivité conjugale. Évidemment, il ne sait pas grand-chose de la première rencontre sexuelle (laquelle était pourtant quasi publique) ; cependant, dans le grand silence des documents, quelques indices apparaissent de ses conséquences funestes : telle dispense accordée par le pape Alexandre, autorisant à prendre une nouvelle épouse ce garçon qui avait irrémédiablement mutilé le jeune tendron abandonné aux brutalités de son inexpérience ; plus souvent, dans l'esprit des maris (et, notons-le bien, leur réaction affective est la seule qui soit jamais prise en compte), ce brutal revirement du désir *(amor)* en haine *(odium)* dans la première nuit des noces ; tant d'allusions, pour le peu qui est révélé de ces choses, à l'impuissance du jeune marié, à des fiascos dont le plus retentissement fut celui du roi Philippe II de France devant Ingeborg de Danemark.

D'aussi fortes meurtrissures étaient peut-être exceptionnelles. Nous devons cependant tenir la chambre des époux, cet atelier, au cœur de la demeure aristocratique, où se forgeait le nouveau maillon de la chaîne dynastique, non point pour le lieu de ces fades idylles dont nous entretient aujourd'hui en France le roman

historique dans son impétueuse et inquiétante floraison, mais bien pour le champ d'un combat, d'un duel,
dont l'âpreté était fort peu propice au resserrement
entre les époux d'une relation sentimentale fondée sur
l'oubli de soi, le souci de l'autre, cette ouverture de
cœur que requiert la *caritas*.

Des obstacles d'un autre genre étaient dressés, et par
les moralistes d'Église eux-mêmes, innocemment, par
tant de prêtres qu'obsédait la peur de la féminité. Dans
l'essor de la pastorale, ils s'efforçaient de réconforter
ces femmes victimes de la conjugalité que nous devi-
nons si nombreuses en ce temps, dans ce milieu social,
meurtries, délaissées, répudiées, bafouées, battues.
Parmi les lettres de direction spirituelle adressées à des
épouses, j'en prends une, qui date de la fin du XIIe siècle. Elle émane de l'abbaye de Perseigne, l'un de ces
monastères cisterciens où l'on travaillait alors aux
ajustements d'une morale à l'usage des laïcs, où l'on
affinait, pour les équipes de prédicateurs séculiers, les
instruments d'une exhortation édifiante. L'abbé Adam,
dans cette épître soigneusement polie, entreprend de
consoler et de guider la comtesse du Perche. Celle-ci,
inclinant sans doute à se retirer, à se refuser, hésitante
cependant, se demandait quels sont les devoirs de la
femme mariée, jusqu'où doit-elle se plier aux exigences
de l'époux, quel est exactement le montant de la dette,
du *debitum*, puisque c'est par ce terme d'une désolante
sécheresse juridique que le discours moralisant définissait le fondement de l'*affectus* conjugal. Le directeur
s'emploie à éclairer cette conscience inquiète. Il y a,
dit-il, dans la personne humaine, l'âme et le corps.
Dieu est propriétaire de l'une et de l'autre. Mais, selon
la loi de mariage qu'il a lui-même instituée, il concède
à l'époux (de la manière même dont était concédée une
tenure féodale, c'est-à-dire abandonnant l'usage, con-
servant sur le bien un pouvoir éminent) le droit qu'il
détient sur le corps de la femme (de ce corps le mari
entre ainsi en saisine, il en devient le tenancier,
autorisé à s'en servir, à l'exploiter, à lui faire porter
fruit). Mais, poursuit Adam de Perseigne, Dieu garde

pour lui seul l'âme : « Dieu ne permet pas que l'âme passe en possession d'un autre. »

Dans l'état conjugal l'être se trouve donc partagé. Que la comtesse du Perche ne l'oublie pas : elle a en réalité deux époux qu'elle doit équitablement servir, l'un, investi d'un droit d'usage sur son corps, l'autre, maître absolu de son âme ; entre ces deux époux, point de jalousie si la femme prend soin de rendre à chacun son dû : « Il serait injuste de transférer le droit de l'un ou de l'autre à un usage étranger. »

Entendons bien : l'injustice, le déni de justice serait que, trop profondément blessée, incapable de vaincre ses répugnances, l'épouse se dérobât, refusât son corps à son mari, n'acquittât point sa dette. (Remarquons qu'Adam de Perseigne n'envisage à aucun moment que la femme puisse être elle-même demanderesse, qu'elle soit, elle aussi – et c'est pourtant ce que dit le droit canon – en saisine du corps de son mari, en position de réclamer son dû.) Mais l'injustice serait aussi qu'elle livrât à son époux, en même temps que son corps, son âme. Et voici la conclusion de ce petit traité moral : certes tu n'as pas le droit de te refuser. Toutefois, « quand l'époux de chair s'unit à toi, mets, toi, ta joie [ce mot délibérément choisi appartient au vocabulaire des noces ; il sert dans le vocabulaire de la courtoisie à célébrer le plaisir charnel], mets, toi, ta joie, à demeurer fixée, spirituellement, à ton époux céleste ». De marbre, donc. Sans aucun frémissement de l'âme.

Or cette lettre, sous la forme où elle nous est parvenue, n'était pas de destination intime. Elle était écrite pour circuler, pour que le message fût largement répandu, comme par un sermon, qu'il enseignât à toutes les princesses, aux dames de leur entourage soucieuses de leur frigidité ou de leur bouffées de désir, comment aimer dans le mariage. De fait, l'écho fidèle de cette exhortation se retrouve dans nombre de textes, notamment dans ces biographies de saintes femmes que le souci de rectifier la conduite des laïcs en leur montrant l'exemple des vertus fit se multiplier à la fin du xɪɪᵉ siècle. Ainsi je retrouve la même idée, et presque les mêmes termes, dans la Vie de sainte Ida de Herfeld, laquelle fut « attentive [elle aussi, tandis qu'elle s'unissait à son mari] à rendre à Dieu son dû, contenant dans sa juste mesure son amour selon la chair afin que son esprit [il s'agit bien, on le voit, du même partage] ne fût en rien souillé par un commerce frivole ».

Il apparaît donc que, dans l'esprit des ecclésiastiques dont, au cours du xɪɪᵉ siècle, la lente diffusion des pratiques de la pénitence privée appesantissait l'influence, de la part des femmes, ces êtres fragiles, l'élan de l'âme, volontaire, hors de soi, c'est-à-dire l'amour tel qu'il est défini par les penseurs sacrés, ne peut, selon la justice, se porter que vers Dieu. Toutes les filles, évidemment, ne sauraient être consacrées, abandonnées tout entières à l'amant divin. Il faut bien que certaines soient cédées à un homme, mais alors, que celles-ci demeurent fidèles à cet amour primordial sans en rien distraire, qu'elles se gardent de se donner toute. Leur devoir est non point de partager leur amour, mais de se partager elles-mêmes. Dissociation, dédoublement de la personne : d'un côté (du côté du terrestre, du charnel, de l'inférieur) l'obéissance passive; de l'autre, l'élan vers le haut, l'ardeur, bref, l'amour. Dédoublement dans le mariage, mais de la personne féminine seule. Il est interdit d'imaginer que l'homme ait, dans les parages célestes, une autre compagne à qui, dans l'acte sexuel, il demeure, pour reprendre, les mots d'Adam de Perseigne, spirituellement fixé. L'homme, lui, n'a jamais qu'une épouse. Il doit la prendre comme elle est, froide dans l'acquittement du *debitum*, et il lui est interdit de l'échauffer.

Est-il téméraire de penser que parfois les maris étaient exaspérés de sentir entre leurs femmes et eux, non point la présence de l'époux céleste, mais celle du prêtre? Combien d'hommes allaient, dans les maisons – comme celui dont Guibert de Nogent veut nous persuader qu'il était fou – criant, à propos d'une épouse obstinément fermée : « les prêtres ont planté une croix dans les reins de cette femme »? Heureusement pour notre information, parmi les clercs qui tenaient alors la plume, certains exprimaient une autre morale, celle des cours. C'est le cas de Gislebert, chanoine de Mons, dont j'utilise maintenant le témoignage, exactement contemporain de celui d'Adam de Perseigne.

Un *curialis*, justement, un de ces intellectuels qui, de plus en plus nombreux, mettaient leur talent au service des princes. Nourri depuis son enfance dans la maison des comtes de Hainaut, il avait rempli là des fonctions d'écriture, étroitement lié au comte Baudoin V, son camarade. Lorsque celui-ci mourut en 1195, Gislebert dut quitter la cour, évincé par les compagnons du nouveau comte; retiré, il entreprit de composer une chronique de la principauté, à la gloire de son patron défunt. Il pare celui-ci de tous les mérites et le loue en particulier d'avoir si bien marié ses enfants. De longue date, il s'était entendu avec les dirigeants de la maison de Champagne : son fils aîné y prendrait femme dès qu'il serait en âge. Ce qui se produisit en 1185. Les noces eurent lieu.

Gislebert note l'âge des conjoints : Baudoin (le futur empereur de Constantinople) avait treize ans, Marie, douze ans. Puis, en une phrase, il décrit le comportement des nouveaux mariés. Le regard de Gislebert est froid, aigu, celui d'un administrateur attentif au concret de la vie; ce regard est critique, il n'aime pas Beaudoin le sixième qui l'a chassé de son poste. Que dit-il?

Il revient d'abord sur la jeunesse des époux : elle « très jeune »; lui, « très jeune chevalier ». Car c'est justement parce qu'ils étaient jeunes que le propos de vie qu'ils choisirent parut étrange, inconvenant, condamnable. On avait vu en effet Marie se clore, se retirer dans la dévotion, dans la prière, la prière de nuit, celle des moniales et des recluses, les abstinences, le jeûne. Demeurant comme elle avait vécu dans le couvent domestique dont elle sortait, s'imposant une discipline convenant aux vierges ou aux veuves, non point aux épousées. Parfaitement indécent parut aux yeux de tous ce retrait, ce refuge où une nouvelle mariée décidait de se cloîtrer, dans les attitudes de la pénitence certes, mais surtout comme en position de défense contre des assauts qui lui répugnaient.

Car le mari ne s'était pas détourné, bien au contraire. Dans cette même phrase. Gislebert le montre tout entier voué à l'amour. Très délibérément, ce bon écrivain qu'est l'auteur de la *Chronique de Hainaut* ne parle pas de *caritas*, il choisit ce terme, *amor*, car il s'agit bien de cela, du désir, brûlant, pressant, qui, selon les convenances courtoises, sied à un *juvenis miles*. Comprenons bien le sens de l'expression : celui que l'on appelle en ce temps un « jeune » est un bachelier, un chevalier qui n'est pas encore marié. Un tel désir, en effet, est d'autant plus ardent qu'il n'est pas assouvi. L'*amor*, dont il est ici question, ne convient pas – et c'est là l'essentiel – à l'homme en possession d'une épouse. Il parut risible que le jeune Beaudoin, après ses noces, restât devant sa femme dans la posture d'un bachelier, en état de désir, qu'il n'assouvît pas dans le lit nuptial ce désir, ou qu'il ne le portât pas ailleurs, qu'il demeurât, Gislebert insiste, « attaché à une seule femme », la sienne, et qui se refusait. Suit cette remarque : une telle attitude chez les hommes est tout à fait insolite. Éloge? Non pas. Tout le contraire : dans le milieu courtois dont le chanoine de Mons est le porte-parole exact et lucide, cette attitude fait de celui qui s'y tient un objet non d'admiration mais de scandale, et plus encore de dérision. On riait, dans Mons et dans Valenciennes, de ce jouvenceau que le mariage venait de ranger parmi les *seniores*, qui aurait dû dès lors se conduire en *senior*; on riait de lui parce qu'il avait respecté les intentions de continence de son épouse, parce qu'il ne l'avait pas prise de force; on en riait surtout parce qu'il ne transportait pas sa flamme en d'autres lieux, parce que – le texte que j'utilise le répète – il se « contentait d'elle seule ». Un original. Ridicule.

J'ai dit tout à l'heure que, dans l'état conjugal, la personne féminine était partagée. Je constate maintenant que la personne masculine elle aussi se dédouble, mais d'un dédoublement dissemblable; ce qu'il peut y avoir dans l'homme de désir, d'élan, d'amour ne s'épanche pas, comme doit le faire l'amour féminin, dans la sublimation, dans le spirituel. Il s'évade lui aussi du carcan matrimonial mais sans quitter le siècle, la terre, le charnel. Il se détourne vers le jeu, vers les espaces dégagés de la gratuité, de la liberté ludique. Et nous voici devant les mots mêmes que l'auteur, vraisemblablement masculin, des lettres attribuées à Héloïse, prête à celle-ci : « *amorem conjugio libertatem vinculo preferebam* ». De toute façon, le mariage n'est pas le lieu de ce que l'on définit alors comme l'amour. Car il est interdit à l'époux et à l'épouse de s'élancer l'un vers l'autre dans l'ardeur et la véhémence. C'est bien ce qu'entend signifier tel chapiteau sculpté dans la nef de l'église de Civaux en Poitou : on y voit les deux conjoints côte à côte, mais de face, ne se regardant pas : elle regarde vers le ciel, et lui, vers qui regarde-t-il? Vers la *meretrix*, l'amour vénal, vers l'*amica*, l'amour libre, l'amour jeu.

Cette constatation ne doit pas surprendre; Philippe Ariès, Jean-Louis Flandrin font depuis longtemps remarquer que, dans toutes les sociétés, sauf la nôtre, le sentiment qui lie l'homme et la femme ne saurait être de même nature à l'intérieur et en dehors de la cellule conjugale. Parce que sur le mariage repose entièrement l'ordre social, parce que le mariage est une institution, un système juridique qui lie, aliène, oblige afin que soit assurée la reproduction de la société dans ses structures, et notamment dans la stabilité des pouvoirs et des fortunes, il ne lui convient pas d'accueillir la frivolité, la passion, la fantaisie, le plaisir; et lorsqu'elle commence de les accueillir, n'est-ce pas que déjà cette institution a perdu de ses fonctions et tend à se désagréger? Au mariage sied le sérieux, la gravité. Ce que dit Montaigne : dans le mariage, liaison « religieuse et dévote », le plaisir doit être « retenu, sérieux et mêlé de quelque sévérité », la volupté « prudente et consciencieuse ». Ce que Laclos place sous la plume de la marquise de Merteuil dans la lettre 104 des *Liaisons* : « Ce n'est pas que je désapprouve qu'un sentiment honnête et doux vienne embellir le lien conjugal et adoucir en quelque sorte les devoirs qu'il impose [la marquise écrit à une autre femme]; mais ce n'est pas à lui qu'il appartient de le former. » *Affectio, dilectio*, oui. Mais pas d'amour. Sur ce point, au XIIᵉ siècle, tous les hommes, hommes d'Église, hommes de cour, étaient d'accord.

Évoquer cette dissociation, ce déversement de l'amour hors du couple conjugal me conduit à considérer pour conclure ces rites de la sociabilité aristocratique ordonnés autour d'un sentiment que les spécialistes de la littérature médiévale ont nommé l'amour courtois. Je n'en ai encore rien dit. Je n'en dirai guère plus que je n'ai dit de l'amour de Dieu, parce que je ne suis pas historien de la littérature et que d'autres ont surabondamment parlé de cet amour-ci, mais surtout parce que l'on peut se demander si ce sentiment eût jamais d'autre existence que dans les textes littéraires et parce qu'il est sûr en tout cas que les virevoltes de la galanterie ne constituèrent jamais à cette époque qu'un simulacre mondain, un vêtement de parade jeté sur la vérité des attitudes affectives. Mais enfin, ce que je viens de proposer quant à l'amour conjugal m'oblige à trois brèves remarques concernant la « fine amour » et qui me semblent capables d'aider à mieux comprendre les paroles qui la décrivent ainsi qu'à la mieux situer parmi les comportements sociaux de ce temps.

Il me semble d'abord que la place faite au mariage dans l'organisation de la société féodale par les pratiques de l'alliance et par la morale construite pour justifier ces pratiques, explique fort bien que tous les poèmes et toutes les maximes situent l'amour courtois hors du champ matrimonial, puisque la fine amour (je ne parle pas de l'amour ténébreux, fatal, à la Tristan qui est tout autre chose) est un jeu dont le terrain doit être celui, non des obligations et des dettes, mais des aventures de la liberté.

Un jeu – c'est ma seconde remarque – dont j'ai souligné ailleurs qu'il tenait un rôle fondamental, parallèle à celui du mariage, dans la distribution des pouvoirs au sein des grandes maisons princières. J'ai dit aussi que c'était un jeu d'homme, spécifiquement masculin, comme est d'ailleurs masculine toute la littérature qui en expose les règles et qui n'exalte guère que des valeurs viriles. Dans ce jeu, la femme est un leurre. Elle remplit deux fonctions : d'une part, offerte jusqu'à un certain point par celui qui la tient en son pouvoir et qui mène le jeu, elle constitue le prix d'une compétition, d'un concours permanent entre les jeunes hommes de la cour, attisant parmi eux l'émulation, canalisant leur puissance agressive, les disciplinant, les domestiquant. D'autre part, la femme a mission d'éduquer ces jeunes. La fine amour civilise, elle constitue l'un des rouages essentiels dans le système pédagogique dont la cour princière est le lieu. C'est un exercice nécessaire de la jeunesse, une école. Dans cette école, la femme occupe la place du maître. Elle enseigne d'autant mieux qu'elle aiguise le désir. Il convient donc qu'elle se refuse et surtout qu'elle soit interdite. Il convient qu'elle soit une épouse et mieux encore l'épouse du maître de la maisonnée, sa dame. Par là même, elle est en position dominante, attendant d'être servie, dispensant parcimonieusement ses faveurs, dans une position homologue à celle où est installé le sire, son mari, au centre du réseau des pouvoirs véritables. Si bien que dans l'ambivalence des rôles attribués aux deux personnes du couple seigneurial, cet amour-ci, l'*amor*, le vrai, le désir contenu, apparaît en fait comme l'école de l'amitié, de cette amitié dont on pense à l'époque même qu'elle devrait resserrer le lien vassalique, et raffermir ainsi les assises politiques de l'organisation sociale. Et l'on peut se demander, partant de recherches récentes attentives à déceler les tendances homosexuelles sous la trame des poèmes d'amour courtois, si la figure de la *domina* ne s'identifie pas en fait à celle du *dominus*, de son époux, chef de maison.

J'en viens à ma dernière réflexion. La hiérarchie est nécessaire. Le rapport pédagogique, la confusion entre l'image de la dame et celle du maître, la logique enfin du système imposent que l'amant soit en situation de soumission. Mais il faut remarquer que, nécessairement, cet amant est un *juvenis*. Les hommes mariés sont hors du jeu, nécessairement. Ce que ne cessent de répéter Marcabru, Cercamon. Je rappelle ici le jugement de Guillaume de Malmesbury à l'égard du roi Philippe Ier de France, marié, qui, poursuivant une femme de son désir, se conduisait comme un jeune : « Ne vont bien ensemble et ne demeurent en un même lieu la majesté et l'amour. » L'*amor*, la fine amour, ce jeu éducatif, est réservé aux mâles célibataires. Et peu à peu les formes littéraires font glisser les parades courtoises du côté des rites prénuptiaux; elles y sont bien établies déjà au seuil du XIIIe siècle, lorsque Guillaume de Lorris compose le premier *Roman de la Rose*.

Les *seniores* pourtant, Gislebert de Mons nous l'affirme, n'avaient pas coutume de se contenter d'une seule femme. La place réservée aux bâtards du maître dans la littérature généalogique le confirme. Ils sont complaisamment dénombrés par les écrivains à gages, puisque le patron souhaitait que fussent également célébrées les prouesses sexuelles de ses aïeux et les siennes propres. Lorsque Lambert d'Ardres évoque l'allègre pétulance génésique du comte Baudoin II de Guînes, il affirme bien que ses enfants nés hors mariage – ils étaient trente-trois, mêlés à leurs frères et sœurs légitimes, pleurant aux obsèques de leur père défunt – avaient tous été engendrés soit avant les noces, dans les dévergondages licites de la jeunesse, soit après la dissolution du lien conjugal, dans la liberté retrouvée du veuvage. Gislebert de Mons est plus cynique : son héros, le comte de Hainaut, s'était marié trop tôt, était devenu bien trop tard veuf; il avait évidemment connu en état de conjugalité bien d'autres femmes que son épouse. Ces compagnes de surcroît sont toutes dites, comme les compagnes légitimes, belles (c'est une excuse), nobles (les convenances l'exigent) et souvent vierges (ce qui rehausse l'exploit). Cependant nulle part il n'est dit qu'elles aient été courtisées, qu'avant de s'en emparer leur séducteur ait célébré autour de leur personne les liturgies de la fine amour. Il forniquait. Parce que cet homme n'était plus un « jeune », parce qu'il était un mari. Mais le mariage, parce qu'il était ce qu'il était, parce qu'il lui manquait, par définition, d'être le lieu de l'élan des corps, remplissait mal la fonction d'apaisement que Paul lui assigne dans la première Épître aux Corinthiens. Baudoin de Guînes, Baudoin de Hainaut, tant d'autres avec eux, avaient beau être mariés : ils brûlaient encore.

La matrone et la mal mariée

Dans la France du Nord, le conflit entre deux conceptions du mariage, celle des laïcs, celle des dirigeants de l'Église, traverse une phase aiguë pendant le demi-siècle qui encadre l'an 1100. L'épiscopat achève alors de se réformer. Ses armatures intellectuelles se renforcent, soutenues par le travail assidu des canonistes. Les évêques entreprennent de remodeler la morale sociale, tablant sur cette institution majeure qu'est la conjugalité. Ils interdisent le mariage aux ecclésiastiques puisque l'abstinence sexuelle peut leur sembler le gage d'une supériorité qui doit placer les clercs au sommet de la hiérarchie des conditions terrestres. Inversement les évêques prescrivent aux laïcs de se marier, ceci pour les mieux tenir, les encadrer, endiguer leur débordement. Mais ils leur enjoignent de former des couples selon des principes et des règles que l'évolution du rituel et de la réflexion religieuse sacralisent progressivement. Ils affirment l'indissolubilité du lien conjugal; ils imposent l'exogamie au nom d'une conception démesurée de l'inceste; ils répètent que la procréation est la seule justification de l'accouplement; ils rêvent d'expulser de celui-ci tout plaisir. En vérité, cet ordre que les prélats s'acharnent à faire admettre n'affronte pas le désordre. Il se heurte à un ordre différent, à une autre morale, à d'autres pratiques, tout aussi strictement réglées, mais non point édifiées pour le salut des âmes, tendant, elles, à faciliter, la reproduction des rapports de société dans la permanence de leurs structures. Cette morale profane, ces pratiques matrimoniales profanes sont devenues elles aussi plus rigides à la fin du xie siècle, au moins dans la classe dominante, dans l'aristocratie, la seule part de la société laïque dont on puisse entrevoir les comportements, sous l'effet des changements qui ont affecté la distribution des pouvoirs. Face aux admonestations des évêques, les nobles et les chevaliers par conséquent regimbent. Ce n'est pas seulement qu'ils veulent jouir de la vie. Lorsqu'ils sont chefs de maison, responsables du destin d'un lignage, ils entendent répudier librement leurs femmes si elles ne leur donnent pas des héritiers mâles, épouser leurs cousines si cette union permet de remembrer l'héritage. Lorsqu'ils sont célibataires, ils entendent pratiquer librement les rites érotiques propres à la « jeunesse ». Dans la poursuite de la réforme grégorienne, l'affrontement entre les deux systèmes éthiques s'aggrave ainsi. Parmi les détenteurs du pouvoir religieux, quelques meneurs – le pape, de loin; ses légats, de plus près; sur place, quelques intégristes, tel Yves de Chartres – conduisent âprement la lutte. Ils la mènent à plusieurs niveaux. Ainsi contraignent-ils les grands, qui montrent l'exemple, et d'abord le roi, à suivre leurs consignes – et ce sont des affaires spectaculaires, telle l'excommunication, trois fois renouvelée, du capétien Philippe Ier. Ainsi propagent-ils de toutes parts un modèle de conjugalité – et c'est le développement d'une pastorale du bon mariage. Parmi les instruments les plus efficaces de cette propagande, en tout cas parmi ceux que l'historien peut le plus aisément atteindre, figurent des récits édifiants, les biographies de quelques héros dont les fidèles furent appelés à imiter la conduite et qui furent, pour cela, rangés parmi les saints.

Les vies de saints manquent au premier abord d'attraits. Cela tient aux raideurs de ce genre littéraire, au poids de la tradition formelle. Mais si l'on prend ces écrits pour ce qu'ils sont, c'est-à-dire pour les armes, parmi les mieux fourbies, d'une lutte idéologique, ils se montrent fort instructifs. Ils révèlent comment le souvenir de la réalité vécue est manipulé pour les besoins d'une cause, désarticulé, remonté afin de mettre en scène un endoctrinement. J'ai choisi deux de ces textes rédigés l'un au début (1084), l'autre au terme (1130-1136) de cette période décisive de l'histoire du mariage dans notre culture. Tous deux émanent de la même région : les lisières occidentales de la principauté flamande, entre Boulogne et Bruges. Ils sortent tous deux d'ateliers de même type, des *scriptoria* de monastères bénédictins. Chacun propose une femme à la vénération des fidèles. L'un et l'autre présentent donc une image exemplaire de la condition féminine. Ils exhortent l'un et l'autre à vivre la conjugalité comme les gens d'Église souhaitaient que les laïcs acceptent de la vivre. Ils font apparaître les deux positions antagonistes par ce qu'ils disent, ce qu'ils taisent, par la manière dont ils rectifient le vécu, l'enjolivent ou le noircissent.

Mieux vaut commencer par le texte le plus récent : c'est le moins riche et, paradoxalement, le plus traditionnel. Il relate les mérites de la comtesse Ida de Boulogne. Dans le monastère de Vasconviliers, que cette femme avait rénové et peuplé de bons moines, clunisiens, où son corps, après d'âpres disputes, avait été déposé, où donc, autour de sa sépulture, parmi les liturgies funéraires, une dévotion s'était fixée, cette biographie fut composée une vingtaine d'années après la mort (1113) de l'héroïne [1]. Conformément aux règles, le récit commence aux « enfances », à tous les signes annonciateurs d'une existence exceptionnelle, et notamment à ces vertus qui se transmettent par le sang

---

1. *Acta sanctorum*, avril, I, p. 141-144.

dans les lignées de bonne race; puis il passe à la vie adulte, aux prodiges qui l'ont marquée; il en vient à la mort; il s'achève sur les miracles accomplis *post mortem*. Tout cela formant comme un dossier bien ordonné de preuves (dont cette odeur de sainteté qui émana du sépulcre lorsque, à une date imprécise, on l'ouvrit) destinées à justifier l'officialisation d'un culte, la hiérarchie ecclésiastique se montrant en effet désormais plus méticuleuse quant aux procédures de canonisation.

Née vers 1040, Ida était une très grande dame. Fille aînée du duc de Basse-Lorraine, un souverain de première grandeur, et d'une mère « non moins éminente », elle se trouvait par sa naissance favorisée de la *potestas* et de la *divitia*, les deux attributs de la noblesse. Tout la prédisposait à la magnanimité. Dans un parfait respect de l'ordre établi qui suppose que, providentiellement, les nobles, les riches soient bons, qui reconnaît de naturelles corrélations entre la hiérarchie des valeurs temporelles et celle des valeurs spirituelles, cette *vita* d'esprit clunisien se garde bien de suggérer qu'Ida ait jamais songé à s'abaisser audessous de sa position dominante, qu'elle ait voulu souffrir dans son corps, qu'elle se soit infligé des macérations. Cette sainte n'est ni une martyre, ni une ascète, ni de ces insensés qui veulent à tout prix être pauvres. C'est une épouse, comblée. La morale ici prêchée est celle d'un accomplissement de la féminité dans le mariage.

Le moment où, en 1057, à l'âge opportun, Ida, de vierge qu'elle était devint épouse, constitue donc l'étape majeure de cette biographie. Son auteur prend soin de montrer que le passage s'opéra selon les convenances, sociales et morales. Dans le bon ordre. L'homme qui déflora Ida était, comme il se devait, de son rang, un « héros », « très noble de race », « du sang de Charlemagne », « de très extraordinaire renom », et l'on voit l'accent placé à la fois sur la nécessité de

l'isogamie et sur le rôle de la renommée qui permet
« aux vaillants de se conjoindre ». De fait, ce fut la
réputation de cette fille, ce qui lui fut rapporté de ses
mœurs, de sa beauté, mais surtout de « la dignité de sa
race » qui allécha Eustache II, comte de Boulogne [1]. Il
était veuf, d'une sœur d'Édouard le Confesseur. Il
n'avait pas d'enfant mâle légitime. Il lui fallait absolument une femme. Il l'obtint, mais décemment. Point de
rapt, point de séduction. Il envoya des messagers au
marieur, le père. Celui-ci prit conseil. Ida fut « livrée »
par ses parents. Puis conduite, escortée par des membres des deux maisonnées, jusqu'à Boulogne où l'attendait l'époux. C'est là qu'eurent lieu les noces, solennellement. « *Pro more ecclesiae catholicae* », dit le texte :
allusion à la bénédiction nuptiale? En 1130 ce rite
s'était implanté dans cette région; rien n'indique qu'il y
fût introduit déjà en 1057. Dès lors on voit Ida, *conjux*,
déployer sa *virtus in conjugio*, apparaître par conséquent comme le parangon des bonnes épouses. En
premier lieu soumise à son mari, qui la soutint, la
guida, la conduisit vers le mieux; elle fut dévote, mais
« en accord avec son homme et par la volonté de
celui-ci » : comment imaginer qu'une femme accède à
la sainteté en dépit de son époux? Obéissante donc,
mais également discrète (de la *discretio* clunisienne)
dans le gouvernement de la maison, dans sa façon de
traiter les hôtes, se montrant envers les nobles familiè-
re, « chaste » cependant. La chasteté fait en effet le bon
mariage. Ainsi, « selon le précepte apostolique », ce fut
« usant de l'homme comme n'en ayant pas » qu'Ida
engendra. Car son principal mérite fut d'être mère.
Elle mit au monde trois fils (des filles, le texte ne dit
mot) : le second fut Godefroi de Bouillon, le dernier,
Baudoin, roi de Jérusalem. Incontestablement, les
égards qu'on lui rendit vers la soixantaine, le relent de
sainteté qui se répandit autour de son tombeau, Ida les
dut au destin de ses deux enfants, à ce que les deux

---

1. Effectivement descendant des Carolingiens par sa mère,
petite-fille de Charles de Lorraine. On ne sait à peu près rien de son
père, un homme nouveau sans doute.

premiers souverains de la Terre Sainte étaient sortis de son ventre. La sainteté de l'union conjugale se mesure en effet à la gloire des mâles qui en sont le fruit. De cette gloire, Ida avait été avertie dès l'adolescence. Une nuit, « comme elle se livrait au sommeil », elle avait vu le soleil descendre du ciel et séjourner un moment dans son giron. L'hagiographie se plaît aux présages, elle évoque volontiers les songes. Celui-ci, à vrai dire, se colore dangereusement d'érotisme prépubère. L'écrivain monastique le sent bien. Il se garde. Ida dormait, dit-il, mais l'esprit tourné « vers les choses d'en haut ». Ce rêve ne la tirait donc pas vers le bas, vers le plaisir. Il annonçait que la vierge serait mère, que le fruit de ses entrailles serait béni. Il annonçait une maternité sainte. La *vita* tout entière s'organise en une célébration de l'enfantement.

Genus, gignere, generositas : ces mots scandent la première partie du récit. Remarquons leur connotation charnelle : ils insistent sur le sang, sur le bon sang, sur la race. Ida eut pour fonction – comme toutes les filles que les rites matrimoniaux introduisaient dans les maisons nobles – de former « par la clémence de Dieu » un maillon dans une généalogie [1]. Elle enfanta, elle nourrit des mâles. Ce n'est pas pour avoir nourri spirituellement ses fils, pour les avoir instruits, préparés par l'éducation aux exploits qui les illustrèrent qu'elle est louée. C'est pour les avoir allaités, refusant que leur fût donné le lait d'un autre sein, afin qu'ils ne fussent pas « contaminés par de mauvaises mœurs ».

Il est dit que cette fonction d'engendrement se poursuivit sous une autre forme après que, vers 1070, Ida fut devenue veuve, « privée du réconfort d'un homme ». « Réjouie cependant par la noblesse de ses

1. C'est ainsi qu'elle prend place dans les généalogies de Bouillon, admirablement éditées par L. Génicot, dont la première rédaction date de 1082-1087, alors que son second fils Godefroi n'était encore l'héritier que du nom et des ambitions de son grand-père et de son oncle maternel. Ida est dans ces généalogies le seul personnage féminin qui ait droit à un éloge particulier.

fils », « enrichie par l'amour d'en haut ». Sous l'autorité
de l'aîné de ses garçons, Eustache III, qui succéda à
son père dans la direction de la maison, ses vertus se
perpétuèrent. De prolificité toujours. Elles n'émanaient
plus toutefois de sa chair. Ida désormais enfanta par sa
richesse et, plus précisément, par son argent. Après la
mort de son mari et de son père, elle s'était entendue
avec sa parenté pour liquider ses biens propres, les
échangeant contre de la monnaie. De cette monnaie,
dont la source était encore le *genus* paternel, elle se
servit pour engendrer de nouveaux fils, spirituels
ceux-ci : des moines. N'agissant point seule, évidemment, mais d'accord toujours avec le mâle au pouvoir
duquel elle avait glissé. Avec le « conseil » de son fils,
avec son « aide », elle féconda la région boulonnaise,
reconstruisant, restaurant, fondant successivement
trois monastères. Des monastères d'hommes : charnelle
ou non, seule compte la part masculine de la progéniture. Elle-même ne se fit pas moniale. Certes, « son
mari mortel disparu, elle passa pour s'être unie à
l'époux immortel par une vie de chasteté et de célibat ». Certes, elle se dégagea peu à peu de la tutelle de
son fils, s'agrégea à une autre famille, spirituelle :
Hugues de Cluny l'adopta « pour fille ». Mais elle
demeura, comme il se devait, en état de subordination,
soumise encore à des hommes. Et lorsqu'elle vint
s'établir auprès du dernier monastère qu'elle avait
érigé, la Capelle Sainte-Marie, à la porte, entourée de
ses suivantes, ce fut sous la domination du père abbé.
Psalmodiant mais « modérément ». Nourricière surtout. Nourrissant les pauvres. Nourrissant la communauté monastique. « Servant » des hommes, comme il
est bon que les femmes ne cessent de le faire.

Que la *virtus* majeure de cette sainte fût de maternité, on le découvre encore aux particularités de deux
des miracles qui lui sont attribués. Elle opéra le
premier de son vivant, dans le monastère de la Capelle.
Parmi les gens qui vivaient d'elle se trouvait une petite
fille sourde et muette ; un jour de fête, à l'office des

matines, la mère de l'enfant l'avait amenée à l'église, dans la suite de la comtesse. Il faisait froid, la petite tremblait. Elle se blottit sous le manteau d'Ida. Ce fut comme si l'odeur des vêtements la faisait renaître : elle se mit à entendre, à parler. Ses premiers mots ? *Mater, mater.* Pourvue par l'abbé d'une prébende, la miracu-lée pourtant pécha : elle conçut elle-même, enfanta, perdant non seulement sa virginité, mais sa pension et sa santé. Cependant Ida la tira par deux fois de l'infirmité où elle était par deux fois retombée, puri-fiant cette maternité peccamineuse dont la fille s'était rendue coupable, redevenant enfin par deux fois nourricière, puisque à chaque renaissance la pré-bende fut restituée. L'autre miracle eut lieu sur son tombeau peu de temps sans doute avant la rédaction de la *vita*. Une femme encore en bénéficia : c'était la fille d'Eustache III, la propre petite-fille d'Ida, Mathilde. Saisie d'une mauvaise fièvre, « confiante et présumant de la sainteté de la bienheureuse », elle s'était rendue jusqu'au sépulcre. C'était la première pèlerine. Elle fut guérie, sa grand-mère projetant par prédilection ses pouvoirs thaumaturgiques sur son lignage, cette sorte d'arbre de Jessé issu de son ven-tre généreux.

Rien, de toute évidence, n'est exceptionnel dans cette vie de princesse : il était normal à la fin du XIe siècle que des filles de ce rang social épousent de vaillants guerriers, en enfantent d'autres et, devenues veuves, dispensent leurs bienfaits à des monastères avec l'ac-cord de leur fils aîné, qu'elles s'associent enfin aux liturgies monastiques. Rien n'est exceptionnel, sinon d'avoir mis au monde Godefroi de Bouillon [1]. Si deux des fils d'Ida n'avaient été aussi illustres, se serait-on disputé en 1113 sa dépouille, aurait-on, plus tard,

1. On connaît les légendes qui s'épanouirent autour de la personne du premier avoué du Saint-Sépulcre : dès 1184, on racontait à son propos et à celui de son frère « la fable du cygne dont serait issue leur semence originelle », Guillaume de Tyr, *Histoire des Croisades*, I, p. 571-572.

ouvert son tombeau, l'aurait-on entendue vers 1130
déclarée sainte? De cette reconnaissance officielle l'ins-
tigatrice fut sans doute cette même Mathilde que,
d'outre-tombe, sa grand-mère avait guérie. Héritière
du comté de Boulogne, elle avait épousé Étienne de
Blois. Son autre grand-mère était Marguerite d'Écosse,
déjà tenue pour sainte, et que la plus ancienne de ses
biographies, datant de 1093-1095, montrait acceptant
de se marier dans le seul propos d'être mère. Le culte
de sainte Marguerite venait d'être développé, en même
temps que celui d'Edouard le Confesseur [1] par Édith-
Mathilde, épouse du roi Henri Ier et sœur de la mère de
Mathilde de Boulogne. Celle-ci, alors que l'on songeait
à transférer à Boulogne le siège de l'évêché de Morinie,
commanda la biographie d'Ida aux moines de Vasconviliers.

Il me semble que ceux-ci furent quelque peu embar-
rassés, gênés de ne trouver dans le dossier comme
principal argument de sainteté que des aptitudes pro-
créatrices. On le devine au prologue qui s'applique à
justifier le parti pris. Le monde, dit l'auteur, va vers
son déclin. Les attaques du Malin se multiplient; à qui
recourir sinon aux prières ou aux mérites des saints?
Par bonheur la providence a distribué la sainteté à
travers tous les « degrés » du corps social. Parmi les
saints on trouve même des femmes. Et jusqu'à des
femmes mariées. A condition évidemment qu'elles
soient mères. Il peut alors arriver qu'elles soient
« inscrites au livre de vie en raison de leurs mérites et
de ceux de leurs fils ». Le biographe juge toutefois
nécessaire, pour vaincre les dernières réticences, de
montrer ce qu'il y a de bien dans l'état matrimonial.
Pour légitimer le mariage, il cite Paul (« *melius est
nubere quam uri* ») : le mariage est remède à la
concupiscence; il rappelle que « selon la loi », c'est la
fécondité prolifique qui l'exalte; il affirme enfin qu'il

---

1. D. Baker, « A Nursery of Saints : Saint Margaret of Scotland
reconsidered », *Mediaeval Women*, Oxford, 1978.

doit être vécu dans la chasteté, « sans quoi il n'y a rien de bon » : « certes la virginité est bonne; mais, c'est prouvé, la chasteté après l'enfantement est grande ». Ces principes une fois disposés en garde-fou, il est permis à un bénédictin d'établir qu'une épouse peut être sainte. Ce qu'il fait sans rien brusquer, discrètement, à la clunisienne, avec un sens aigu de l'opportunité sociale. Il propose de la bonne conjugalité une image tout à fait conforme à l'enseignement de l'Écriture et de saint Augustin. Toutefois, puisque la biographie sert les intérêts d'une maison de la plus haute noblesse, il prend soin d'éviter trop de discordance entre l'exemple proposé et le système de valeurs auquel la haute aristocratie se réfère. Les deux morales ici s'ajustent, celle de l'Église, celle des lignages. Je ne parle pas seulement d'une célébration de la puissance et de la richesse qu'illustre chacun des gestes de l'héroïne. Les deux modèles de comportement sont mis en coïncidence principalement sur deux plans. Lorsque d'abord il est affirmé que la condition de la femme est d'être dominée, par son père qui la donne à qui lui plaît, par son mari qui la gouverne et la surveille, puis par l'aîné de ses fils, enfin, lorsque ce dernier pousse hors de la maison sa mère dont il est encombré, par les religieux du monastère familial, dont l'un des rôles est précisément d'accueillir à sa porte les femmes du lignage, marginalisées lorsqu'elles ont cessé d'être utiles. L'accord se fait d'autre part sur le principe que l'épouse est vouée à coopérer à la gloire de la lignée en lui donnant des enfants, qui soient des garçons et qui soient valeureux. Proclamer ainsi conforme au plan divin l'image de la féminité et de la conjugalité que se formaient au début du XIIe siècle tous les chefs de maisons nobles, n'était-ce pas le meilleur moyen de leur faire admettre du même coup, discrètement, en passant, sans insister, que le pacte conjugal devait être conclu conformément « aux usages de l'Église catholique » et qu'il était souhaitable que les époux montrassent les apparences au moins de la chasteté?

**
*

Une cinquantaine d'années plus tôt une image avait
été présentée par un autre, ou plutôt par deux autres
textes, puisque deux versions successives datant du
xie siècle ont été conservées de la même *vita*. Cette
image est différente. Car le système de représentations
à quoi elle veut s'accorder n'est pas, je crois, aristocratique, mais populaire. Certes l'héroïne de ce récit,
Godelive, est bien née, « de parents célèbres ». Elle
porte un nom tudesque; le second biographe croit
même nécessaire de traduire : *cara Deo*. Ce nom sied
parfaitement à une sainte, si parfaitement que l'on peut
se demander si la dénomination, si le personnage
lui-même ne sont pas mythiques. Rassurons-nous :
Godelive a bien existé. Les indications fournies sur son
ascendance sont d'une incontestable précision : son
père, Heinfridus, de Londefort en Boulonnais, est
également nommé par des chartes du temps. C'était un
chevalier d'Eustache de Boulogne, le mari d'Ida. La
race, ici, est d'un cran moins élevé. Ces gens cependant
surplombent de haut le peuple. Ils sont établis par-delà
la stricte limite que trace entre dominants et dominés
le mode de production seigneurial. Si j'ai parlé de
populaire, c'est que la biographie que j'analyse ne fut
pas rédigée à la demande d'une famille illustre par les
moines d'un monastère familial. La dévotion dont
Godelive fut l'objet a pris naissance dans le village de
la Flandre maritime où elle était enterrée, Ghistelle, à
dix kilomètres de Bruges. Le plus ancien biographe le
dit : il écrit « sous la pression de nombreux fidèles ». Il
ne ment pas. Ce qu'il relate des formes de piété dont le
tombeau était le lieu, des prodiges dont on lui montra
les signes, atteste que le culte a effectivement jailli de la
paysannerie. Il a vu la terre avoisinant la sépulture
transformée merveilleusement en pierres blanches. Il a
vu ces pierres que, « par dévotion », des gens avaient
emportées chez eux devenues des gemmes. Il a vu des
fiévreux, des malades, venir boire l'eau de la mare où

Godelive avait été plongée. On lui a dit que certains furent guéris. Les dirigeants de l'Église ont eu la main forcée par cette ferveur. Ils ont cédé. En 1084, l'évêque de Noyon-Tournai, Radebod II, au moment même où il confiait à saint Arnoulf de Soissons l'église d'Oudenbourg pour y établir des bénédictins venus de Saint-Bertin – et dans le même but : pour affirmer aux confins de son diocèse les structures ecclésiastiques – procéda le 30 juillet, à Ghistelle, à l'élévation des reliques d'une femme qui était morte ici, peut-être quatorze ans plus tôt. Toutefois le prélat voulut que fût rectifiée la légende, afin qu'elle servît à l'entreprise de moralisation d'une population encore très sauvage. La manipulation est évidente. Des traces restent cependant du récit primitif. Très nettes dans la version de la *vita* que les Bollandistes ont publiée [1] d'après un manuscrit provenant de l'abbaye d'Oudenbourg, postérieure mais d'assez peu, semble-t-il, à la canonisation. Plus nettes encore dans le texte que ce remaniement compléta, dans le rapport que rédigea, immédiatement avant l'intervention de l'évêque de Noyon, et pour la préparer, Drogon, moine de Bergues-Saint-Winock [2].

Officialisation, remise en ordre. Jusqu'à quel point fut-elle poussée ? Le flux de religiosité que l'élévation des reliques avait pour but d'endiguer n'était-il pas au départ fort hétérodoxe ? L'hypothèse fut formulée, prudemment, par Jacques Le Goff, lorsque je commentais ce document dans mon séminaire. Il n'est pas question de sorcières, faisait-il remarquer, ou fort peu dans les textes du xi⁰ siècle. N'est-ce pas que l'Église alors s'annexait ces femmes, celles du moins dont le souvenir restait vivace parmi les humbles, puisqu'elles avaient péri tragiquement, tuées par les ministériaux, par les agents répressifs de la puissance civile ? N'étaient-elles pas systématiquement exorcisées par la

---

1. *Acta sanctorum*, juillet, II, p. 403 et suiv.
2. Édité par P. Coens d'après un manuscrit de Saint-Omer, venant de l'abbaye de Clairmarais, *Analecta Bollandiana*, XLIV, (1926).

« conversion » de leur renommée? Transformées en
saintes? Je ne suis pas sûr qu'il faille s'avancer trop
loin dans cette conjecture. Il reste que si l'on cano-
nisa Godelive, ce fut peut-être bien pour évacuer ce
qu'il y avait de contestation dans le culte qu'on lui
rendait. Deux des quatre miracles retenus par le
premier biographe sont de nature à soutenir cette
supposition. Godelive était guérisseuse. Elle guérissait
des paralysies. Voici qu'elle vint en aide à un homme
et à une femme que le ciel avait punis pour avoir
travaillé dans un temps prohibé par l'autorité ecclésiastique. L'homme moissonnait un samedi soir : sa
main resta collée aux épis; la femme, un jour de fête,
après la messe, brassait un chaudron de teinture avec
un bâton : celui-ci se colla à sa main. Que Godelive
ait libéré ces deux mains travailleuses, annulant les
effets du courroux divin, la situait du côté du peuple.
Elle avait triomphé des malédictions fulminées par
les prêtres. Ne célébrait-on point en elle la cham-
pionne d'une résistance à l'oppression cléricale? Ceci
incite à détecter, sous les phrases édifiantes, lénifian-
tes de la *vita*, les bribes d'un discours différent,
populaire. Il reste que le discours originel fut remo-
delé dans un but principal : aider à propager, tout
comme la biographie de sainte Ida, mais peut-être
dans un autre champ social, la morale ecclésiastique
du mariage.

Dans une typologie de la sainteté, la fille d'Heinfridus, chevalier boulonnais, prendrait place parmi les
martyres. Également parmi les vierges? C'est ce qu'ont
affirmé les Bollandistes : sa virginité, écrivent-ils, ne
saurait être mise en doute : à Ghistelle, on l'a toujours
tenue pour vierge. Or on cherche en vain dans les deux
textes du xie siècle ce qui pourrait soutenir une telle
assertion. Ces récits ne disent rien de la virginité : pour
leur auteur − c'est remarquable −, ce n'est pas ce trait
qui importe. Ils insistent sur le martyre. Mais sur le
martyre d'une épouse. Godelive est une mal mariée, la
victime d'un mauvais mariage. Les hagiographes ont
proclamé cela très haut, leur intention étant, entre

autres choses, de faire ressortir, en négatif, ce que doit être le mariage pour être bon.

Le mot *virgo* est appliqué à Godelive une seule fois, pour qualifier son état avant que ses parents ne la donnent à un mari. Son destin, comme celui de toutes les filles, était d'être mariée au sortir de la *pueritia*. Au contraire d'Ida cependant on employa des procédures perverties. Dès le départ, dès la *desponsatio*, dès la conclusion du pacte. Cette vierge était dévote, comme toutes les saintes le sont dans leur enfance. Recherchée pourtant par une meute de prétendants. Enflammés d'« amour » disent les deux textes. Fidèles aux modèles laïques qu'ils remanient, ils font en effet leur place au désir physique, à l'attrait du corps féminin : les deux versions de la *vita* insistent sur les charmes de la jeune fille. Son seul défaut était d'être brune, noire de cheveux et de sourcils. Mais Drogon aussitôt corrige : sa chair en paraissait plus blanche, « ce qui est agréable, plaît dans les femmes et qui est honneur à beaucoup ». L'un de ces *juvenes*, Bertolf, était « puissant », de « race insigne selon la chair », officier du comte de Flandre dans le pays de Bruges [1]. Ce fut lui qui l'emporta. Non que Godelive l'ait elle-même choisi. Elle n'avait pas la parole. Le galant d'ailleurs ne lui parla pas, mais à ses parents, les maîtres, qui la lui donnèrent. L'accord était faussé pour deux raisons : Bertolf, d'abord, avait agi de sa seule « volonté ». Sa mère devait le lui reprocher, de n'avoir pas pris conseil d'elle-même ni de son père, et ces reproches portèrent : le bon mariage n'est pas affaire d'individu mais de famille ; s'il n'est pas orphelin de père, comme l'était Eustache II de Boulogne, le garçon doit, lui aussi, s'en

---

1. C'était le fils cadet et par conséquent cherchant, seul, à s'établir par un mariage, d'un officier comtal servant à Bruges. En 1012, le châtelain de Bruges se nomme Bertolf. En 1067, Erembaud, père d'un Bertolf, occupe cette fonction. Le héros de cette histoire appartenait donc sans doute au célèbre clan dont les membres assassinèrent Charles le Bon en 1127, et non pas à la parenté de Conon, sire d'Oudenbourg, neveu de Radebad II.

remettre à ses parents. Second vice : le père et la mère de Godelive « préférèrent Bertolf à cause de sa *dos* » : il était plus riche. Mariage d'argent, mauvais mariage : c'est la sagesse populaire que l'on entend ici s'exprimer.

Mal partie, l'union fut pervertie davantage dans la seconde de ses phases conclusives. Après les accordailles, Bertolf emmena Godelive chez lui, c'est-à-dire chez sa mère. Peut-être répudiée, celle-ci vivait loin de son mari, hébergeant son fils ou bien hébergée par lui ; celui-ci en tout cas pouvait prendre femme : dans la maison, le lit matrimonial était vacant. Mais y vivait aussi sa mère, ce qui n'arrangeait pas les choses. Surgit ici un autre thème, classique, des complaintes de la mal mariée. Durant le voyage (assez long : du Boulonnais aux environs de Bruges, il fallait coucher en route) l'Ennemi brusquement frappa l'esprit du nouveau marié : il prit sa femme « en haine ». On pense naturellement au cas de Philippe Auguste devant Ingeborge : non point le fiasco (la reine de France s'en défendit âprement), mais une immédiate répulsion. Bertolf fut fortifié dans cette attitude par le discours que lui tint, à l'arrivée, sa mère. « Toutes les belles-mères, écrit Drogon, haïssent leur bru » (le peuple encore parle par sa bouche, en dictons, à son habitude), « elles brûlent de voir marié leur fils, mais deviennent aussitôt jalouses, de lui et de son épouse. » Cette femme, en même temps qu'elle rabrouait son fils pour ne pas l'avoir consultée, le railla d'avoir ainsi choisi : la fille qu'il ramenait était étrangère, elle était de surcroît noiraude : « Il n'y avait donc pas assez de corneilles ici, que tu ailles en dénicher *in alia patria*. » Bertolf alors s'effaça, refusant de prendre part au cérémonial des noces. Pendant les trois jours de fête rituels, il resta absent sous prétexte de marché ou de justice. On sauva les apparences, on feignit la joie. Les rites pourtant étaient invertis : ce fut une femme, sa mère, qui tint le rôle de l'époux. Transgression de l'ordre moral, de l'ordre sexuel : péripétie invraisemblable, de celles qui forment la trame des contes merveilleux.

L'union acheva de se corrompre dans les temps qui suivirent les cérémonies nuptiales. A peine revenu, Bertolf repartit, alla loger cette fois chez son père. Au foyer conjugal sa femme demeura, abandonnée. Elle remplit au mieux son rôle, tint la maison, gouverna les domestiques. Toutefois *desolata*. Une solitude plus pesante la nuit : alors elle priait; le jour, elle filait et tissait. Elle occupait le temps à la manière des moniales, attentive à vaincre par le travail et l'oraison l'oisiveté ennemie de l'âme. L'auteur (bénédictin) de la seconde version insiste sur ce fait : « A l'aide de ce bouclier, elle repoussait les dards de ces rêvasseries dont l'adolescence est d'ordinaire accablée. » Le souci de l'hagiographe, travaillant à rendre la première *vita* plus convaincante, est bien d'assurer que, laissée seule, cette fille n'est point devenue impudique, affirmant que nul ragot ne fut jamais colporté à son propos. Précautions nécessaires : selon l'opinion commune, la femme, la jeune femme surtout, naturellement vicieuse, ne tombe-t-elle pas dans le péché, c'est-à-dire dans la luxure, dès qu'on cesse de la tenir à l'œil, et c'est pour cela justement que l'époux doit rester près de sa femme. Le texte développe ici l'exhortation aux maris : ils doivent être là, dans l'adversité comme dans la prospérité, prendre pour eux la peine, tenus qu'ils sont, *de jure*, de soutenir leur compagne, de vivre avec elle « patiemment » jusqu'à la mort, puisqu'ils sont deux en une seule chair, puisque, plutôt, ils forment un seul corps par l'« accouplement conjugal » (cette référence aux effets de la *copulatio* laisse entendre que Godelive, aux yeux des promoteurs de sa sainteté, était devenue pleinement femme).

Si pervers, le lien ne fut pourtant pas dénoué. Bertolf prenait maintenant conseil de ses deux parents. Il cherchait à se débarrasser de sa femme. Il est très remarquable que l'idée, simple, de la répudier, n'effleura pas, au dire de ces récits édifiants, l'esprit de tous ces méchants. Était-il déjà devenu inconvenant, dans ce milieu de petite aristocratie, de chasser de chez soi, *motu proprio*, son épouse? De fait, on projeta seulement de « honnir » (*deturpare*) la jeune mariée. Plus précisément, selon les paroles de Bertolf, de « lui retirer sa couleur ». On la mit au pain et à l'eau tandis que les serviteurs se goinfraient. Godelive ne dépérit pas trop : complaisantes, des voisines, des femmes de sa parenté la ravitaillaient en cachette (point de miracle, point d'intervention du ciel, mais l'action, comme dans les récits populaires, de personnages bien terrestres). Toutefois, fatiguée de tant d'injures, elle s'enfuit. C'est ce que l'on attendait d'elle : quitter la maison était une faute et cette faute devait la perdre. Le moine Drogon ne s'en rend pas compte. Mais son confrère, qui améliore la première rédaction, juge bon de reconnaître que Godelive transgressait ainsi le « précepte évangélique », l'interdiction de séparer ce que Dieu a uni. Comment admettre cela de la part d'une femme dont on s'appliquait à faire une sainte? Vient alors l'excuse : le « tremblement de la chair » qui ébranla bien des martyrs. Des ajouts de cette sorte donnent à penser que la réputation de Godelive, au départ, parmi les savants, n'était pas si assurée qu'il ne fallût l'étayer de raisons. Ce qui conduisit à récrire, en l'amplifiant, la première biographie. Affamée, nu-pieds, Godelive s'achemina vers le pays natal. Non point seule, avec un compagnon : car les femmes qui ne sont pas dévergondées ne vont point par les chemins sans escorte. Elle réclama justice, mais auprès de son père : il ne sied pas en effet à la femme, toujours mineure, de défendre elle-même ses droits; elle les délègue à un homme; si ce n'est son mari ou son fils, c'est un mâle de son lignage. Heinfridus l'accueillit, décida de se plaindre au seigneur du mauvais époux, le comte de Flandre, dont Bertolf était le ministérial.

En ce point, les deux récits hagiographiques changent d'allure, cessent de prêcher une morale, parlent de droit. Du droit nouveau que l'Église travaillait à la fin du XIᵉ siècle à faire admettre par la société civile. L'une et l'autre versions proclament, et la seconde de façon plus véhémente, la compétence exclusive de la justice épiscopale en matière de mariage. Je ne vois pas que cette revendication ait été, dans le nord de la France, exposée de manière aussi explicite antérieurement à ce double manifeste greffé sur une histoire d'épouse mal honorée. Habilement, le moine Drogon place dans la bouche du comte lui-même, celui du temps jadis, un discours qui en fait s'adresse au comte d'à présent, Robert le Frison, pour inciter celui-ci à se bien conduire et, comme son prédécesseur est censé l'avoir fait, à rogner sur ses prérogatives. On entend donc le bon prince proclamer qu'il renonce à juger, qu'il revient à l'évêque du diocèse de connaître ces sortes d'affaires. Parce qu'elles sont, dit-il, « de chrétienté [1] ». Ceux qui « dévient de l'ordre saint » doivent être remis par le prélat dans la voie droite (« contraints » par la *discretio ecclesiastica*, – par l'anathème, précise la version récente, indiquant plus nettement que ces causes doivent être tranchées et réglées « seulement », devant des juges d'Église). « Je ne suis, avoue le comte, que l'auxiliaire, l'*adjutor* » (*vindex*, dit la seconde version, comme on le disait du roi de France, frappant du glaive temporel ceux que Dieu, par son Église, avait condamnés). *Auctoritas* d'un côté, *potestas* de l'autre (le moine d'Oudenbourg, qui s'y connaît, met en balance ici les deux termes) : ce partage parfaitement grégorien affirme la supériorité du spirituel sur le temporel et situe le pouvoir juridictionnel des évêques dans le prolongement des dispositions de la paix de Dieu qui s'étaient mises en place dans cette contrée à la génération précédente.

L'évêque de Tournai jugea que Bertolf devait reprendre son épouse. Pas d'adultère en effet, aucune référence à l'impuissance du mari, aucun doute sur la consommation du mariage. Conformément aux nor-

---

1. L'expression *justitia christianitatis* apparaît à la même époque dans une charte mâconnaise à propos d'un partage de juridiction entre un comte et un évêque, *Cartulaire de la cathédrale Saint-Vincent de Mâcon* (éd. Ragut), n° 589.

mes énoncées dans les collections canoniques, on ne
pouvait prononcer le divorce. Il convenait, en ce cas,
de réconcilier les époux, de les remettre ensemble.
Bertolf se soumit – selon la version remaniée – par
crainte surtout des sanctions séculières, car il était
pervers – mais à contrecœur, et, dans sa haine, son
dégoût, ne vit plus qu'une issue, le crime. Commence
ici la passion de Godelive. Passion, patience, et lente
progression spirituelle. L'épouse n'est plus brimée
dans son corps. Bertolf a promis de ne plus la mal-
traiter. Mais elle demeure abandonnée, même de son
père. Privée d'homme. Ce qui paraît scandaleux. Les
« amis », les parents du mari, s'en offusquent. Ils le
critiquent – Godelive, en excellente partenaire de
« l'association conjugale », « défend que l'on médise
de son homme ». Ils la plaignent, notamment d'être
privée des « plaisirs du corps » – elle répond : « Je me
moque de ce qui réjouit le corps. » Constance joyeuse,
et peu à peu l'épouse exemplaire en vient à professer
le mépris du monde, revêt des traits, des attitudes
qui sont ceux que l'on prête à la Vierge Marie. Les
paroles du *Magnificat* s'insinuent dans les propos
qu'elle tient, notamment aux religieux de Saint-
Winock qui viennent alors la visiter, qu'elle édifie,
leur montrant, elle faible femme, l'exemple de la
continence et de la soumission. Retentissant d'échos
des liturgies mariales et du texte évangélique, le récit
conduit au martyre.

Bertolf a préparé son coup. Il s'est abouché avec
deux de ses serfs, prenant conseil de ces ignobles, ce
qui est encore perversion. Un soir, avant le coucher du
soleil, Godelive le voit revenir vers elle. Stupéfiée. Il
sourit, il la prend dans ses bras, lui donne un baiser, la
fait asseoir à ses côtés sur le même coussin (dans cette
posture que les imagiers parisiens vont au XIVe siècle
prêter aux amants courtois sur l'ivoire des couvercles
de miroir et de boîtes à parfum). L'homme attire à lui
sa femme. Craintive, elle s'écarte d'abord, puis s'abandonne, obéissante et disposée à rendre, quand le maître
l'exige, tous les devoirs de conjugalité. De tout près,

Bertolf l'enjôle : « Tu n'as pas l'habitude de ma présence, ni d'être réjouie par les doux propos et par la volupté partagée de la chair [...] » (les paroles, le plaisir : il s'agit bien des deux phases successives du déduit, du jeu d'amour tel qu'il doit être rituellement mené). Il ne sait comment son esprit s'est disjoint ; c'est le Malin, croit-il. Mais « je vais mettre une vraie fin au divorce de l'esprit, te traiter en chère épouse et, quittant peu à peu la haine, ramener à l'unité nos esprits et nos corps [...] j'ai trouvé une femme qui se fait forte de nous conjoindre par ferme amour, de nous faire nous aimer continûment et plus que sur terre se sont jamais chéris des conjoints ». Les deux serfs la conduiront à cette charmeuse. Alors Godelive : « Je suis la servante du Seigneur. Je me fie à lui. Si cela peut se faire sans crime, j'accepte. » Et l'hagiographe de s'exclamer : que de vertu ! A Dieu d'abord elle s'en remet, craignant d'être séparée de lui par magie. Cependant, pour cette raison même, « elle choisit le mariage, afin de ne pas être séparée du Seigneur qui unit les couples ».

Si l'on en croit le P. Coens, éditeur de la version ancienne, la scène se serait passée le 30 juillet 1070 : le 17, le comte Baudoin est mort et ses sujets se sont partagés : les gens de Flandre maritime (du côté de Bertolf) ont pris parti pour Robert le Frison, ceux du Boulonnais (du côté de Godelive), pour la veuve. Un grand trouble. Le moment est parfait pour agir. La nuit venue – le temps du malheur, le temps du mal –, les deux serviteurs viennent prendre la dame. Ils l'escortent. Parodie du cortège nuptial, basculant vers le maléfique, dans le silence, au cœur de la nuit, au moment où l'imaginaire des contes populaires situe les forfaits les plus noirs, et conduisant, en sens inverse, depuis le lit jusqu'à la porte, non point vers un mari mais vers une femme, pire que n'était la belle-mère et véritablement sorcière. Godelive est étranglée, plongée dans l'eau comme pour un nouveau baptême, sacralisant cette eau, la rendant merveilleuse. Elle est enfin rapportée dans son lit, rhabillée. Au matin ses gens la trouvent, apparemment intacte. Aussitôt cependant les premiers doutes : le soupçon, murmuré seulement, parce qu'il naît parmi les plus pauvres. Aussitôt aussi le miracle : la multiplication des pains pour le repas funéraire, en faveur encore des pauvres. Aussitôt enfin le culte : l'eau qui guérit – toujours les pauvres – et les pierres devenant des gemmes.

Un culte narguant les deux pouvoirs. Celui de l'évêque : la puissance étrange de la martyrisée rend sans effet les interdits qu'il édicte, les sanctions qu'il prend. Celui du comte : le méchant dans cette histoire, le bourreau, n'est-il pas, avec ses sergents, ses séides, un officier comtal chargé de lever les exactions? Sans suivre Jacques Le Goff jusqu'au bout de ses hypothèses, il est permis de discerner dans les formes primitives d'une telle dévotion et dans les structures originelles d'une telle légende une protestation en faveur des opprimés, de toutes les victimes innocentes. L'héroïne appartient certes à la classe des profiteurs du système seigneurial. Les sévices qui lui sont infligés portent sur son honneur, sur les égards dus à son rang. Cependant c'est une femme, un être dominé, et son mari l'affame, comme il affame, dans l'exercice de son office, les sujets de la seigneurie. Ce culte, ce récit émanent vraisemblablement du peuple, au sens social, conflictuel de ce mot. Voyons en eux l'une des formes que, dans un moment de convulsion de la société seigneuriale, la lutte de classes a prises parmi les paysans libres et rétifs de la Flandre maritime. Quelque temps plus tard, à l'occasion d'une réconciliation des grands de Flandre ménagée par le Flamand saint Arnoulf [1], le comte, menant alors l'enquête sur les meurtres commis dans le pays de Bruges, et l'évêque, fondant alors l'abbaye d'Oudenbourg, s'accordèrent pour neutraliser cette dévotion, pour l'employer à étayer l'ordre établi.

1. *Vita Arnulfi*, II, 16 (Migne, *Patrologie latine*, 174, col. 1413.

C'est ainsi qu'une vie de sainte se substitua à l'histoire touchante d'une mal mariée [1].

L'ordre établi ne requérait pas seulement que les cultes déviants fussent ramenés à l'orthodoxie. Il exigeait que pour former les couples l'on observât les règles prescrites. Les deux pouvoirs s'entendaient pour imposer ces normes. Le récit des malheurs de Godelive vint donc soutenir une admonestation à se bien marier. L'exhortation ainsi diffusée préfigure celle que devait transmettre une cinquantaine d'années plus tard la *vita* de la comtesse Ida. Rappelant que le lien conjugal, dont Dieu lui-même est présenté comme le « conjoncteur », ne saurait être dénoué. Qu'il appartient aux parents, non pas aux jeunes, de conclure le pacte, mais qu'il leur faut considérer les mœurs plus que la fortune et se garder de l'*invidia*, de cette jalousie qui détruit les alliances. A peine est-il besoin, tant la chose va de soi, de montrer l'épouse obéissante, comme l'avait été Marie. Le conseil s'adjoint, mais à mi-voix, de mépriser la chair au nom d'un propos de vie dévote fondé, comme le propos, jadis, des hérétiques et comme, bientôt, le propos des béguines, sur le travail des mains, l'abstinence, la peur de jouir. Très fortement au contraire est affirmé – la connivence entre les deux pouvoirs demeurait-elle sur ce dernier point aussi étroite? – que le privilège de juger du mariage appartient aux clercs. Tel est, dans cette région et dans ce demi-siècle, le fond de la doctrine que les moines, modérément, sont chargés d'énoncer.

1. A propos des deux versions de la vie de Godelive que j'exploite, des observations précises ont été formulées, notamment par H. Platelle, lors d'un colloque tenu en 1970, dont les actes furent publiés l'année suivante dans *Sacris erudiri* XX. Mon interprétation s'écarte quelque peu de la plupart des conclusions de cette rencontre.

Sur ce fond, les deux discours dont j'ai tenté de
dégager le sens et l'intention plaquent cependant chacun des teintes particulières. L'un et l'autre parlent
de femmes. Prendre pour porte-parole de l'idéologie
ecclésiastique des figures féminines présentait un
double avantage. C'était rallier cette moitié du peuple
fidèle dont l'Église ne s'était pas jusqu'ici assez sou-
ciée et dont on mesurait mieux maintenant le poids.
C'était surtout mettre en scène des personnages naturellement passifs sur quoi pouvaient être imprimés
fortement les principes d'une soumission que l'on
attendait de tous les laïcs. Mais si le ton des deux
discours est sensiblement différent, j'attribue cette
différence à ce que l'un penche vers les dominants,
l'autre vers les dominés. Puisque, dans la biographie
de l'épouse heureuse, la comtesse Ida, l'exhortation
s'adresse, comme presque toutes celles de ce temps
dont nous avons gardé la trace, à ceux qui comman-
dent, aux puissants lignages, aux chefs de maisons,
elle insiste sur la fonction génétique, je dirais même
généalogique, du corps féminin. Alors que l'histoire
de Godelive, épouse malheureuse, est peut-être bien
racontée au peuple, elle vient en tout cas de lui, elle
met principalement l'accent sur l'amour. Il est notable que les termes dérivés du mot *amor* prennent
autant d'extension dans cette *vita* qu'en prennent les
dérivés du mot *genus* dans celle d'Ida. Cet amour se
montre respectueux, bien sûr, des relations de subordination nécessaire que la providence a instituées
entre les deux sexes. L'amour du mari pour sa
femme s'appelle dilection, celui de la femme pour
son mari s'appelle révérence. Il est répété pourtant
que l'homme et la femme doivent être unis dans leur
chair comme dans leur esprit. Cet amour ils le font –
et l'on n'entend rien dire ou presque de la « chasteté ». C'est un amour de corps autant que de cœur.
Cela conduit à valoriser les attraits de la chair féminine. Cela autorise également, afin d'établir cet
amour dans sa plénitude, à recourir s'il en est besoin
aux sortilèges. Entraîné par ce qui jaillissait de la

sensibilité populaire, l'évêque de Noyon-Tournai, lorsqu'il éleva les reliques de cette brunette à la peau claire et délectable, s'aventurait, sans y prendre garde, beaucoup plus loin que ne devaient aller d'ici longtemps la plupart de ses confrères.

A propos de l'amour
que l'on dit courtois

C'est en historien, plus précisément en historien des sociétés médiévales, que je m'approche d'un objet d'histoire, mais qui est d'abord un objet littéraire, de cette chose étrange, l'amour que nous disons courtois et que les contemporains de son premier épanouissement appelaient fine amour. Je voudrais soumettre à la réflexion quelques propositions quant à ce que l'on peut entrevoir de la réalité des attitudes que décrivent, dans la seconde moitié du XIIᵉ siècle, en France, des poèmes et des œuvres romanesques, m'interrogeant sur les correspondances entre ce qu'exposent ces chansons et ces romans et, d'autre part, l'organisation vraie des pouvoirs et des relations de société.

J'ai le sentiment ainsi de m'aventurer imprudemment, et pour deux raisons : d'abord parce que je n'ai, de ces formes littéraires, qu'une connaissance, si je puis dire, seconde; ensuite et surtout, parce que je bute aussitôt sur cette question, à laquelle pour les époques anciennes il est si difficile de répondre : quelle sorte de rapports une littérature de ce genre, une littérature de rêve, d'évasion, de compensation, peut-elle entretenir avec les comportements concrets? Du moins, un fait est assuré. Cette littérature fut reçue, sans quoi il n'en resterait rien (encore que l'état de la tradition manuscrite porte à se demander si la réception fut si rapide). Mais il y eut réception, et par conséquent jeu de reflets, double réfraction. Pour être écoutées, il fallait bien que ces œuvres fussent de quelque manière en rapport avec ce qui préoccupait les gens pour qui elles étaient produites, avec leur situation réelle. Inversement, elles ne furent pas sans infléchir les manières de se conduire parmi ceux qui leur prêtaient attention. Ceci autorise l'historien à confronter le contenu de ces ouvrages à ce qu'il peut connaître par d'autres témoignages des structures et de l'évolution de la société féodale. Je me risque donc à le faire.

Je réduis, au départ, à son expression la plus schématique le modèle initial correspondant à l'amour dit courtois, sans prendre en considération les glissements qui, au cours du XIIe siècle, le déformèrent. Voici la figure : un homme, un « jeune », au double sens de ce mot, au sens technique qu'il avait à l'époque, j'entends un homme sans épouse légitime, et puis au sens concret, un homme effectivement jeune, dont l'éducation n'était pas achevée. Cet homme assiège, dans l'intention de la prendre, une dame, c'est-à-dire une femme mariée, par conséquent inaccessible, imprenable, une femme entourée, protégée par les interdits les plus stricts élevés par une société lignagère dont les assises étaient des héritages se transmettant en ligne masculine, et qui par conséquent tenait l'adultère de l'épouse pour la pire des subversions, menaçant de terribles châtiments son complice. Donc au cœur même du schéma, le danger. En position nécessaire. Parce que, d'une part, tout le piquant de l'affaire venait du péril affronté (les hommes de ce temps jugeaient avec raison plus excitant de chasser la louve que la bécasse) et parce que d'autre part, il s'agissait d'une épreuve dans le cours d'une formation continue, et que plus l'épreuve est périlleuse, plus elle est formatrice.

Ce que je viens de dire situe très précisément, me semble-t-il, ce modèle de relation entre le féminin et le masculin. La fine amour est un jeu. Éducatif. C'est l'exact pendant du tournoi. Comme au tournoi, dont la grande vogue est contemporaine de l'épanouissement de l'érotique courtoise, l'homme bien né risque dans ce jeu sa vie, met en aventure son corps (je ne parle pas de l'âme : l'objet dont j'essaie de reconnaître la place fut alors forgé pour affirmer l'indépendance d'une culture, celle des gens de guerre, arrogante, résolument dressée, dans la joie de vivre, contre la culture des prêtres). Comme au tournoi, le jeune homme risque sa vie dans l'intention de se parfaire, d'accroître sa valeur, son prix, mais aussi de prendre, prendre son plaisir, capturer l'adversaire après avoir rompu ses défenses, après l'avoir désarçonné, renversé, culbuté.

L'amour courtois est une joute. Mais à la différence de ces duels qui s'engageaient entre guerriers, soit au milieu des affrontements tumultueux opposant les tournoyeurs, soit dans le champ clos des ordalies judiciaires, la joute amoureuse oppose deux partenaires inégaux dont l'un est, par nature, destiné à tomber. Par nature. Physique. Par les lois naturelles de la sexualité. Car il s'agit bien de cela et que ne parviennent pas à dissimuler le voile des sublimations, tous les transferts imaginaires du corps au cœur. Ne nous méprenons pas. L'œuvre admirable d'André, chapelain du roi de France Philippe Auguste, son traducteur français Claude Buridant l'intitule *Traité de l'amour courtois*. Mais une jeune médiéviste américaine, Betsy Bowden, choisit un titre mieux ajusté, *The Art of courtly copulation*, et, tout récemment, Danièle Jacquart et Claude Thomasset proposent de lire ce texte comme un manuel de sexologie. En effet, les exercices ludiques dont je parle exaltaient cette valeur que l'époque plaçait au sommet des valeurs viriles, c'est-à-dire de toutes les valeurs, la véhémence sexuelle, et pour que s'avivât le plaisir de l'homme, il l'appelait à discipliner son désir.

Je réfute sans hésitation les commentateurs qui ont vu dans l'amour courtois une invention féminine. C'était un jeu d'hommes, et parmi tous les écrits qui invitèrent à s'y adonner, il en est peu qui ne soient, en profondeur, marqués de traits parfaitement misogynes. La femme est un leurre, analogue à ces mannequins contre lesquels le chevalier nouveau se jetait, dans les démonstrations sportives qui suivaient les cérémonies de son adoubement. La dame n'était-elle pas conviée à se parer, à masquer, démasquer ses attraits, à se refuser longtemps, à ne se donner que parcimonieuse-ment, par concessions progressives, afin que, dans les prolongements de la tentation et du danger, le jeune homme apprenne à se maîtriser, à dominer son corps?

Épreuve, pédagogie, et toutes les expressions littérai-res de l'amour courtois doivent être placées dans le fil du très vigoureux élan de progrès dont l'intensité culmina durant la seconde moitié du XIIᵉ siècle. Elles sont à la fois l'instrument et le produit de cette croissance qui dégageait rapidement de la sauvagerie la société féodale, qui la civilisait. La proposition, la réception d'une forme nouvelle de rapports entre les deux sexes ne se comprennent que par référence à d'autres manifestations de ce flux. Je ne pense pas, ce qui surprendra peut-être, à une particulière promotion de la femme. En effet, je n'y crois guère. Il y eut bien promotion de la condition féminine mais, en même temps, aussi vive, promotion de la condition masculi-ne, si bien que l'écart resta le même, et les femmes demeurèrent à la fois craintes, méprisées et étroite-ment soumises, ce dont d'ailleurs témoigne au premier chef la littérature de courtoisie. Non, je pense à ce mouvement qui fit alors l'individu, la personne se dégager de la grégarité, je pense à ce qui, émanant des centres d'études ecclésiastiques, livrait à la société mondaine la menue monnaie, d'une part des réflexions des penseurs sacrés sur l'incarnation et sur la *caritas*, d'autre part l'écho quelque peu gauchi d'une lecture assidue des classiques latins.

De toute évidence, les héros masculins que propo-saient en modèle les poètes et les narrateurs de cours furent admirés, furent imités dans la seconde moitié du XIIᵉ siècle. Les chevaliers, au moins dans l'entourage des plus grands princes, se prirent au jeu. La chose est sûre: si Guillaume le Maréchal, encore célibataire, fut accusé d'avoir séduit l'épouse de son seigneur, c'est que de telles entreprises n'étaient pas exceptionnelles. Les chevaliers se prirent au jeu parce que les règles de celui-ci aidaient à mieux poser, sinon à résoudre, quelques problèmes de société, brûlants, qui se posaient à l'époque et dont je voudrais dire en quelques mots comment, à mon sens, leurs données s'articulaient aux propositions de la fine amour.

Je commencerai par le privé, c'est-à-dire par les questions soulevées quant aux relations entre l'homme et la femme par les stratégies matrimoniales menées dans la société aristocratique. J'ai écrit déjà de diverses façons de ces stratégies et de la morale qui les soutenait. Je me résumerai, affirmant seulement qu'elles me paraissent avoir préparé directement le terrain pour la joute entre le jeune et la dame. Les sévères restrictions à la nuptialité des garçons multipliaient en effet dans ce milieu social les hommes non mariés, jaloux de ceux qui tenaient une épouse en leur lit, frustrés. Je n'évoque pas les frustrations sexuelles – elles trouvaient aisément à se défouler. J'évoque l'espoir obsédant de s'emparer d'une compagne légitime, afin de fonder sa propre maison, de s'établir, et les fantasmes d'agression et de rapt nourris par cette obsession. Par ailleurs, les accords d'épousailles se concluaient presque toujours sans tenir le moindre compte des sentiments des deux promis; le soir des noces, une enfant trop jeune, à peine pubère, était livrée à un garçon violent qu'elle n'avait jamais vu. Intervenait enfin cette ségrégation qui, passé l'âge de sept ans, installait garçons et filles dans deux univers totalement séparés. Tout s'alliait donc pour que s'institue entre les conjoints, non pas une relation fervente, comparable à ce qu'est pour nous l'amour conjugal, mais un rapport froid d'inégalité : dilection condescendante, au mieux, de la part du mari, révérence apeurée, au mieux, de la part de sa femme.

Or ces circonstances rendaient souhaitable l'édification d'un code dont les préceptes, destinés à s'appli-

quer à l'extérieur de l'aire de la conjugalité, viendraient comme un complément du droit matrimonial,
et se construiraient parallèlement à celui-ci. Rüdiger
Schnell a, en Allemagne, montré magistralement que
l'intention d'André le Chapelain fut de transporter
dans le domaine du jeu sexuel toutes les règles que les
moralistes d'Église venaient d'ajuster à propos du
mariage. Un tel code était nécessaire pour comprimer
la brutalité, la violence dans ce progrès que j'évoquais
vers la civilité. On attendait que ce code, ritualisant le
désir, orientât vers la régularité, vers une sorte de
légitimité, les insatisfactions des époux, de leurs
dames, et surtout de cette foule inquiétante d'hommes
turbulents que les usages familiaux contraignaient au
célibat.

Fonction de régulation, d'ordonnance, et ceci me
conduit à considérer une autre catégorie de problèmes,
ceux-ci touchant à l'ordre public, des problèmes à
proprement parler politiques que la codification des
relations entre les hommes et les femmes pouvaient
aider à résoudre. Cet amour, les historiens de la
littérature l'ont à juste titre nommé courtois. Les textes
qui nous en font connaître les règles ont tous été
composés au XIIᵉ siècle dans des cours, sous l'œil du
prince et pour répondre à son attente. En un moment
où l'État commençait à se dégager de l'embroussaille-
ment féodal, où, dans l'euphorie entretenue par la
croissance économique, le pouvoir public se sentait de
nouveau capable de modeler les rapports de société, je
suis persuadé que le mécénat princier a sciemment
favorisé l'institution de ces liturgies profanes dont un
Lancelot, dont un Gauvain montraient l'exemple. Car
c'était un moyen de resserrer l'emprise de la puissance
souveraine sur cette catégorie sociale, la plus utile
peut-être alors à la reconstitution de l'État, mais la
moins docile, la chevalerie. Le code de la fine amour
servait en effet les desseins du prince, de deux manières.

Car, d'abord, il rehaussait les valeurs chevaleresques, il affirmait dans le domaine des parades, des

illusions, des vanités, la prééminence de la chevalerie que minaient, en fait, insidieusement, l'intrusion de l'argent, la montée des bourgeoisies. L'amour « fine », pratiquée dans l'*honestas*, fut présentée en effet comme l'un des privilèges du courtois. Le vilain était exclu du jeu. La fine amour devint ainsi critère majeur de distinction. C'était en démontrant sa capacité à se transformer lui-même par un effort de conversion de soi analogue à celui que tout homme devait accomplir s'il voulait, gravissant un degré dans la hiérarchie des mérites, s'introduire dans une communauté monastique, c'était en fournissant la preuve qu'il pouvait convenablement jouer ce jeu, que le parvenu, le négociant enrichi dans les affaires, réussissait à se faire admettre dans ce monde particulier, la cour, fermée, comme l'était par son mur le jardin du *Roman de la Rose*. Cependant, à l'intérieur de cette clôture, la société courtoise était diverse. Tablant sur cette diversité, le prince entendait la tenir plus étroitement, la dominer. Le rôle du même critère était alors d'accuser l'écart entre les différents corps qui s'affrontaient autour du maître. Dans son extrême « finesse », l'amour ne pouvait être celui du clerc, ni celui du « plébéien » comme dit André le Chapelain, c'est-à-dire de l'homme d'argent. Il caractérisait, parmi les gens de cour, le chevalier.

Au sein même de la chevalerie, le rituel coopérait d'une autre façon, complémentaire, au maintien de l'ordre : il aidait à maîtriser la part de tumulte, à domestiquer la « jeunesse ». Le jeu d'amour, en premier lieu, fut éducation de la mesure. Mesure est l'un des mots clés de son vocabulaire spécifique. Invitant à réprimer les pulsions, il était en soi facteur de calme, d'apaisement. Mais ce jeu, qui était une école, appelait aussi au concours. Il s'agissait, surpassant des concurrents, de gagner l'enjeu, la dame. Et le *senior*, le chef de maisonnée, acceptait de placer son épouse au centre de la compétition, en situation illusoire, ludique, de primauté et de pouvoir. La dame refusait à tel ses faveurs, les accordait à tel autre. Jusqu'à un certain point : le code projetait l'espoir de conquête comme un mirage aux limites imprécises d'un horizon factice. « Fantaisies adultériennes », comme dit G. Vinay.

La dame avait ainsi fonction de stimuler l'ardeur des jeunes, d'apprécier avec sagesse, judicieusement, les vertus de chacun. Elle présidait aux rivalités permanentes. Elle couronnait le meilleur. Le meilleur était celui qui l'avait mieux servie. L'amour courtois apprenait à servir, et servir était le devoir du bon vassal. De fait, ce furent les obligations vassaliques qui se trouvèrent transférées dans la gratuité du divertissement, mais qui, en un sens, prenaient aussi plus d'acuité, puisque l'objet du service était une femme, un être naturellement inférieur. L'apprenti, pour acquérir plus de maîtrise de lui-même, se voyait contraint par une pédagogie exigeante, et d'autant plus efficace, de s'humilier. L'exercice qu'on lui demandait était de soumission. Il était aussi de fidélité, d'oubli de soi.

Les jeux de la fine amour enseignaient en vérité l'*amistat*, comme disaient les troubadours, l'amitié, l'*amicitia* selon Cicéron, promue, avec toutes les valeurs du stoïcisme, par la Renaissance, par ce retour à l'humanisme classique dont le XIIe siècle fut le temps. Désirer le bien de l'autre plus que le sien propre, le seigneur attendait ceci de son homme. De toute évidence – il suffit pour s'en convaincre de relire les poèmes et les romans – le modèle de la relation amoureuse fut l'amitié. Virile.

Ceci porte à s'interroger sur la vraie nature de la relation entre les sexes. La femme était-elle autre chose qu'une illusion, une sorte de voile, de paravent, au sens que Jean Genet donna à ce terme, ou plutôt qu'un truchement, un intermédiaire, la médiatrice. Il est permis de se demander si, dans cette figure triangulaire, le « jeune », la dame et le seigneur, le vecteur majeur qui, ouvertement, se dirige de l'ami vers la dame, ne ricoche pas sur ce personnage pour se porter vers le troisième, son but véritable, et même s'il ne se projette pas vers celui-ci sans détour. Les remarques formulées par Christiane Marchello-Nizia dans un bel article obligent à poser la question : dans cette société militaire, l'amour courtois ne fut-il pas en vérité un amour d'hommes? Je donnerais volontiers au moins une portion de réponse : servant son épouse, c'était, j'en suis persuadé, l'amour du prince que les jeunes voulaient gagner, s'appliquant, se pliant, se courbant. De même qu'elles étayaient la morale du mariage, les règles de la fine amour venaient renforcer les règles de la morale vassalique. Elles soutinrent ainsi en France dans la seconde moitié du XIIᵉ siècle la renaissance de l'État. Discipliné par l'amour courtois, le désir masculin ne fut-il pas alors utilisé à des fins politiques? Voici l'une des hypothèses de la recherche que je poursuis, incertaine, tâtonnante.

Le Roman de la Rose

Les historiens du Moyen Age se sont mis depuis peu à gratter la terre. En certains points du sol, en effet, dans les tourbières, les bancs d'argile, les sables, on parvient parfois à recueillir les restes, fossilisés durant des millénaires, accumulés en couches successives, du pollen et des spores de la flore environnante. Ces dépôts constituent comme les archives microscopiques de la nature végétale. Les compulser, dater chacun de leurs feuillets, y mesurer la part qui revient à chaque formation botanique, c'est atteindre à la vision claire d'une histoire dont il n'était alors de traces qu'indistinctes et discontinues, l'histoire d'un paysage et de sa progressive domestication : dans le nord de la France, depuis le IXe siècle jusqu'au début du XIIIe, alors qu'une légère oscillation climatique, infime et pourtant de grande conséquence dans l'état très rudimentaire des techniques agricoles, rendait les étés un peu moins humides, les hivers un peu plus doux, la forêt, la broussaille, la friche ont sans cesse reculé devant les champs et les vignobles. Le mouvement, d'abord hésitant, s'est précipité passé l'an mille. Cent ans plus tard, il bouleversait tout. Des milliers et des milliers de ménages paysans, aventurés aux lisières des landes et des marais, ont extirpé, brûlé, drainé, ouvert des sillons, planté des ceps, refoulant toujours plus loin les aires improductives. Si j'évoque en premier lieu cette longue entreprise, ces interminables fatigues, c'est qu'elles aboutissent entre 1220 et 1230 au verger du *Roman de la Rose* et que sans elles le bouton n'aurait jamais éclos. Car les rapports de société se fondaient en ce temps sur le mode de production seigneurial, c'est-à-dire sur des inégalités abruptes, sur un système toujours plus perfectionné de taxes et de redevances qui livraient aux mains de quelques heureux tout le fruit des conquêtes rustiques. Ce que nous appelons la féodalité laissait les travailleurs à peu près nus, afin que de beaux chevaliers aux mains blanches pussent étendre leur amie sous les ombrages de mai et faire avec quelques raffinements l'amour.

Nulle part en Europe la croissance rurale n'avait été plus vive qu'en Ile-de-France, et le pouvoir politique le plus vigoureux, aux ressources les plus abondantes, le mieux capable d'entretenir autour de lui la fécondité de toutes les créations de l'esprit, avait fini par se fixer au milieu de ces campagnes prospères. C'est là que la première partie du *Roman* fut écrite, dans les triomphes du Paris capétien, au lendemain de Bouvines, au lendemain des chevauchées qui courbaient le Languedoc sous la domination française, à l'avènement d'un roi tout jeune que bientôt l'on nommerait Saint Louis et qui serait l'arbitre de toute la chrétienté. Au moment, où, dans Notre-Dame, l'« art de France », le gothique, se montrait dans son accomplissement, où se déployaient les polyphonies de Pérotin, où les maîtres commençaient à révéler à des étudiants éblouis le corps entier, merveilleux, bouleversant, de la philosophie grecque. Au moment où, déjà, les signes avant-coureurs auraient pu se discerner d'un rapide ralentissement de l'expansion agraire. Mais personne alors n'y prenait garde, dans l'aisance et le bonheur de vivre où le labeur des rustres et les générosités du roi victorieux maintenaient les gens du grand monde.

Plaçons donc l'œuvre de Guillaume de Lorris au faîte d'un édifice culturel dont la construction s'était poursuivie pendant des siècles, dont les premiers soubassements s'étaient mis en place à l'orée des progrès agricoles. Pour saisir le plein sens de l'œuvre et comprendre ce que fut sa destinée, il faut pousser jusqu'aux assises de cette culture que les contemporains avec justesse ont définie comme étant la culture des cours. « Courtoise » : partons de ce mot roman et des deux termes latins dont il dérive. L'un, *curtis*, désigne la demeure noble au centre d'un grand domaine ; l'autre, *curia*, un « parlement », un groupe d'hommes réunis autour de leur chef pour discuter avec lui, aider par leurs conseils à régler les affaires communes. La rencontre de ces deux vocables reflète assez bien ce que fut la féodalité, qui s'enracine à la fois dans la seigneurie rurale et dans la compagnie militaire. La féodalité, c'est le morcellement du pouvoir. Le mouvement qui la fait prendre corps était en marche dès la fin du IXe siècle, quand, dans les régions qui formèrent la France, les rois carolingiens cessèrent de tenir en bride leur noblesse. Des grands, jusqu'alors les mandataires du souverain, quelques aventuriers aussi, implantèrent alors des dynasties autonomes dans les principaux points d'appui de la défense publique. Parmi les vingt, les trente villages environnant ces forteresses, les « sires » se proclamèrent chargés par Dieu de défendre le peuple et de le diriger. Les possesseurs des plus belles terres, ceux qui vivaient entourés d'une troupe de serviteurs et de tenanciers, qui avaient du temps, de quoi s'armer convenablement, s'entraîner, le loisir de tenir à tour de rôle garnison et de suivre les expéditions lointaines, constituèrent autour du château et de son maître une petite escouade de guerriers permanents. Ces cavaliers, ces « chevaliers » comme on disait, s'arrogèrent le monopole de l'action militaire. Les « pauvres », ceux qui devaient travailler de leurs mains, peiner sur leurs terres ou sur celles d'autrui, les désarmés, les vulnérables, durent acheter aux hommes d'armes leur sécurité. Vers l'an mille, une coupure très franche traversait ainsi le corps social, isolant des guerriers les paysans. Ceux-ci, les « vilains » – les gens de la *villa*, et par ce mot, dans une époque où les agglomérations urbaines s'étaient presque entièrement dissoutes dans la ruralité, on entendait aussi bien la ville que le village –, étaient jugés, punis, commandés, exploités. Le chef de guerre leur prenait tout ce qu'ils ne parvenaient pas à dissimuler de leur épargne, les rares pièces d'argent qu'ils avaient pu gagner. Lui les dépensait avec les chevaliers, ses hommes. Car l'équipe de combat n'échappait pas seulement aux taxes. Elle en partageait les profits. Elle se trouvait certes, elle aussi, soumise au seigneur, mais par des obligations honorables, celles que créait l'engagement vassalique – et les rites de l'hommage, plus spécialement ce baiser échangé de bouche, auquel les vilains n'avaient pas droit, entendait signifier clairement l'égalité substantielle maintenue entre le patron et ses compagnons de guerre. Pour eux pas de service, sinon d'armes et de conseil, prestations nobles celles-ci et méritant récompense : le seigneur féodal qui voulait être aimé devait se montrer prodigue; de ses mains ouvertes les richesses devaient se répandre sans cesse parmi ses vassaux. Pour eux pas de contraintes, sinon celles d'une morale dont les piliers, les vertus de loyauté et de vaillance, vinrent soutenir le système entier des valeurs aristocratiques et l'esprit de corps dont ils formaient l'armature. Les guerriers affrontaient la mort afin, prétendaient-ils, de protéger les prêtres et les travailleurs. Ce sacrifice leur valait d'être sauvés par les prières des premiers, nourris par les redevances des autres. Il leur donnait le droit de ne rien faire, sinon leur métier de combattant, et de rire dès que le danger s'écartait. Nous touchons ici aux substructions sur quoi s'est bâti le premier *Roman*, à cette barrière infranchissable dressée entre les vilains et le monde courtois, cette muraille où s'enferme strictement le jardin des plaisirs et dont l'oisiveté garde la porte étroite.

Le départ s'est donc pris dans la violence et la rusticité, dans la poussière des galopades, les brasiers dressés devant les tours de bois pour réduire à merci les assiégés, les coups d'épée, les heaumes ébréchés, les tumultes. Un univers guerrier, véhément, masculin que d'autres hommes, les clercs, s'efforçaient, pour calmer un peu les chevaliers et les empêcher de trop nuire, de terroriser et de bénir. Or le poème de Guillaume de Lorris est d'une délicatesse exquise, et Oiseuse, une femme, qui ne craint pas d'être brusquée, qui cherche à plaire, y parvient et tient en son pouvoir les hommes. Ce raffinement, cette intrusion des valeurs féminines datent du XIIe siècle, du temps fort des réussites agricoles. Dès 1100, la seigneurie rapportait suffisamment pour donner aux hommes de guerre les moyens et le goût de se civiliser, de s'écarter un peu des rapines et des pillages, et, simultanément, se relever de leurs prosternations devant les gens d'Église. On ne voyait déjà plus guère en France de château où les enfants du maître ne fussent pas éduqués par des précepteurs. C'étaient des prêtres. Ils servaient d'abord dans la demeure noble à chanter la messe, à enterrer les morts, à repousser les forces du mal à coup de formules magiques. Leurs fonctions mêmes impliquaient qu'ils sachent lire un peu de latin et qu'ils fussent passés par l'école. Ils n'avaient pas tout oublié. La plupart étaient capables d'enseigner au moins l'écriture; quelques-uns employaient leur savoir à rendre les jeux de cour moins sauvages et, se remémorant quelques vers d'Ovide, de Stace ou de Lucain, à polir les rugosités des chansons de divertissement. Des chevaliers de plus en plus nombreux purent ainsi se targuer d'être eux-mêmes « lettrés »; leurs épouses, leurs filles le furent plus tôt peut-être, et davantage. Des mots, pris dans les dialectes de tous les jours, mais peu à peu stylisés, ajustés aux mélodies et composant, toujours plus distincts des parlers populaires, le langage choisi du beau monde, devinrent à proprement parler littérature. Celle-ci s'inaugure pour nous par des chefs-d'œuvre, des chants qui avaient justement forcé l'admiration, que l'on avait jugés dignes d'être transcrits sur le parchemin comme l'étaient seuls jusqu'alors l'Écriture, son commentaire et les classiques de la latinité. Par cette littérature se fortifia l'idéologie chevaleresque.

Des intellectuels – c'est-à-dire des ecclésiastiques – coopérèrent à l'édifier. Mais ils vivaient dans la maison d'un prince, cherchaient d'abord à flatter ses goûts, et c'était une fête profane qu'ils paraient. La vision du monde que ces poèmes proposaient et que tous les nobles partagèrent échappa donc à l'emprise de la morale de l'Église. Dès que la culture courtoise prit de la vigueur, elle s'affirma résolument autonome à l'égard de la culture des prêtres, supérieure, antérieurement formée, mais dont elle s'acharnait à esquiver l'influence – agressive donc, narguant les prédications de pénitence, les renoncements, invitant à jouir de tous les plaisirs du monde. Voici pourquoi le premier *Roman* expulse à la fois du jardin Pauvreté, vertu majeure de l'autre morale, et Papelardie, c'est-à-dire la dévotion. Deux femmes, mais fanées, dénudées, détruites par les moineries, et qu'il faut écarter du jeu.

Depuis 1100, la prospérité favorisait aussi la renaissance des États, donc la restauration dans la chrétienté d'une sorte de paix. Les entreprises de croisades endiguaient la turbulence chevaleresque, la refoulaient vers le dehors. Au-dedans, la guerre tendait à prendre insensiblement l'allure d'un jeu, réglé, codifié, et les batailles, celle de réunions sportives, de combats d'amateurs qui s'échelonnaient, à dates prévues, de place en place, sur toute la bonne saison. Dans les tournois, ces batailles simulées aussi violentes que les vraies, jetant comme celles-ci les unes contre les autres des bandes hurlantes, furibondes, avides de tout prendre, des armes, des chevaux, des parures, l'adversaire pour le rançonner, mais d'où, par principe, la haine était exclue, la chevalerie trouva tout à la fois à se distraire, poursuivre son entraînement et raffermir le sentiment de sa supériorité sociale. Les princes le savaient bien qui emmenaient en tournée chaque printemps les guerriers de leur province. Celle-ci s'en trouvait soulagée, ceux-là revenaient aguerris, de surcroît chargés de butin et de gloire. La « France » – entendons l'Île-de-France et ses abords – fut la terre d'élection de ces exercices, où les valeurs de prouesses s'exaltèrent, où dès la fin du XIIe siècle la « courtoisie » imposait de laisser les dames désigner et couronner les vainqueurs. Au premier plan de ces grands spectacles que devenaient les tournois, brillait de tout son éclat la « jeunesse ». Ce mot désignait alors le groupe des chevaliers qui avaient terminé leur apprentissage, reçu vers leurs vingt ans solennellement les armes et les insignes de leur métier, mais qui n'avaient pas encore trouvé à s'établir, à s'installer dans leur propre seigneurie et qui, en attendant, « tournoyaient ». Tenue par tous pour la « fleur » de la chevalerie, cette classe d'âge – nombreuse, car la « jeunesse » se prolongeait toujours plusieurs années et souvent ne finissait pas – formait le meilleur public des littérateurs, qui s'évertuaient à lui plaire. Par la fascination qu'exerçait son style d'existence, la nostalgie que conservaient de ses plaisirs ceux qui ne les partageaient plus, et par l'ardeur tendue qu'attisait chez elle l'appétit de saisir ce dont elle se jugeait privée, la « jeunesse » gouverna l'évolution des valeurs aristocratiques. En 1225, elle la gouvernait encore. La première partie du *Roman de la Rose* fut écrite, elle aussi, pour des « jeunes ». Son auteur, le héros auquel il s'identifie proclament bien haut leur « jeunesse ». Ils voient celle-ci conduisant le ballet dont les figures se déploient dans le verger clos. Sur la « jeunesse » et les singularités de son comportement doit donc se porter toute l'attention.

Et d'abord sur ce qui les institue l'une et l'autre : sur une forme d'éducation. C'est bien là le plus important : le *Roman* ne se présente-t-il pas lui-même comme un ouvrage d'initiation, un « art » de se bien conduire, de progresser dans la perfection d'un style? Le lieu naturel de cette formation était la « cour », la maisonnée du seigneur, le groupe de garçons dont s'entourait le descendant des chefs de châteaux de l'an mille. Accueillir, nourrir chez lui les fils de ses feudataires constituait en effet l'un de ses premiers devoirs, l'un de ceux qu'imposait le contrat vassalique. Un devoir et un droit : c'était l'une des formes de sa générosité, c'était le moyen très sûr d'assurer sur la génération montante l'emprise de ses successeurs. Les jeunes gens lui étaient envoyés très tôt, au sortir de l'enfance; ils s'initiaient à l'escrime cavalière en compagnie des garçons du maître. Celui-ci les « adoubait », leur fournissait l'équipement militaire en même temps qu'il armait ses fils, puis les « retenait », comme l'on disait, de longues années encore, jusqu'à ce qu'ils succédassent à leur père dans son fief. La cour était d'abord cela. Une espèce de collège, l'école de la chevalerie. Le particulier est que cette école était très longue, que la plupart n'en sortaient jamais. La cour réunissait pour cela à des adolescents apprentis bon nombre de compagnons déjà mûrs, d'anciens élèves devenant, faute de meilleur emploi, moniteurs. Sous cette forme, elle se transportait le temps venu, sur le champ de la bataille ou du tournoi, les plus jeunes en position d'« écuyers », conduisant les montures de renfort, portant les armes des plus âgés et s'instruisant à les voir combattre.

Qu'elle s'engageât dans les tumultes du combat ou s'adonnât aux divertissements de la paix, c'était le seigneur qui, de ses deniers, l'entretenait. La cour dépendait de sa « largesse ». Ce qui explique la situation de cette valeur au cœur de l'éthique chevaleresque, au centre des perfections imaginaires dont Guillaume de Lorris entreprit de présenter l'image, l'éloge ininterrompu de la munificence seigneuriale et la condamnation, le rejet dans les ténèbres extérieures, des attitudes dont elle est la négation, l'avarice et la convoitise. La courtoisie, et par elle toute la société aristocratique, reposait sur la largesse, et les clercs de cour, complaisamment, feignaient de confondre celle-ci avec la charité du christianisme, avec le mépris des richesses que les sages de l'Antiquité païenne avaient célébré. On voit en ce point précis les structures économiques et l'idéologie s'articuler : les vilains produisent la richesse; le sire légitimement s'en empare, mais il ne saurait la garder pour lui; il doit la redistribuer parmi toute la chevalerie, et d'abord parmi la jeunesse. De cette redistribution la cour est l'organe – ce que la cour du roi de France resta jusqu'en 1789 – le moteur en est la largesse. Par elle, les « jeunes » sont maintenus en dépendance – et l'on sent pour cela la cour tout envahie par l'envie portée à ceux qui sont maîtres de leur argent, par l'impatience de succéder, de disposer enfin d'un bien, de rentes qui ne viendraient plus d'un patron dont il faut supporter les humeurs mais de tenanciers qu'on malmène, par une guerre sourde contre les *seniores*. Ce mot est riche de résonances : en même temps que les nantis, il désigne – et c'est là son sens primitif – les plus âgés, marquant bien, dans la texture de la société courtoise, la confusion entre position économique et classe d'âge. La jeunesse donc ronge son frein. Mais elle est domptée par la largesse. Car le seigneur distribue les prix. Il organise une compétition, un concours qui ne s'interrompt pas tant que dure l'éducation chevaleresque, qui se prolonge bien au-delà de l'adoubement dans l'interminable espoir d'établissement qui lui succède. Les gagnants, ceux que les seigneurs aident à sortir les premiers de la jeunesse, à s'installer plus tôt en situation seigneuriale, ce sont les plus loyaux, les plus hardis en cavalcades, les plus ardents à s'engager dans un enchaînement d'épreuves, d'aventures qui elles non plus n'en finissent pas. La largesse tient donc en haleine. En revanche, on ne lui reconnaît pas de bornes : les « jeunes » réclament toujours davantage, le droit de dévorer à belles dents tout ce que la seigneurerie produit, plus encore, et de dissiper l'avoir du maître dans la gratuité de la parure et des jeux.

Parmi ces jeux, ceux de l'amour ont, durant tout le XIIᵉ siècle, élargi sans cesse leur domaine. Défiant l'exhortation des prêtres à la continence, la chevalerie n'a cessé de s'érotiser. Pour deux raisons. La première est que, les guerriers se civilisant et sortant plus souvent de leur armure, les figures féminines s'avancèrent pas à pas sur le devant de la scène courtoise. Plus décisive est la seconde, qui procède d'une certaine disposition des rapports de parenté. Pour ne pas multiplier des rejets qui eussent dissocié l'héritage et risqué de conduire les descendants trop nombreux à la déchéance, les lignages prudemment répugnaient à marier les garçons. Mieux valait qu'un seul fît souche, l'aîné. Les autres restaient « bacheliers », célibataires – à moins que leur seigneur, en leur concédant un fief, en les mariant à l'héritière d'un vassal défunt, ne leur procurât de quoi fonder leur propre maison sans amputer le patrimoine ancestral. Aux jeunes, un tel don semblait la plus enviable récompense. Vers elle tendait toute l'émulation dont la cour était le théâtre. Mais elle était chichement distribuée. La chevalerie, dans sa majorité et dans ce qu'elle avait de plus vivace, de plus actif, vécut donc dans le célibat. Non point, en vérité, sans femmes : la générosité des seigneurs devait veiller aussi à ce que les châteaux fussent peuplés de filles complaisantes. Les frustrations de la jeunesse n'étaient pas d'ordre sexuel – sinon du fait de cette longue rémanence dans l'existence chevaleresque d'une sexualité adolescente, d'instabilité et de vagabondage. Si la cour fut bien le lieu du désir, c'était d'un désir d'épouser. Car le mariage signifiait l'indépendance enfin conquise : par le mariage on s'établissait. *Senior* qui s'oppose à *juvenis* désignait aussi l'homme marié. Ici même s'enracinaient les convoitises et cette jalousie dont on sent tous les jeunes animés à l'égard parfois de leur père, souvent de leur frère aîné, et toujours du « seigneur », leur bienfaiteur, du chef de la maisonnée qui les tenait rassemblés. Celui-ci, chaque soir, au milieu d'eux – dans la grande salle commune où se renfermait encore à la fin du XIIe siècle tout ce qui, dans la vie courtoise, ne se déployait pas en plein air, dans les joutes, dans la forêt magique et giboyeuse, dans le verger –, rejoignait dans son lit sa femme. La dame – *domina* : c'est le féminin de « seigneur ». La tentation se fortifiait de s'en emparer ou du moins, l'emportant sur tous les rivaux, de briller à ses yeux et de conquérir ses faveurs. Ainsi la compétition courtoise se dédoubla. Place fut faite à un autre divertissement, dont le champ s'étendait, symétrique à celui des tournois. Il requérait des armes différentes, d'autres assauts, d'autres parades, d'autres détours. Mais la règle était semblable : il s'agissait de gagner le prix par un bon, par un long service, loyal et qui triomphât des embûches d'une aventure. La dame ici était à la fois le juge et l'enjeu. Comme son mari, elle se devait d'être généreuse. Il lui fallait donner, se donner elle-même, par degrés. Sa largesse semblait aussi nécessaire que celle de son seigneur et maître. A l'un comme à l'autre était refusé, pour que ne s'effondrât pas l'édifice entier de la société courtoise, de s'abandonner à l'avarice, elle en ne se prêtant pas à ces jeux, lui en l'en tenant à l'écart. De ces jeux toutefois, malgré les apparences, le seigneur était le meneur. Il présidait à ce nouveau concours. Il s'en servait comme du premier pour domestiquer sa jeunesse. Par les mirages de l'adultère, ne pouvait-on bercer les chevaliers de l'illusion de l'emporter sur les vieux, sur les riches, sur les puissants? A leur agressivité était offert comme un défoulement, une compensation ludique, puisque l'amour courtois, engagement librement choisi, fidèle, comme l'amitié que le vassal et son seigneur se devaient mutuellement, récusait toutes les rouèries, les manigances, qui dans les palabres entre les anciens des lignages préludaient aux unions matrimoniales. Enfin les lois du nouveau divertissement, et qui prenaient place dans le système d'éducation, introduisaient la mesure, la maîtrise de soi, la discrétion, cette vertu à demi monastique, parmi les valeurs essentielles de la morale chevaleresque. Ce qui aidait à mieux réprimer les turbulences. Il ne faut pas se méprendre. D'une part, l'amour courtois, par l'asservissement simulé du chevalier à la dame élue, par ses longues étapes, ses satisfactions chimériques et graduelles, fut le remède idéologique le plus efficace aux contradictions internes de la société aristocratique. D'autre part, il ne cessa jamais d'être un jeu d'hommes. Le seigneur, de loin, dissimulé, gouvernait l'enchaînement de ses péripéties, comme il gouvernait de loin l'apparente spontanéité des tournois. Afin d'avoir la paix et de mener à son gré les affaires sérieuses. Les femmes n'y furent jamais que des figurantes. Des leurres. En tout cas de simples objets. Tous les poèmes de l'amour courtois ont été chantés par des hommes, et le désir qu'ils célébrèrent fut toujours un désir masculin. La première partie du *Roman* décrit le songe d'un homme. Jeunesse y est, sous son travestissement, masculine et la Rose, un phantasme, un simple reflet d'Amour, c'est-à-dire du désir de l'homme.

Tout le plaisir appartient donc aux chevaliers. Deux mots suffisent à le définir, deux mots consonants, conjugés, indissociables, qui expriment ensemble l'espoir de jouir et le goût d'être jeune : *joi* et *joven*. Ces deux mots sortent des langages du Midi. Dans le Sud, en effet, les modes amoureuses avaient pris naissance, dans les cours où, vers 1100, le duc d'Aquitaine rassemblait une jeunesse moins violente, et non pas au milieu des champs, mais dans ces cités où, comme à Poitiers, les formes urbaines implantées par Rome survivaient mieux, où parvenaient aussi quelques échos de la haute culture de l'Andalousie musulmane. L'érotique courtoise demeura pendant un demi-siècle une particularité de la culture méridionale. Puis, lorsque les progrès agricoles eurent transféré les pôles de développement au nord de la Loire, elle s'y répandit. Des princesses, certainement, aidèrent à sa diffusion, Aliénor d'Aquitaine, quand elle eut épousé Henri Plantagenêt, comte d'Anjou, duc de Normandie, roi d'Angleterre, puis ses filles, mariées aux grands féodaux de « langue d'oui ». Ceux-ci renforçaient leurs principautés, rêvaient d'esquiver le contrôle monarchique, rivalisaient avec la puissance capétienne. Les jeux d'amour inaugurés dans les cours poitevines leur semblèrent capables de manifester leur indépendance à l'égard de la culture royale, laquelle, fidèle aux traditions carolingiennes, demeurait toute militaire et liturgique et protégée contre les tentations de modernité par un épais rempart de clercs et de moines. Face au roi, seigneur des seigneurs, le comte de Champagne, le comte de Flandre se présentaient volontiers en princes de la jeunesse, en promoteurs de la courtoisie, et des captures qu'elle promettait de toutes les joies du monde visible. Le greffon le plus vigoureux se fixa dans les cours féodales les plus somptueuses entretenues par Henri Plantagenêt et par ses fils. Depuis 1160, tous les prestiges de la littérature chevaleresque en rayonnaient. Il fallut une génération de plus, que Philippe Auguste ait vaincu le comte de Flandre et le roi d'Angleterre, annexé à son domaine la Normandie, l'Anjou, le Poitou, et que Paris l'emportât sur toutes les autres villes d'Occident pour que la « fine amour » fût pleinement reçue en Ile-de-France.

Lorsque Guillaume de Lorris entreprend d'en enseigner les règles il rejoint par conséquent un courant puissant, très assuré, dont il lui faut suivre le fil. Trente ans avant lui André Le Chapelain avait écrit un traité de l'amour, déjà sans doute dans Paris, la ville savante, en tout cas en latin, la langue des écoles, et sur un ton assez pédant, celui de la dialectique scolaire. Devant un public moins restreint et qui attend d'être charmé, Guillaume de Lorris, pour exposer son art d'aimer, choisit de parler le langage des cours, le « roman ». Ce mot-là désignait aussi déjà un genre littéraire, le récit d'une succession d'aventures. Le *Roman* est bien cela. Éducatif évidemment comme ceux de la Table ronde, jalonnant l'itinéraire d'un progrès et guidant vers ces meilleures manières par quoi on réussit dans le monde. Comme Chrétien de Troyes, son modèle, Guillaume offre en exemple de la perfection courtoise un héros voyageur, qui va de découverte en découverte et force un à un des obstacles. Et si l'éclairage a changé, si les taillis de Brocéliande ont fait place aux ordonnances d'une flore domestiquée, pacifiée, apprêtée pour le déduit, si les personnages que le héros croise en chemin ne sont plus des enchanteurs, des nains ou des chevaliers sans visage, mais, personnifiées, les valeurs du système, le *Roman*, comme les précédents dont il s'inspire, entend bien présenter un miroir à la société mondaine et l'image qu'elle attend d'elle-même. L'image d'une ségrégation, isolant le bien du mal et

rejetant ce que chacun dédaigne ou redoute. Un mur
aveugle est ainsi dressé. A l'extérieur, nulle existence.
On n'y voit rien de vivant, mais seulement des effigies,
des emblèmes, des mannequins sans épaisseur ni
corps, comme ceux que l'on brûle à la Saint-Jean dans
les feux de joie. Clouée contre la muraille comme les
signes d'un exorcisme la cohorte des non-valeurs
figure l'anéantissement de ce que les heureux du
monde voudraient bien ne plus voir ni sentir, yeux
fermés, narines bouchées, tout ce qui les offusque et
qui viendrait ternir leur joie. Le verger en est épuré. Il
n'est peuplé que d'êtres insouciants dont la compagnie
gracieuse mime les rapports imaginaires, le simulacre
de société dont les cours donnent le spectacle et qui
dissimule aux regards les âpretés, les tensions de la vie.
Une fête, dont nul ne veut savoir le prix, ni qui la paie.
Jeunesse, Amour – *joi* et *joven* –, en sont les rois, et
Largesse l'ordonnatrice. Elle écarte vilains et barbons.
Pour la danse, elle forme des couples. Mais la Rose – le
bouton plutôt, pointant à peine hors de l'enfance – est
là pour être cueillie, et les défenses qu'elle esquisse
n'ont d'autre rôle dans le jeu que de lui donner plus de
piquant, prolonger un moment l'attente, et disposer les
épreuves que requiert la pédagogie du plaisir. Tout le
décor étant tendu pour que soit chassé le souci. Celui
des pauvres. Celui de la mort, et de ce qui s'ouvre
devant elle. De la religion, nulle trace. C'est comme si
les prêtres n'existaient pas. « Il n'est pas plus grand
paradis que de disposer de sa mie » : on ne saurait
parler plus clair. Qu'est en effet le verger sinon le
paradis profané? Les gens qui s'y promènent ont la
beauté des anges, ils chantent, comme les séraphins le
font au plus haut des cieux. Mais leur chant ne monte
pas vers Dieu. L'amour qu'il célèbre est physique. Son
but est de « donoier », entendons : de prendre plaisir.
Carré comme le sont les cloîtres dans les abbayes
cisterciennes, le verger en est la négation – non point
disposé pour les élans de l'âme, mais pour exalter
Liesse, c'est-à-dire la joie d'exister, de saisir le plaisant
du monde visible. Faut-il aller plus loin, se demander

si Guillaume de Lorris ne poursuit pas lui-même le combat contre les sermons du christianisme, si le château en forme de croix où Bel Accueil est emprisonné et dont on apprête l'assaut – cette forteresse modèle qui ressemble aux châteaux les plus neufs – n'est pas le symbole de l'Église et des contraintes qu'elle voudrait imposer? L'Église, et c'est pire, est tout simplement oubliée. Le champ s'ouvre, entièrement libre, à la sensualité paisible. Elle déborde de tout le poème. Elle jaillit plus vive à chaque description d'atours, de bijoux, de chair féminine. Saluons donc la fidélité parfaite du premier roman aux modèles de culture courtoise. Il les achève.

Toutefois, lorsque la « fine amour » parvint enfin à s'insinuer dans la culture parisienne, elle fut en vérité capturée, apprivoisée, contrainte à se plier à d'autres lois, donc à modifier par certains côtés son allure. Car la société aristocratique qui se réunissait dans Paris ne ressemblait pas tout à fait à celles d'Aquitaine, de Champagne ou de Normandie. Elle était moins strictement close. Sur elle retentissaient de fortes impulsions qui venaient de ce grand carrefour où quelques marchands déjà faisaient fortune et brûlaient d'être acceptés dans la compagnie des nobles, des vastes ateliers intellectuels, les plus audacieux du monde, qui rapidement se propageaient sur les pentes de la montagne Sainte-Geneviève, et des organes du gouvernement royal où les experts dans le droit et dans la finance se poussaient au premier rang. C'est pourquoi la culture chevaleresque, au terme de sa très lente formation et de la trajectoire qui l'avait portée depuis les États féodaux du pourtour jusqu'au cœur de la province capétienne, se plie dans le poème de Guillaume de Lorris à trois inflexions par quoi se marquent principalement ses perfectionnements ultimes. Toutes les trois vont dans le même sens, celui d'un assouplissement, d'un aplanissement de ce qui demeurait encore de raboteux dans la culture aristocratique. Sous le regard du roi, les aspérités se réduisent, et perdent leur rigueur trois des antagonismes qui avaient cloisonné jusqu'alors la société courtoise, dressant sa fleur, la jeunesse, contre les hommes d'école, contre les hommes mariés, contre les hommes nouveaux.

L'Église est reniée dans la première partie du *Roman*. Mais Clergie ne l'est pas, c'est-à-dire le savoir que l'Université dispense. Guillaume de Lorris, dont on ne sait rien, avait de toute évidence longuement suivi ses leçons. On avait commenté devant lui les poètes latins. Il voulut être un nouvel Ovide. Non seulement s'évertuer à l'imiter comme les anciens écoliers qui naguère faisaient carrière dans les cours. Mais rivaliser avec lui, user pour cela de tous les artifices de la grammaire et de la rhétorique. Sous son apparente naïveté, sous son aimable aisance, l'œuvre est en vérité très savante. Écrite pour tous les publics, pour être entendue à plusieurs niveaux comme les *auctores*, sacrés ou profanes, l'étaient par les maîtres, appliqués à dévoiler les uns après les autres sous la surface du discours les sens multiples dont les vocables sont remplis. Les paroles du *Roman* sont, elles aussi, à la fois ouvertes et couvertes. L'œuvre s'offre à la glose, à cette sorte de commerce amoureux par quoi le lecteur patiemment écarte les draperies superposées et s'avance vers la signification profonde du texte. Dans les écoles, les meilleures, celles des bords de la Seine ou de la Loire, Guillaume s'était d'autre part rompu à l'observation des mouvements du cœur, à cet inventaire des passions que la scolastique avait poursuivi depuis le seuil du XII⁰ siècle. L'analyse psychologique montrait désormais tant de finesse que le vocabulaire roman se révélait trop fruste pour en communiquer l'expérience. Pour cette raison, et parce que les artifices du théâtre commençaient à l'emporter sur tous les autres lorsqu'il s'agissait de transmettre un savoir, Guillaume emploie l'allégorie dont les professeurs, faute de mieux, n'hésitaient pas eux-mêmes à se servir. Il charge des personnages de représenter l'abstraction, de mimer les subtils cheminements de l'amour, l'éveil de la sensualité juvénile, ce trajet qui, depuis le désir naïf de posséder, mène, par la découverte progressive des beautés du corps et de l'âme, jusqu'à l'abandon de soi-même, une élévation par degrés, qui n'est pas foncièrement différente de la quête de vérité dont les écoles étaient le lieu privilégié. Ces écoles, les parisiennes, étaient enfin celles de la lucidité. Elles avaient enseigné aux artistes à dégager de l'ombre l'église romane. A la pénétrer de lumière, à la purger des monstres et des chimères, à substituer sur les chapiteaux des piliers les entrelacements vrais des feuilles et des fleurs au fourmillement obscur des végétations oniriques. Elles invitaient maintenant les poètes à ouvrir, eux aussi, les yeux sur le réel. La magie n'est pas entièrement bannie du *Roman*. Sa fontaine, comme celle dont les chevaliers errants des romans bretons tremblaient de s'approcher, est un charme, elle enchaîne par des appâts enjôleurs. Et qui sait si, poursuivant son poème, Guillaume de Lorris ne l'aurait pas aventuré un moment dans les provinces de l'amour sombre? Lui aussi raconte un rêve. Cependant la lumière dont ce rêve est baigné ne laisse aucune place aux incertitudes. Claire, franche comme sur un jardin dans un matin de mai. Parce que la rencontre des deux cultures dominantes, celle des clercs et celle des chevaliers, n'avait nulle part été poussée plus loin que dans l'entourage du roi de France, à la fois prêtre et guerrier, l'art de Guillaume de Lorris, autonome et plus que jamais libéré de toute emprise cléricale, n'hésite pas à se nourrir de tous les fruits de la Renaissance qui s'était forgée au xiie siècle dans les écoles cathédrales d'Ile-de-France.

Par une semblable ouverture et par l'effet de la croissance économique, on voyait aussi se résorber dans la région parisienne, cette zone d'avant-garde, ce qu'il y avait d'excessivement tendu dans la société des cours entre les « jeunes » et les plus vieux, ceux qui détenaient le pouvoir et les épouses. Au sein du verger, tout le monde est riche. On ne perçoit rien des frustrations qui jadis avaient conduit les troubadours à proclamer très haut l'amour inconciliable avec la

fortune, à réserver aux plus démunis, c'est-à-dire aux
« jeunes », les prouesses et les victoires dans les joutes
érotiques. Il n'est jamais question non plus du mariage.
Ni pour le condamner, ni pour enseigner à le trahir, ni
pour l'admettre. Guillaume de Lorris n'en souffle mot.
Est-il pour, est-il contre, comme l'était violemment la
« fine amour » dans ses expressions premières? A vrai
dire le mariage appartient au réel, auquel le premier
Roman tourne le dos. Comme tout ce qui entretient
quelque rapport avec la morale de l'Église, comme
tout ce que l'on veut oublier en franchissant la porte,
quitte à le retrouver à l'issue du songe, le mariage est
tout à fait absent. Reste que la Rose est fort loin d'être
épanouie. L'objet de la quête, l'image entr'aperçue
dans le miroir de la fontaine et qui fait surgir le désir,
n'est pas le corps d'une dame, de la femme d'un autre;
c'est celui d'une jouvencelle. Elle a l'âge où on fiance
les filles. Et l'amour de choix dont le poème décrit pas
à pas la croissance ressemble fort à celui dont l'époque
commençait à rêver, à cette inclination réciproque qu'il
devenait de bon ton de tenir pour le préalable nécessaire à toute union matrimoniale, et dont personne
n'osait plus dire, même dans les divertissements de
cour, qu'il ne saurait survivre longtemps aux épousailles. La hausse des profits seigneuriaux, les faveurs
royales, les gages que l'on gagnait en servant l'État
accroissaient en effet l'aisance des familles nobles.
Elles montraient moins de réticence, à l'orée du
XIIIe siècle, à laisser se propager la descendance. Elles
ne refusaient plus avec autant d'obstination de marier
ceux des cadets qui ne faisaient pas carrière ecclésiastique. Un changement profond s'opérait alors dans les
structures de la société aristocratique. Il dégageait
insensiblement la chevalerie de la tyrannie culturelle
des célibataires. On accordait moins de valeur exemplaire à la marginalité. Le pouvoir s'inquiétait moins
de la turbulence de la bachèlerie. Du vieux conflit
entre les « jeunes » et les autres restait un modèle de
comportement sentimental. Rien n'obligeait à le tenir
plus longtemps extérieur à la conjugalité. La haute

société, par tout ce qui la transformait, était portée à ne plus dissocier le bel amour et le mariage.

Une autre frontière s'effaçait, celle qui cernait strictement le petit groupe des hommes de guerre. On n'érigeait plus en principe, à Paris en tout cas, qu'elle coïncidât avec l'enceinte, toujours aussi haute, plus escarpée peut-être, qui défendait aux vilains d'approcher. La scène du *Roman* est un verger, non pas un château, ni la forêt des combats arthuriens. Plus de chevaux, plus de cuirasses. Tout semblant de violence, les emportements, les jurons, les rodomontades, troubleraient la fête courtoise. La distinction ne se fonde plus sur des exploits et des prouesses, mais sur le soin que l'on prend de châtier son langage, de soigner son corps, sa chevelure, l'élégance et la retenue de ses gestes. Dix ans, quinze ans après Bouvines, la chevalerie apparaît dans le *Roman* désarmée, comme oubliant ses origines militaires et que le métier des armes anoblit. Pour une évidente raison : de ce métier elle vient de perdre le monopole; des gens de peu de plus en plus nombreux le pratiquent aussi, et fort bien, des soudoyers, des mercenaires, et que les princes engagent volontiers car ils mettent plus de cœur à l'ouvrage. Il importe par conséquent de distinguer par d'autres critères les personnes de condition. Précisément par l'adresse à pratiquer les jeux d'amour. Aux vilains, le port des armes n'est plus refusé, mais la grâce, la tenue, le maintien par quoi le cœur des belles est gagné. Amour ne doit pas les admettre en son vasselage. Ce qui signifie que la société mondaine reste plus que jamais sur ses gardes, fermée, appliquée à déjouer les tentatives d'intrusion, à démasquer le parvenu aux incorrections de ses manières, à montrer du doigt sa grossièreté naïve qui toujours transparaît sous les trop récents vernis. Tandis que de tels parvenus, en effet, commencent à montrer de l'arrogance, que bourgeois et soldats de fortune enrichis achètent déjà des seigneuries, rendent à leur tour la justice, reçoivent l'hommage de feudataires, tiendraient eux aussi leur cour si l'on n'y mettait bon ordre, forcent en tout cas la porte de la cour du roi et des princes, rêvant de passer pour nobles et dissimulant comme ils le peuvent leur vilenie, tandis que le mouvement accéléré des richesses, nulle part plus vif que dans la ville où le roi tient le plus souvent résidence, rend la noblesse de sang plus consciente des dangers qui menacent les assises matérielles de sa primauté, Guillaume de Lorris ne propose rien d'autre que la formulation poétique d'un code de bienséance. Sur le respect des bons usages s'établit désormais la véritable barrière sociale. Est-elle étanche? Qui peuple l'enclos qu'elle circonscrit? Tous les chevaliers bien sûr. Mais sûrement des clercs aussi, qui ne sortent pas tous de la noblesse. Et peut-être bien des bourgeois. De ceux-ci, Chrétien de Troyes se moquait encore bruyamment. André Le Chapelain cependant avait déjà montré des « plébéiens » contant fleurette à de nobles dames. Sans réussir certes à les séduire, mais sans non plus se couvrir de ridicule. Guillaume de Lorris, lui, se garde bien de préciser la qualité de celui qui parle en son nom. Il sait bien que l'écrivain soucieux de réussir lui-même, de plaire aux grands et de s'attacher un public, doit situer entre ce public et le reste la dénivellation la plus abrupte, mais éviter, sur les hauteurs où il établit complaisamment ses lecteurs, de marquer entre eux trop vivement les différences. Il ne siérait pas, dans ce que devient irrésistiblement la cour, de railler trop haut les fils de vilains. Il en est de fort bien placés, et dont chacun fait mine d'avoir oublié l'origine.

Ce n'est pas un hasard si l'imaginaire de la chevalerie parvient en France à sa plus parfaite expression dans la relation d'un songe, si ce rêve est parisien et celui d'une société qui se force à l'insouciance, qui se croit défendue contre tous les périls par les hauts murs où elle s'est enfermée, qui ne veut entendre parler ni de contraintes ni d'argent et espère étouffer sous le murmure d'une conversation de bon ton et sous une musique douce les éclats des chamailleries qui, dans la réalité, la troublent. De l'époque à peine révolue où, dans un monde encore paysan, le mode de production seigneurial définissait rigoureusement la place d'une aristocratie sûre d'elle-même, où nul ne risquait de venir disputer au seigneur et au chevalier le pouvoir et la richesse, le XIIIe siècle commençant hérite un système d'éducation et de valeurs. Les gens de qualité sentent confusément que cette carcasse idéologique est le seul organisme susceptible, maintenant que les prébendes ecclésiastiques, les armes, la seigneurie, le fief passent entre toutes les mains, d'assurer aux moindres dommages la reproduction de la classe dominante, d'en contrôler l'accès et de rendre plus aisé l'inévitable mélange entre la noblesse de race qui s'accroche à des vanités, le peloton des intellectuels persuadés d'être de plus en plus nécessaires et les quelques hommes nouveaux, d'affaires ou de service, qui ont su se faire accepter. La lente évolution des rapports de production déplace insensiblement la limite entre les classes. Mais sur son emplacement primitif une trace demeure que ni le pouvoir, ni les héritiers, ni les parvenus les plus habiles n'ont intérêt à laisser s'effacer. Ils souhaitent l'accuser au contraire. Ils érigent pour cela au même endroit de nouvelles bornes. Celles-ci forcément relèvent de l'illusion. Mais elles doivent paraître vraies. Le regard lucide de Guillaume de Lorris prend pour cela toute sa valeur. Monté en spectacle, le rêve social revêt sous un tel regard les puissances convaincantes de la réalité.

Comme tous les rêves, le premier *Roman* s'interrompt en plein parcours. Pourquoi imaginer que Guillaume de Lorris fut empêché de terminer son poème? Ce bel artiste le sentait bien : laissée béante, l'œuvre séduirait davantage. Elle séduisit. Le livre fut admirablement reçu par le grand monde et par ceux qui rêvaient d'y pénétrer. Le succès fut si durable que Jean de Meun, ambitieux, talentueux, décida de s'ancrer sur lui, de reprendre là le récit, librement, en jouant de ses ambiguïtés, en lui ajoutant encore d'autres sens, en le développant, le déployant. Poursuivre l'ouvrage d'autrui était habituel à l'époque : les cathédrales n'étaient jamais finies et l'on voyait sur les chantiers se succéder les maîtres d'œuvre. Ils reprenaient l'ébauche; ils la remaniaient à leur guise, tel Gaucher choisissant de disposer dans un tout autre parti sur les façades de Reims les statues déjà sculptées par Jean Le Loup. Des écrivains agissaient de même. Chrétien de Troyes avait abandonné à d'autres le soin de continuer *Le Chevalier à la charrette*. Jean de Meun s'empara donc du *Roman*. On a tendance aujourd'hui à vieillir son entreprise, à la situer dans les années soixante du XIIIe siècle, par conséquent plus près de Rutebeuf, et du *Péril des temps nouveaux*, ce traité qu'écrivit en 1256 Guillaume de Saint-Amour, professeur. Avant la seconde croisade et la mort de Saint Louis. Avant le grand vacillement qui, dans le dernier quart du XIIIe siècle, inaugure en France les temps difficiles. Le *Roman de la Rose* tout entier appartient à la belle époque. Sa seconde partie en marque très précisément la fin.

Le certain – et l'important – c'est que quarante années séparent cette partie de la première. Imaginons les *Trois musiciens* de Picasso terminés par Soulages. Un tout autre ton, une tout autre écriture. En quarante ans, le monde en effet bouge. Aussi vite, quoi qu'on en pense, au Moyen Age qu'aujourd'hui. Ce qui fait le contraste entre les deux poèmes. On croirait que l'auteur, que son héros ont eux-mêmes vieilli – et combien de commentateurs ne se figurent-ils pas Guillaume de Lorris en jouvenceau, Jean de Meun en vieillard? Apparemment Jean de Meun n'était pas plus âgé que l'autre. Son âge en tout cas n'est pas en cause. Le vieillissement est celui de la culture aristocratique. Pendant ces quarante ans des changements profonds se sont produits du haut en bas de l'édifice qui la supportait.

Et d'abord, ce qui fut décisif, dans ses fondations. Au temps de Guillaume de Lorris l'essor des campagnes entraînait tout. Maintenant l'entraînement vient des villes. Les revenus de la seigneurie rurale sont toujours fort bons. Il n'est pas trace encore de disettes. Les bas

de laine se remplissent dans les chaumières : vers le
milieu du siècle, les paysans de Thiais, ceux d'Orly
achetèrent leur affranchissement; ils trouvèrent pour
le payer 2 200 et 4 000 livres parisis, la valeur à peu
près de deux cents chevaux de guerre. Cette prospérité
cependant s'inscrit sur la lancée d'une expansion agricole qui depuis quarante ans s'est essoufflée. La production commence à décroître, les rendements à bais-
ser, les emblavures à reculer. Toute la vitalité s'est
transférée dans l'économie de marché. Les conqué-
rants désormais sont les trafiquants, non plus les
défricheurs. Durant ces quarante années les grands
progrès ont touché les métiers de la banque, du
roulage, de la batellerie, les moyens d'échange : la
France a vu reparaître ces pièces d'or que l'on avait
cessé sept siècles auparavant de frapper dans la chrétienté latine; les premières sont venues d'Italie; mais
Saint Louis a repris l'émission en 1263. De toute part,
l'Europe étend ses commerces : en 1241, elle se cour-
bait encore sous le poids de l'Asie, tremblante, en
Pologne, en Hongrie, à l'approche des hordes mongo-
les; en 1271, Marco Polo part pour la Chine, en
compagnie de marchands de soie. Cette ouverture en
vérité profite essentiellement aux cités italiennes, et
l'Italie deviendra bientôt le lieu des grandes aventures
culturelles. Moins d'un demi-siècle après l'achèvement
du *Roman*, Dante écrit, et c'est *La Divine Comédie*,
Giotto peint, et ce sont les fresques de Padoue. Pour le
moment la France, le grand royaume, et Paris, la
grande ville, l'emportent encore sans conteste par leur
richesse et par leur fécondité. Mais le déplacement des
ressorts de la croissance depuis les champs vers les
routes, les foires et les marchés, suffit à changer bien
des choses. La nouvelle richesse est instable, hasardée,
toute soumise à la Fortune, livrée donc aux aléas, sur
cette roue qui toujours tourne élevant les uns, abaissant
les autres. Elle se construit en exploitant plus âprement
les pauvres. La misère se voit mieux dans la ville; elle
se connaît elle-même, elle incite à la révolte. Les
premières grèves de l'histoire vont éclater en 1280...

Les murs du verger clos ne sont plus assez hauts. On y perçoit la rumeur du peuple.

Les structures du pouvoir, de ce fait, se transforment. Avec l'argent on gouverne autrement. Le roi disparaît derrière ses agents, ses juges, ses percepteurs. Il n'y a plus d'indépendance féodale. Il n'y a plus de cour. Sinon des cours de justice. Des institutions. Si rigides que Saint Louis croit bon d'aller s'asseoir sous les chênes à Vincennes. Ce qu'on appelle l'Hôtel, la maison du roi, apparaît comme un corps de spécialistes gagés. Ils montent en grade lorsqu'ils savent bien rendre des arrêts, compter, réprimer les émeutes, accroître patiemment la puissance et le prestige du souverain, en même temps que les leurs propres. Ces techniciens pour la plupart, comme sans doute Jean de Meun lui-même, sortent de la petite chevalerie, quelques-uns de plus bas. Mais tous sont passés par les écoles, celles de Paris, celles de Bologne où l'on apprend le droit savant, que Jean de Meun fréquenta peut-être. Ce sont des diplômés, des « maîtres ». De bons élèves qui doivent tout à cette culture dont ils sont fiers. Certains sont clercs, d'autres chevaliers. A vrai dire que reste-t-il des contrastes entre Clergie et Chevalerie dans un métier, dans un milieu qui se sont totalement urbanisés? Les services du roi de France ont cessé tout à fait d'être vagabonds et rustiques. Ils se sont fixés dans la ville où tout afflue, où sont les meilleurs professeurs, les meilleurs artisans du monde. Dans Paris devenu en quarante ans véritablement capitale, un siècle avant le Milan de Jean Galeas, la Prague de Charles IV, l'Avignon du pape Clément – Paris, le grand atelier du XIIIᵉ siècle. La fusion se fait ici entre la « cour », ce qu'est devenue la cour, et la « ville », ce que devient la ville. De cette rencontre naît un nouveau public, celui déjà de Rutebeuf, celui du second *Roman*. Toujours des nobles, des gens de guerre, des « jeunes » et de moins jeunes, en quantité; mais accompagnés maintenant, distancés peut-être, par ce qui vient de l'hôtel du roi, de l'Université, du clergé de toutes les églises parisiennes, de cette frange enfin de la bourgeoisie désormais pleinement extraite de la rudesse et qui se plaît aux jeux de l'intelligence. Cette audience élargie demeure fascinée par le même modèle aristocratique, celui du temps féodal, qui s'est construit dans les tournois et les assemblées princières. Cessons, une fois pour toutes, de parler à son propos d'esprit bourgeois. Ce qui pourrait lui coller encore aux doigts de bourgeoisie, elle s'acharne à s'en décrasser. A ses yeux le verger n'a rien perdu de ses attraits, ni l'amour bien fait, c'est-à-dire dans les règles. Elle sait par cœur la première partie du *Roman*. Elle tient jalousement à sa prééminence, rejette aussi violemment les intrus, ferme au nez des vilains la même infranchissable barrière. Mais elle regarde par-dessus. Curieuse. De tout, de l'univers, d'elle-même. Plus soucieuse de n'être pas dupe. Pour cela maniant plus assidûment l'ironie, toute de clins d'yeux et de sourires, mais que l'on échange entre soi. Comme Guillaume de Lorris, Jean de Meun écrit pour une élite, qui se sent, qui se veut telle. Mais pénétrée, bousculée par toute l'animation de la ville, qui l'arrache à son rêve, la force à regarder la vie.

La vie de l'âme a changé davantage encore. Quarante ans plus tôt, les premiers disciples de François d'Assise arrivaient à peine à Paris. Suspects. On prenait pour des hérétiques ces guenilleux, la main tendue, qui chantaient la pauvreté du Christ. On faillit les brûler. Au temps de Jean de Meun, les franciscains règnent sur l'Université, avec ces autres mendiants, les prêcheurs; ils règnent sur la conscience des princes, et d'abord sur celle du roi Louis, qui ne rit plus, s'habille de noir, s'en va baiser les lépreux et dont ses amis déplorent qu'il se soit mis à vivre comme un moine. Franciscains et dominicains commencent à régner sur les croyances de tout le peuple, du peuple des villes au moins, à les dominer par le sermon, par le théâtre, par le réseau toujours plus serré des tiers ordres, ce large filet où se prennent de plus en plus nombreux les laïcs, et par l'inquisition de la foi, dont ils sont chargés. Mais ils sont eux-mêmes dominés par le pape et par les cardinaux, qui s'en servent pour subjuguer le monde. Que reste-t-il de la grande flambée d'évangélisme des premiers temps? L'embrigadement, la main prêtée aux entreprises de répression, la « papelardie », la rébellion des « spirituels », qui déjà dans le sud du royaume brandissent contre les injonctions du Saint-Siège le testament de saint François. En revanche un succès total : des couvents dans toutes les villes, Bonaventure et Thomas d'Aquin à la tête de la recherche intellectuelle. Bien davantage : le christianisme vivifié, devenu pour la première fois religion populaire, par un enseignement simple, la confession fréquente, la direction de conscience, un vrai dialogue qui s'instaure enfin entre les serviteurs de Dieu et les fidèles et qui, par-delà les rites, appelle à l'ouverture de cœur. Sur le milieu culturel qui reçut le *Roman de la Rose*, la réussite des mendiants a retenti de trois manières. Elle a d'abord éveillé la jalousie, les rancœurs, l'hostilité de tous ceux que franciscains et dominicains délogeaient de leur situation bien paisible, en premier lieu des universitaires, des maîtres séculiers, menacés dans leur prestige, de beaucoup de leurs élèves, menacés par la plus redoutable des concurrences dans leur espoir d'occuper un jour les meilleurs postes dans l'Église et près des princes. La prédication des frères, d'autre part, et le nouveau visage qu'elle montrait du Christ, sont venus à bout des résistances obstinées de la culture profane, naguère tendue dans sa volonté d'échapper au contrôle des prêtres. Enfin, proclamer après saint François que le monde n'est pas si mauvais, que l'eau, l'air, le feu, la terre eux aussi sont bénis, que le Créateur a placé Adam dans le jardin pour qu'il en jouisse et pour qu'il travaille à le rendre encore plus beau, que la nature est fille de Dieu, mérite donc d'être regardée, observée, comprise, c'était se porter au-devant d'un désir de prendre à pleins bras le réel qui travaillait alors tant d'hommes. Ceux-ci toutefois réclamaient toujours plus. Ils ne comprenaient pas pourquoi, en un certain point, on leur interdisait d'aller plus loin. Or si le christianisme en se tonifiant avait

conquis l'optimisme, il ne reniait rien du renoncement
ni de l'esprit de pénitence. Le succès des mendiants
aiguisait ainsi la contestation. Ici se situe la contradiction nouvelle, celle qui dressait Rutebeuf et tous ceux
qui l'applaudissaient contre Faux Semblant, les papelards et les béguins. Le monde est bon, la vie est belle,
le ciel, plus lumineux que jamais. Peut-on jouir du
bonheur de la terre sans perdre son âme? Beaucoup,
dans le Paris de 1260, ne supportaient pas que l'on
hésitât à répondre par l'affirmative.

Enfin, durant ces quarante années, les démarches de
l'intelligence s'étaient elles aussi infléchies. Parce que
les gens d'étude avaient découvert ce qui dans Aristote
se montre le plus étranger à la pensée chrétienne, et
que mettent en évidence les commentateurs arabes du
philosophe, Averroès le premier, qu'ils avaient découvert aussi. Mais surtout parce que les itinéraires de la
connaissance s'étaient, dans l'intervalle, déplacés. Pour
Guillaume de Lorris, pour tous ses auditeurs, même les
plus savants, pour les maîtres qui prirent à l'entendre
autant de plaisir que les jeunes nobles, ces voies
restaient celles de saint Bernard, celles de Suger. D'une
progression par sauts, de mot en mot, d'image en
image, par métaphores, analogies, par reflets relancés
de miroir en miroir, en un chatoiement comparable à
celui du vitrail. Alors que le savoir pour les lecteurs de
Jean de Meun a pris la clarté, la rigueur, l'élégance un
peu sèche de l'architecture gothique rayonnante.
Comme celle-ci il s'édifie sur la logique. Dans l'école, et
dans toutes les manières de penser qui se répandent
autour d'elle, triomphe la *disputatio* – une joute de
paroles, où l'adversaire doit être désarçonné par des
raisonnements aiguisés, un équivalent du tournoi, un
jeu où chacun se tend pour gagner l'honneur, le prix,
la puissance – et ces attitudes polémiques réveillent
dans la haute culture l'esprit de combativité, suscitent
le retour dans la seconde partie du *Roman* à des
postures de bataille, au mode épique totalement absent
de la première. Escrime de l'esprit que gêneraient les
ornements inutiles, qui doit se refuser à toute complai-

sance. Mais qui requiert de connaître toujours plus. D'inventorier la nature et les livres. D'étiqueter, de classer, pour saisir prestement de nouvelles armes. De tout apprendre. Systématiquement. On avait attendu de Guillaume de Lorris que, par les chemins de l'initiation, ceux de la quête, du voyage aventureux et de l'effusion lyrique, il enseignât les manières de se bien conduire. On attend de Jean de Meun la communication d'une science. Lui s'adresse à des hommes pour qui la vie ni le goût du bonheur ne sauraient cesser passé vingt-cinq ans, qui savent bien que les femmes aujourd'hui sont savantes. Que si beau soit-on, si agile dans le jeu militaire ou dans les assauts amoureux, on ne brille plus dans les assemblées mondaines si l'on ignore tout de Cicéron, de Suétone ou des poètes, si l'on ne peut reconnaître au passage telle citation, faire au moins semblant d'être averti des livres dont on parle dans la Faculté des arts. Admirable vulgarisateur, Jean de Meun distribue avec largesse cette menue monnaie de la connaissance érudite. Il entrouvre les bibliothèques, il aide à se retrouver sur leurs rayons. Que ne livre-t-il pas : Virgile, Tite-Live et Juvénal, Alain de Lille, Jean de Salisbury, André Le Chapelain, Abélard, ce que Chalcidius révèle du *Timée*, tant d'autres auteurs dont on n'a pas encore repéré dans le *Roman* la trace, Bernard Silvestre par exemple, sans parler de l'astronomie, de l'optique, de toutes les voies où la recherche scientifique venait tout juste de s'engager. Ces références attendues, il sait les rendre accessibles, plaisantes, les entrelacer aux proverbes et les conjoindre ainsi au savoir le plus populaire. Il parle du plus abstrait, du plus austère, du plus ardu avec les mots de tous les jours, ceux de la chasse et du jeu, des rues et des bois. Et ramène toujours au bon sens, à la robustesse, à la générosité. Comme Molière.

Par son art souverain Jean de Meun parvint même à réduire les discordances entre l'œuvre de son devancier et la très longue suite qu'il entendit lui donner. Les deux ouvrages finalement se complètent.

Mais cet accord profond tient surtout à ce que la haute société, dans le bouleversement de toute chose, demeurait agrippée au même système de valeurs. Celui-ci, comme un vêtement souple, se pliait aux mouvements du corps. Il ne s'en écartait pas. D'une telle permanence, l'activité de Jean de Meun fournit le meilleur témoignage. Il vécut de sa plume. Il en vécut très bien. Il servit les plus grands princes, Robert d'Artois, Charles d'Anjou, frères de Saint Louis, peut-être, qu'il loua dans le cours du *Roman*, Jean de Brienne, et le roi Philippe le Bel sûrement. Il a donc travaillé pour les milieux où se situaient les avant-postes du snobisme. Et qui lui réclamaient d'autres livres, notamment la traduction d'auteurs latins de la culture savante. Qu'a-t-il traduit? Que lui commanda-t-on de traduire? Boèce – et cette curiosité pour la philosophie révèle peut-être une ouverture récente, mais c'est la seule. Tout le reste s'inscrit sur la trame de la culture des chevaliers. A la fin du XIIIᵉ siècle les gens du grand monde restent avant tout curieux de techniques militaires : Jean de Meun traduit Végèce. Ils aiment les excursions aux sources de la « matière de Bretagne » : il traduit les *Merveilles d'Irlande*. La spiritualité les séduit, la coutumière, celle qui s'avançait dans les voies du mysticisme, la cistercienne : il traduit Aelred de Rielvaux. La dialectique amoureuse enfin les passionne : il traduit la correspondance d'Héloïse et d'Abélard – et certains se demandent non sans de fortes raisons s'il ne l'a pas lui-même fabriquée.

Quant à l'idéologie de la seconde partie du *Roman*, on la voit toujours construite sur l'antithèse courtoisie-vilenie. L'opposition simplement s'est durcie. Elle revêt cette nouvelle âpreté que confèrent aux antagonismes sociaux l'essor de l'économie urbaine et l'irrésistible invasion de l'argent. Parce que chacun sait maintenant que tout est à vendre, parce que gagner trop fait problème, Jean de Meun célèbre toujours l'esprit de désintéressement, la largesse, mais de façon violente. Sur ce ton ardent, rageur qu'a pris le siècle, il relance,

appuyé sur Alain de Lille, la diatribe contre les
mauvais riches, très sincèrement. Tandis que non
moins violemment, et avec cent fois plus d'insistance
que Guillaume de Lorris, il fustige la pauvreté. Sans
doute, par-delà les pauvres, entend-il atteindre les
frères mendiants qui, dans l'Université, grâce au pape,
viennent de terrasser les séculiers et que la plupart de
ses lecteurs jalousent. Sans doute tente-t-il de juguler la
mauvaise conscience que la prédication franciscaine
entretient parmi les nantis, et ce sont encore les frères
qu'il vise en proclamant que chacun doit vivre d'un
travail et non pas réclamer l'aumône. Mais il ne vise
pas qu'eux. Il condamne tous les miséreux dont la
récession rurale fait monter dangereusement le flot
dans les faubourgs et que l'on commence à craindre.
Car pour la société, la bonne et la moins bonne,
l'indigence fait désormais scandale. Il faut enfermer les
pauvres, les forcer au travail, les soigner comme des
malades, les punir comme des coupables, les détruire
comme on détruit les hérétiques. Lorsque Jean de
Meun parle – et personne avant lui n'en avait si bien
parlé – de l'égalité, de la liberté, lorsqu'il écrase de son
mépris tous ces gens qui se réclament, parce qu'ils sont
bien nés, de la noblesse alors que leur âme est souillée
de vilenie, ne croyons pas qu'il appelle à changer la
société. Pour lui, elle est naturellement partagée par un
mur, par un rempart qu'il veut renforcer encore
puisque les périls s'aggravent. Il se tient du bon côté, à
l'abri. L'égalité, la liberté il les réclame, mais à l'intérieur de l'enclos. De cet enclos qui doit s'ouvrir non
seulement à la naissance mais à la valeur. Le droit d'en
goûter les plaisirs est promis à quiconque atteint un
certain degré de perfection, un certain « prix ». Guillaume de Lorris, les troubadours avant lui, ne disaient
pas autre chose. Le nouveau c'est que le critère de
perfection n'est plus la « fine amour » mais la connaissance. Au beau monde, en effet, les « jeunes » de la
chevalerie ont cessé d'imposer leurs goûts. Le ton est
maintenant donné par les intellectuels. Le premier
Roman cherchait à faire oublier les distinctions entre

Chevalerie et Clergie. Le second revendique pour
Clergie la préséance.

Ceci explique, pour une part, l'inflexion la plus
profonde, le ploiement le plus net qui se discerne dans
la couverture idéologique. Mais à l'origine de ce pli se
trouvent également les victoires remportées sous le
règne de Saint Louis sur le ritualisme et sur l'hérésie
par le nouveau christianisme, joyeux, critique, viril.
Comme Rabelais, Jean de Meun hait les cagots. Il tient
toutefois résolument pour l'Évangile. Voici pourquoi il
propose de remplacer le premier jardin par un autre.
Rond, non point carré – ce qui signifie symbolique-
ment la transition du terrestre au céleste, aux perfections d'éternité. En son centre une fontaine qui ne
serait plus de mort, mais de vie : ce nouveau jardin est
celui de l'Agneau mystique. Il n'apparaît plus comme
la négation du cloître, comme une profanation du
Paradis. Il est le vrai Paradis, celui d'Adam, réconcilié
– comme sont réconciliés, aussi bien dans le second
Roman que dans la sculpture de Notre-Dame, le visible
et l'invisible, la chair et la joie. En effet, après un siècle
de luttes doctrinales contre les Cathares, contre tant de
prédications professant le mépris de la matière, après
la réflexion des docteurs de Chartres, la tentative
cistercienne de ne pas désincarner le mysticisme, après
le *Cantique des Créatures*, et tandis que l'élan de tous
les progrès exalte la valeur du travail, montre l'homme
coopérant à cette œuvre continue, la création, la pensée
de Jean de Meun et de ceux qui l'ont écouté appelle à
la réhabilitation de Nature. La nature, « vicaire et
connétable » de Dieu. Entendons : son lieutenant, chargé, comme l'est le connétable auprès du roi de France,
de conduire pour lui les expéditions cavalières, de
mener son combat et de faire sa volonté. Source de
toute beauté, de toute bonté, la nature commande aux
escadrons qui feront reculer la corruption. La vision de
Jean de Meun demeure manichéenne. Mais le dualisme s'est déplacé. La guerre n'est plus entre le
charnel et le spirituel, mais entre le naturel et ce qui le
contrarie : l'hypocrisie, la violence, la cupidité, le

péché. Pécher, c'est transgresser les lois de Dieu, c'est par conséquent désobéir à la nature dont la fonction est de les faire appliquer. Le royaume en effet ne peut être divisé contre lui-même, ni le connétable agir à l'encontre des intentions du maître. Quiconque suit les ordres de la nature s'engage donc dans la voie du salut. Couronné de fleurs, dans la joie, il progresse vers le jardin où s'opère la jonction entre le ciel et la terre, où le bonheur de vivre se transfigure. Vers la Rose. Qui n'est pas seulement la jeune amante, ni comme dans le réalisme volontairement outrancier du final, la fleur de son sexe. Par l'inépuisable polysémie du symbole, tout comme les roses que Jean de Chelles vient de dresser au transept de Notre-Dame, la rose du *Roman* figure la création ininterrompue, son mystère jaillissant, l'expansion du Dieu lumière parmi l'univers ordonné, la procession de l'amour divin, le retour de l'amour des hommes et le triomphe de la vie sur les ténèbres et sur la mort.

Voyons Jean de Meun debout devant le secret du monde. Libre en esprit, de cette vraie liberté qui fait la vraie noblesse. Mais dont il entend cantonner l'exercice à l'intérieur d'un ordre, celui de la création, celui qui, dans la société humaine, doit séparer les vilains des autres. Ouvrant les yeux, luttant. Parfois dans la véhémence, le plus souvent par l'ironie. L'ironie imprègne l'œuvre entière. L'oublier serait renoncer à pénétrer dans la profondeur de son sens, se priver de surcroît du meilleur plaisir, manquer de saisir surtout cette œuvre de combat dans sa pleine virulence. Son intention n'est pas seulement de divertir. Elle voudrait rectifier ce que déforme le mouvement de corruption, irrésistible, Aristote le dit. Le monde était parfait dans l'âge d'or. Il ignorait l'avarice, la pauvreté, ces mêmes vices dont le premier *Roman* montrait les effigies plaquées sur les murs du verger. Le monde ne les ignore plus. Il en est rongé et détruit. Il a bien fallu contre la corrosion élever de médiocres barrières, la monnaie, l'État, la seigneurie, l'inégalité, le mode de production féodal. Un carcan où la liberté se trouve étouffée. Un carcan inévitable, jusqu'au jour où l'humanité, enfin rachetée tout entière par les progrès du savoir et de la connaissance de soi, aura regagné le jardin. Jusqu'au Jugement dernier : la fin des temps et le triomphe de la science en effet coïncident. D'ici là les hommes doivent au moins s'efforcer de suivre les lois de Nature. Réagir contre ce qui les en détourne et que Jean de Meun, après Rutebeuf, vitupère. Se battre contre le mensonge. Et d'abord, contre Abstinence Contrainte, la chasteté non consentie, et son compagnon, Faux Semblant, c'est-à-dire Tartuffe – en ce temps : les ordres mendiants et le complot qu'ils ont ourdi contre le vrai christianisme. Mais se battre aussi contre le faux mariage – et l'on voit Jean de Meun reprendre l'arsenal de critiques antimatrimoniales accumulé depuis saint Jérôme, mais c'est pour redresser les déviances, en finir avec les unions bancales, la tyrannie des maris, le dévergondage des épouses – et surtout contre le faux amour. En ce point le second *Roman* se retourne contre le premier, comme se retourne contre l'ancienne la nouvelle courtoisie, qui ne se satisfait plus du jeu ni des chimères. L'amour, l'amour de cœur, l'amour de corps, n'a que faire des minauderies, des interminables parades, de la feinte sujétion du galant à l'amie, ni des refoulements du désir, ni des affolements de la passion. La belle amour se nomme amitié, se nomme charité. Ce doit être la franche inclination d'une âme qui s'est librement donnée, dans la foi, la justice, la droiture des premiers temps de l'âge d'or. Ce doit être le naturel élan physique, libéré à la fois des sophistications érotiques et des contraintes puritaines. L'amour doit être partagé. Antiféministe, Jean de Meun? Lui qui subordonne Amour à Vénus, c'est-à-dire le désir de l'homme au désir féminin, dont la « fine amour » n'avait cure? Pour que l'amour soit bien fait naturellement, dans la liberté, l'égalité. Pour prendre son plaisir ensemble. Tel est le « prix », la récompense. Tout simplement le bonheur sur la terre. Un peu de terrain gagné sur la corruption, reconquis par Nature, cet « art de Dieu » comme dira Dante. La porte enfin verrouillée au *contemptus mundi*, à ce refus du monde que les prêtres prêchaient depuis dix siècles, comme à l'irréalité où rêvaient de s'anéantir les intoxiqués de *Lancelot*.

Tout cela admirablement dit. Dans une habileté d'écriture dont le plus clair, hélas! nous échappe, puisque nous avons perdu les clés de la rhétorique. Jean de Meun n'a pas bonne presse. Tous les critiques le malmènent, ne lui pardonnant pas d'avoir un peu chiffonné la Rose, ni d'appeler un chat un chat, ni d'émonder substantiellement le premier verger de ses mièvreries. C'est pourtant lui, de très loin, le grand. Par le souffle, la verve, la puissance d'invention verbale, cette manière souple de parler, de passer du tendre au violent. Par la parfaite domination d'un immense savoir, l'aisance à esquiver toute cuistrerie, à décrire le ciel étoilé comme une volière d'oiseaux magiques. Par son excellente humeur. Par sa hardiesse, un courage égal à celui de Siger de Brabant, son camarade, bravant comme lui les condamnations de l'autorité ecclésiastique. Cette grandeur, le siècle l'a bien perçue, qui vit dans le *Roman*, lorsque Jean de Meun l'eut achevé, le couronnement de toute littérature profane.

L'œuvre devint aussitôt classique. Pas un écrivain notable dans le Moyen Age finissant qui, par quelque côté, ne s'y soit référé. Il suscita les premières formes de la critique littéraire. Très précisément en 1399-1402, dans le Paris de Charles VI et des frères de Limbourg, plus que jamais ville lumière, dans le milieu courtois le plus raffiné du monde où le gothique international poussait sa plus exquise floraison. Autour du livre un débat s'instaura. Chacun prit parti pour ou contre. Contre Jean – car ce fut autour de son œuvre que s'anima la controverse – les mijaurées d'abord, Christine de Pisan s'apitoyant devant Isabeau de Bavière sur la « pollution de péché », et d'autre part les intégristes, Jean Gerson qui proposait de brûler le poème parce qu'il corrompait la jeunesse en invitant à mieux aimer. Dans l'autre camp, les premiers humanistes, des hommes de très fine culture qui, dans le palais, secrétaires du roi, semaient en France les germes d'une Renaissance qui, sans les malheurs de la guerre de Cent Ans, n'eût sans doute pas copié aussi servilement les modèles italiens, ni si crûment renié le « gothique ». La querelle s'ouvrit au moment même où, chassée par l'émeute, la trahison, l'occupation anglaise, la haute société avec les princes abandonnait Paris pour les châteaux de la Loire. La cour, et pour combien de temps, s'écarta dès lors de la ville. Mais tandis que s'enchaînaient les crises les plus désastreuses, le succès pourtant ne faiblissait pas. Près de trois cents manuscrits l'attestent, et toutes les réimpressions jusqu'en 1522. Huit ans seulement avant la fondation du Collège de France, dix ans seulement avant que ne parût, aux foires de Lyon, *Pantagruel*, des imprimeurs faisaient fortune en publiant l'œuvre conjointe de Guillaume de Lorris et de Jean de Meun. En ce livre, comme dans la lignée des cathédrales, se résumait en effet le meilleur d'une culture, celle de la France féodale. Mais cette culture était condamnée. La Renaissance française la répudiait. L'art de Fontainebleau triompha du *Roman de la Rose*. Il ne s'est jamais remis de cette défaite. Les grâces de Guillaume de Lorris eussent pu séduire les romantiques ; la verdeur de Jean de Meun les repoussa. Ajoutons que le langage français s'est à ce point transformé que cette œuvre ne peut être approchée sinon traduite, c'est-à-dire trahie. Personne n'a donc lu Jean de Meun. Mais qui donc a lu Dante ? Les lit-on l'un et l'autre, on s'incline devant la perfection formelle de *La Divine Comédie*, devant l'agilité du Florentin à se mouvoir dans les hauteurs d'une théologie inaccessible. Mais on s'émerveille non moins de découvrir à Jean de Meun tant de puissance généreuse, tant de simplicité, de proximité. De le sentir, c'est bien le mot, si fraternel.

Pour une histoire des femmes en France et en Espagne. Conclusion d'un colloque [1]

En ouverture, il m'apparaissait profitable de confronter l'état des recherches menées en Espagne et en France sur la condition féminine au Moyen Age. J'ai l'impression que cette confrontation a été des plus utiles en dépit des difficultés de communication linguistique et malgré, aussi, quelques lacunes. J'en signalerai deux : le fait, d'une part, que du côté français, il ne se soit pas trouvé de répondants aux historiens de l'art espagnols, d'autre part, le fait que, dans le domaine de la littérature, rien n'ait été dit de l'autobiographie féminine. Mon sentiment est, en tout cas, celui d'un succès évident. Je me permettrai de vous livrer quelques réflexions subjectives, qui sont principalement des réflexions de méthodes.

Première constatation : il m'est apparu plus clairement qu'il serait inefficace de séparer l'histoire de la femme de l'histoire de l'homme. Il faut étudier ensemble l'évolution de la condition de chacun des deux sexes. C'est, en particulier, le seul moyen de poser convenablement le problème de la promotion de la femme au cours de la période de progrès du beau Moyen Age : il est évident que la condition féminine s'améliora, mais la condition masculine s'améliorait en même temps ; aussi faut-il se demander si l'écart s'est

1. Madrid, 1985.

vraiment modifié. De même, dans le champ de la vie religieuse, il semble qu'on ne peut, par exemple, séparer l'histoire des recluses de celle des reclus, ni l'évolution de la mariologie de celle de la christologie.

Cette cohérence entre la condition masculine et la condition féminine tient à ce que le fondement de l'organisation sociale dans la période dont nous nous sommes occupés est la famille, plus exactement la maison, la *domus* : Paulino Iradiel, dans les prémisses de son intervention, nous a conviés à nous convaincre de cette évidence. A la base de la société féodale et postféodale se trouve le couple conjugal, un homme, une femme, l'un et l'autre en position dominante, entourés d'autres hommes, d'autres femmes, et c'est évidemment vers l'intérieur de cette société domestique que le regard d'abord doit être porté. Pour voir en particulier un peu plus clairement à quel âge – c'est l'une des questions que posa Reyna Pastor – les petits garçons étaient retirés de l'univers féminin pour être, et d'une manière parfois brutale, intégrés au monde des hommes et pratiquement n'en plus sortir. Au sein du groupe domestique, il y avait d'autre part répartition des rôles. Aux hommes revenait l'action extérieure et publique; les femmes se trouvaient normalement cantonnées à l'intérieur, dans cette chambre qui était, au cœur de la maison, comme une matrice. Nous reconnaissons dans cette intériorité ce qui était la fonction féminine essentielle : la procréation, mais aussi le gouvernement des secrets les plus mystérieux de la vie, touchant à la naissance, à la mort (laver les corps des nouveau-nés, laver les corps des défunts). Aussi l'intérieur de la maison se trouvait-il naturellement en correspondance métaphorique avec le corps féminin.

Répartition des rôles à l'intérieur du groupe domestique, répartition aussi des pouvoirs, et là, j'insiste : il ne faut pas que nous nous laissions, nous historiens, trop prendre à ce que disent les sources écrites. En effet, toute notre documentation, qu'il s'agisse de la France ou de l'Espagne, est de provenance masculine.

Nous n'entendons jamais les femmes avant les derniers
siècles du Moyen Age. En France, les premières
expressions d'un discours féminin qu'on ne puisse
mettre en doute (comme on peut mettre légitimement
en doute l'authenticité des lettres d'Héloïse, par exemple), ce sont les dépositions, devant l'inquisiteur, des
villageoises de Montaillou. Ensuite c'est le procès de
Jeanne d'Arc. Entre les deux, l'œuvre de Christine de
Pisan, mais tout cela très tardif. Nous fiant trop à ce
que disent les hommes, nous risquerions de nous
méprendre, de considérer que la femme était sans
pouvoirs, dans une position de « pauvreté » (comme
nous le rappelait Carmen López : la pauvreté, c'est
l'absence de pouvoir). En effet, lorsque le voile se
soulève, soit sous l'effet d'un événement perturbant
comme ceux dont nous a entretenus Martínez Gros, ou
bien parce que les sources révèlent brusquement ce qui
est naturellement masqué, nous apercevons le monde
des femmes très fortement structuré comme une petite
monarchie, cette monarchie qu'exerce l'épouse du
maître, la « dame », qui domine les autres femmes de la
maison. Monarchie très souvent tyrannique : les chroniques familiales françaises de la fin du XIIᵉ, du début
du XIIIᵉ siècle mettent en scène des mégères régnant de
façon très brutale sur les servantes qu'elles terrorisent,
sur l'épouse de leur fils qu'elles martyrisent, telle
Blanche de Castille, la mère de Saint Louis. Il existe
bien un pouvoir féminin rival du pouvoir des hommes,
et l'espace domestique peut être considéré comme le
champ d'un conflit permanent, d'une lutte des sexes.
Ce conflit interne détermine cette attitude de crainte
qui est en ce temps-là l'une des composantes majeures
de la psychologie masculine. Crainte devant la femme,
crainte en particulier devant *sa* femme, crainte d'être
impuissant à satisfaire cet être que l'on suppose dévo-
rateur mais aussi porteur de mort, usant comme les
êtres faibles d'armes perverses, du poison, du sortilège.
Inquiétude surmontée par le mépris de la femme mais
qui n'est pas dissociable d'un autre sentiment, la
nostalgie du sein maternel : je parlais tout à l'heure de

ces jeunes garçons qui tous, à l'âge de sept ans, étaient séparés brutalement de leur mère, arrachés à l'univers féminin où ils avaient été couvés. L'analyse de certaines biographies, celle du moine Guibert de Nogent par exemple, montre que les hommes se remettaient difficilement de ce traumatisme, dont les traces commandaient, toute leur vie, certaines de leurs attitudes fondamentales à l'égard des femmes.

Cette situation explique la puissance d'une forme idéologique. Idéologie à plusieurs faces, évidemment. Elle tient pour nécessaire, providentielle, la soumission naturelle de la femme à l'homme. La femme doit être gouvernée. Cette certitude trouve son appui dans les textes de l'Écriture sainte et propose l'image exemplaire de la relation homme-femme. Cette relation doit être hiérarchique, prenant sa place dans l'ordre hiérarchique universel : l'homme doit tenir en bride les femmes qui lui sont confiées, mais les chérir aussi, et les femmes doivent à l'homme qui a puissance sur elles la révérence. Un tel échange de *dilectio* et de *reverencia* institue l'ordre à l'intérieur du groupe domestique, et d'abord dans ce qui forme le noyau de ce groupe, le couple conjugal. Mais, de la relation entre l'époux et l'épouse, les moralistes d'Église jugent volontiers que cet autre sentiment, différent de la *dilectio*, qu'ils appellent en latin *amor*, doit être exclu, parce que l'amour sensuel, le désir, l'élan du corps, c'est le trouble, le désordre; normalement, il doit être rejeté hors du cadre matrimonial, dans l'espace du jeu, de la gratuité, et c'est la place qui lui est faite par ce divertissement de société que nous appelons l'amour courtois. Le mariage est chose sérieuse; il exige l'austérité; la passion ne doit pas être mêlée aux affaires conjugales.

Toute l'organisation de la société civile est fondée sur le mariage et sur l'image de la maison, d'une maison où il n'y a qu'un seul couple procréateur et à l'intérieur de laquelle le pouvoir et les rôles se partagent hiérarchiquement entre le maître et son épouse. La femme

n'accède à l'existence juridique, n'accède, on peut le
dire, à la vie, que mariée, et elle gravit un échelon
supplémentaire lorsque, dans le mariage, elle accomplit ce pour quoi elle a été prise par un homme,
lorsqu'elle enfante. Alors, elle acquiert un pouvoir très
certain, celui de la mère sur son fils, sur ses fils, et qui
se déploie lorsqu'elle devient veuve. En conséquence,
hors de la cellule domestique, la femme se trouve dans
une position considérée comme dangereuse. Il ne
faudrait pas qu'il existe de femmes seules dans la
société, de ces « pauvres » femmes privées de ce pouvoir qui est, en fait, le reflet du pouvoir qu'exerce
l'homme sur elles. Ces femmes seules, on s'applique
donc à les réunir dans des institutions d'enfermement
et de protection, organisées comme des « maisons »
elles aussi, des maisons de remplacement : ce sont les
monastères, les béguinages, mais aussi les bordels.
Quant à celles qui restent vraiment seules, il appartient
à la puissance publique d'assurer leur protection. C'est
à l'origine l'une des fonctions royales, qui s'est peu à
peu disséminée selon le processus de féodalisation, que
de protéger la veuve et l'orpheline et, autant que
possible, de les réintroduire dans le cadre de la
conjugalité en leur fournissant le moyen d'être prises
par un époux, cette dot qui les rend attirantes, ou bien,
tout simplement, comme le fait le roi d'Angleterre au
début du xiie siècle, en les distribuant comme des
cadeaux, très appréciés des bons vassaux, lorsque la
femme qui leur est ainsi adjugée est une riche héritière.

Puissance du modèle domestique dans les relations
sociales vécues, transfert de ce modèle dans l'imaginaire, en particulier dans le champ du religieux. Je pense
que le domaine, encore relativement mal connu, de la
participation des femmes à la vie religieuse aurait pu
être plus profondément exploré. Les femmes dans le
christianisme médiéval restent exclues du ministère et
en particulier du ministère de la parole. Les sermons
sortent tous de bouches masculines. Encore que la

dame, dans ses fonctions domestiques,la maîtresse de maison, soit invitée à enseigner ses servantes, ses filles, ses nièces : la maison est le lieu d'une pastorale féminine, qui nous est difficilement accessible, mais dont je pense que nous pourrions, en examinant attentivement les textes, repérer quelques traces. Par ailleurs, le christianisme médiéval admet peu à peu, non sans peine, que des femmes puissent participer véritablement à la vie religieuse, et cette évolution médiévale fait, à mon avis, la grande différence entre cette religion et l'islam ou le judaïsme, qui laissèrent les femmes dans une position beaucoup plus marginale. Durant le xɪᵉ siècle, dans la poussée de croissance économique et parmi tous les dérangements que cette croissance produisit, se posa, vous le savez, la *Frauenfrage*, un problème des femmes, de l'accès des femmes à une spiritualité spécifique, et l'on peut penser que cet accès, les femmes le réclamèrent. A cette attente féminine, les sectes hérétiques ont été, semble-t-il, les premières à donner réponse. Cependant, la contestation hérétique a forcé l'Église officielle à donner peu à peu, elle aussi, réponse en ouvrant aux femmes les églises, à part entière, en instituant pour les femmes des asiles monastiques jusqu'alors en nombre restreint. Toutefois, cette ouverture est restée mesurée, et je pense que nous devons tâcher de définir plus clairement ce qui retint d'ouvrir davantage. Réticence d'abord à l'égard du monachisme féminin. Comment ces couvents de femmes devaient-ils être organisés? Un scandale fut suscité par l'initiative de Robert d'Arbrissel osant soumettre au pouvoir de l'abbesse la communauté d'hommes adjointe au monastère de Fontevraud, ce qui apparut comme une transgression de l'ordre universel. Autre question, obsédante : où situer, à l'intérieur du système de valeurs chrétien, ces femmes qui n'étaient pas au pouvoir d'un homme, qui n'étaient pas des *uxores*, des femmes mariées, et auxquelles on proposait deux situations exemplaires, consolantes mais opposées, celle de la *virgo* ou celle de la *virago*, de la femme forte de l'Écriture?

Parallèlement, je pense qu'il serait fort important d'aller plus loin dans l'interrogation à propos de la progressive féminisation du christianisme. N'est-ce pas sous la pression du modèle domestique, conjugal, que la nécessité est apparue de placer à côté du seigneur une dame, à côté de Notre Seigneur, Notre Dame? D'où la proposition, dont a parlé Marie-Christine Pouchelle, de voir Jésus aussi comme une mère, solution vite abandonnée parce qu'elle aboutissait à l'androgynie de Dieu. En revanche le culte marial explose au XIIᵉ siècle, la figure de Marie incarnant les deux valeurs complémentaires de virginité et de maternité. Avec la Vierge, d'autres femmes peu à peu envahissent le territoire de la dévotion, des saintes, saintes mères pas très souvent, saintes vierges renonçantes beaucoup plus nombreuses, saintes pécheresses converties, saintes aussi qui défendirent farouchement leur virginité contre le pouvoir familial qui voulait les livrer à des hommes. Mais les thèmes des peintures gothiques espagnoles qui nous ont été montrées attestent aussi la fréquence des couples de saints : sur tel retable quatre saints, quatre saintes : encore une fois, se profilant, la silhouette du couple conjugal, le modèle.

J'en arrive au dernier secteur de mes remarques. Nos discussions m'ont persuadé de la nécessité d'examiner attentivement les relations entre l'idéologie et la réalité. En effet, presque toutes les sources que nous pouvons exploiter nous renseignent moins sur la réalité que sur l'idéologie dominante, elles placent comme un écran entre nos yeux et ce que nos yeux voudraient apercevoir, c'est-à-dire les comportements réels. Toutes nos sources transcendent la réalité sociale, pour reprendre l'expression employée par Matilde Azcárate. Non seulement les œuvres artistiques ou littéraires, mais tous les règlements normatifs, tous les documents juridiques qui montrent une écorce formelle et non pas ce que cette écorce recouvre, et encore les histoires, les chroniques, et même les autobiographies, puisque celui qui dit *je* demeure prisonnier du système idéologique qui le domine. Nos sources d'information reflètent dans une certaine mesure la réalité, mais toutes ou presque s'établissent nécessairement à distance de cette réalité. Notre problème, à nous autres historiens, est de mesurer cette distance, de discerner les déformations dont la pression de l'idéologie peut avoir été responsable. Évidemment, cette distance est plus ou moins large selon les catégories de sources et, selon les périodes, les images que nous récoltons sont plus ou moins stylisées, plus ou moins réalistes. Toutefois, c'est ma conviction personnelle, jamais cet écran ne saurait être totalement percé. Il nous faut abandonner le rêve positiviste d'atteindre la réalité des choses du passé. Nous en resterons toujours séparés.

Cependant toute idéologie a son histoire; les idéologies se combattent et se transforment, emportées par un mouvement indissociable de celui qui entraîne l'évolution de la culture matérielle. La pire faute de méthode serait donc d'isoler l'étude de ces écrans idéologiques en les séparant de ce qui accompagne leur modification au niveau de la matérialité, et dont nous sommes mieux informés par des sources plus innocentes. Nous devons par conséquent considérer l'histoire des femmes, ou plutôt l'histoire de l'image que nous percevons des femmes – une évolution plus rapide peut-être que nous ne le croyions : aussi avons-nous repéré, à propos de la prostitution, des transformations considérables en un temps court – dans la globalité d'un contexte social. Pour ma part, je m'efforce aujourd'hui de rapprocher, autant qu'il est possible, cette formation idéologique qu'est l'amour courtois, de l'évolution politique d'une part, des transformations du pouvoir durant le XIIe siècle en France, de l'histoire de l'institution matrimoniale d'autre part, dont l'amour courtois n'est absolument pas séparable, de l'histoire encore des institutions féodo-vassaliques dont l'amour courtois propose une transposition ludique, mais aussi de l'histoire de la fortune, des patrimoines aristocratiques : je dois me demander, par exemple, dans quelle mesure le jeu d'amour courtois fut modifié progressivement au cours du XIIe siècle, lorsque s'est relâché le contrôle que le pouvoir domestique, afin de préserver les héritages, exerçait sur la nuptialité des garçons?

STRUCTURES DE PARENTÉ

Structures familiales
dans le Moyen Âge occidental

Point n'est besoin de souligner l'importance des liens de parenté dans la société dite féodale [1]. Ils en forment l'armature maîtresse, à tel point qu'un très grand nombre de relations qui leur sont extérieures s'établissent conformément au modèle qu'ils présentent. C'est le cas de toutes les fraternités artificielles, stables ou fugaces, qui réunissent des hommes étrangers par le sang, soit au sein des groupes de combat, soit dans le cadre de la vassalité, soit par le serment d'assistance mutuelle que prêtent les gens des villes, soit encore, plus fermes que toutes, dans ces véritables familles que sont les communautés monastiques. Il est bien évident que le mouvement démographique est, pour une grande part, commandé par la disposition des structures familiales, que tout le jeu de l'économie s'ordonne en fonction de l'assise de production et de consommation que ces structures constituent. Celles-ci orientent aussi dans une large mesure le déroulement de la vie politique, le jeu des affrontements et des alliances, le cours des carrières. Elles retentissent enfin très fortement sur les attitudes mentales, exerçant notamment une influence puissante sur l'évolution des représentations religieuses : le christianisme des XIᵉ et XIIᵉ siècles

1. La meilleure présentation du problème pour le XIIIᵉ siècle est l'ouvrage de L. Génicot, *Le XIIIᵉ Siècle européen*, Paris, 1968, p. 320-322.

leur doit, par exemple, quelques-uns de ses traits majeurs, qu'il s'agisse des pratiques funéraires dont la conscience familiale imposa le très large développement, qu'il s'agisse des correspondances ambiguës que l'on discerne entre les réflexions sur la généalogie du Christ et les formes de la dévotion mariale et, d'autre part, les exigences affectives qui prenaient naissance dans le cadre familial. Il n'est guère d'aspect de la civilisation médiévale que ne puisse éclairer de quelque manière la connaissance des structures de parenté.

A cette connaissance, les travaux des historiens du droit privé ont, de longue date, apporté déjà beaucoup. Leur contribution est cependant loin d'être entièrement satisfaisante, car la plupart de leurs recherches se réfèrent à des textes coutumiers tardifs, et parce qu'il est par ailleurs difficile de mesurer les discordances inévitables et parfois très vives entre la rigueur des règles juridiques et la manière dont elles s'appliquaient dans le quotidien de la vie. Des relations sociales en effet, les prescriptions de la coutume – et plus encore celle de l'éthique que proposa l'Église – présentent un modèle qui, certes, entretient d'étroits rapports avec la réalité qu'elles entendent ordonner, mais qui ne s'ajuste que fort imparfaitement aux comportements des groupes : évoquons les tensions, dont on devine la violence, entre le monde laïque et les autorités religieuses à propos de la morale conjugale. Le problème doit donc être approché, conjointement, par d'autres voies. Parmi les documents qui permettent de le faire se placent au premier rang les généalogies, celles que les historiens reconstituent à partir de mille indices épars, celles non moins précieuses, qui furent composées aux Xe, XIe, XIIe siècles et qui reflètent la représentation que les contemporains se faisaient de leur descendance et de leur cousinage. Sur l'exploitation de ce matériel peuvent être fondées quelques hypothèses concernant l'évolution des relations de parenté dans les couches sociales supérieures de l'Europe occidentale entre la fin de l'époque carolingienne et le XIIe siècle.

Des recherches qui portèrent en premier lieu sur la région rhénane, et qui furent ensuite étendues à la part septentrionale du royaume de France [1] font supposer que, dans ces contrées, les structures familiales aristocratiques se sont notablement modifiées pendant cette période. En effet, les historiens qui s'efforcent de remonter, des fils aux pères, les lignées seigneuriales jusqu'à leurs racines les plus lointaines ne parviennent pas à pousser leurs investigations au-delà d'une certaine zone chronologique, la fin du IXe siècle lorsqu'ils s'occupent des plus grands princes, le cours du Xe siècle lorsqu'il s'agit de seigneurs de moindre puissance. Cet obstacle, les auteurs de généalogie qui travaillaient à l'époque féodale ont été eux-mêmes incapables de le franchir, sinon en inventant des aïeux mythiques. Or, l'existence d'un tel seuil ne s'explique pas par une raréfaction des sources, mais bien par le fait que celles-ci cessent de livrer des indices permettant d'établir avec certitude des filiations patrilinéaires. On peut donc penser que se marque ici la limite entre deux états successifs des relations familiales. Antérieurement, l'individu se trouvait au sein de sa parenté comme dans un groupement fluide et, si l'on peut dire, horizontal, où les alliances comptaient autant au moins que l'ascendance; dans un milieu où le succès dépendant essentiellement de la faveur d'un patron, de l'octroi de bénéfices personnels et révocables, l'important pour chacun était de se relier à la « maison » d'un bienfaiteur, et autant que possible à celle du roi; mieux que par ses ancêtres, chacun y parvenait par ses « proches », qu'ils fussent ou non de son sang. Postérieurement au contraire, l'homme, parce qu'il n'est plus un bénéficiaire, mais l'héritier d'un bien et d'un pouvoir qui se transmettent de père en fils, se sent intégré à un corps de parenté d'orien-

1. K. Schmid, « Zur Problematik von Familie, Sippe und Geschlecht, Haus und Dynastie, beimmittelalterlichen Adel », *Zeitschrift für die Geschichte der Oberrheins*, 105, 1957; G. Duby, « Structures de parenté et noblesse dans la France du Nord, XIe-XIIe siècles », *Mélanges, J. F. Niermeyer*, Groninge, 1967.

tation verticale, à une lignée de mâles, et la mémoire ancestrale occupe désormais une place beaucoup plus large dans ses représentations mentales; elle entend remonter jusqu'au fondateur de la « maison ». De cette fondation même, de la conquête d'une autonomie assise sur la possession d'un « honneur » héréditaire, date l'origine d'une conscience généalogique. Elle situe exactement le moment où les liens familiaux commencent à se contracter dans le cadre strict d'un lignage.

Il est permis de considérer le renforcement progressif de ces structures proprement lignagères comme un trait spécifique de la société dite féodale. Ce mouvement épouse en effet celui de la désagrégation des pouvoirs régaliens. Les généalogies les plus anciennes sont celles des princes territoriaux qui se dégagèrent du patronage royal dès la fin du IXᵉ siècle; apparaissent ensuite celles des comtes, lorsque ceux-ci se libérèrent de la tutelle des princes; puis celles des seigneurs d'un simple château qui se rendirent à leur tour indépendants des comtes. Enfin, dans le nord-ouest de la France, sortent de l'ombre pendant le XIᵉ siècle des lignages de chevaliers, au fur et à mesure que ces derniers, s'extrayant de leur primitive condition domestique, obtiennent de leur seigneur d'être « casés » sur une terre et d'y établir leur propre lignée. La modification des relations de parenté semble donc procéder de deux transformations conjointes, dont le développement s'étendit sur plus de deux siècles : une transformation des structures politiques qui fit s'éparpiller les pouvoirs de commandement; une transformation des conditions économiques qui se traduisit par la dispersion des groupements d' « amis », naguère agrégés aux maisons princières, par l'émiettement des fortunes, depuis les sommets jusqu'aux extrémités de la classe seigneuriale, et par le progressif enracinement des membres de l'aristocratie sur un patrimoine.

Il conviendrait que de nouvelles recherches éprouvent la valeur de ces hypothèses et vérifient s'il est possible de les formuler à propos de l'Occident européen. Un sondage précis [1], portant sur les familles aristocratiques établies en 1100 au voisinage immédiat de l'abbaye de Cluny montre que 80 % au moins d'entre elles étaient solidement installées sur des terres héréditaires avant l'an mille, et que plus d'un quart se trouvait sûrement dans ce cas avant 950. Il apparaît encore que les lignées des maîtres des trois châteaux de cette région ne peuvent pas être remontées aussi haut que celles de certains de leurs voisins qui, au début du XIIe siècle, ne sont que de simples chevaliers. Enfin, 28 de ces 34 lignages semblent bien des branches issues de six maisons aristocratiques dont la fortune foncière s'étalait sur tout le pays à la fin des temps carolingiens. Dans le sud de la Bourgogne, la classe seigneuriale dans son ensemble se présente donc comme une société d'héritiers très précocement enracinée et dont la conscience généalogique paraît pour cela très ferme. Mais par l'étude des filiations, on s'aperçoit encore que, si le Xe siècle fut une période de dissociation des patrimoines et de désintégration des cellules familiales originelles en multiples lignées progressivement autonomes, les conditions changèrent aux approches de l'an mille. Alors, une phase de rapide solidification commença : en 1100, les lignages aristocratiques ne sont pas plus nombreux qu'ils ne l'étaient cent ans plus tôt. L'arrêt de la ramification de ces familles peut être attribué à la contraction des liens de parenté au sein de structures lignagères beaucoup plus rigoureuses. L'analyse des documents d'archives le prouve. Ainsi l'indivision entre frères, presque inexistante avant 950, est attestée dans le quart des actes pendant la seconde moitié du Xe siècle, dans le tiers des actes entre 1000 et 1050, dans la moitié des actes entre 1050 et 1100, tandis que peu à peu la communauté de possession s'étend à des parents plus éloignés. D'autre part, dans les listes de témoins, le nom du père et celui de la mère se raréfient très vite après 950, ce qui prouve que, du

---

1. G. Duby, *Noblesse, lignage et chevalerie dans le sud de la Bourgogne* (X^e-XIe siècle). Une révision (à paraître).

vivant de leurs parents, les fils ont dès lors pratiquement cessé de disposer de biens fonciers personnels. Enfin la *laudatio parentum*, le consentement des lignagers à l'aliénation d'une part du patrimoine ancestral, apparaît brusquement comme une nécessité à partir du milieu du XIᵉ siècle. Tous ces indices convergent; ils manifestent un resserrement progressif de la solidarité des consanguins autour de l'héritage familial. Autre signe, l'évolution du *sponsalicium*, de la donation consentie par l'époux à sa femme, qui change totalement de signification à partir de l'an mille, par l'extension des droits du mari; cette transformation accompagne le succès de coutumes qui tendent à exclure les femmes de la succession; de celle-ci, au XIᵉ siècle, les filles mariées ne reçoivent plus rien, sinon leur dot, et leurs sœurs demeurées au foyer paternel n'en recueillent que des bribes pour leurs aumônes funéraires, prélevées généralement sur la dot de leur mère. Ces lignées deviennent ainsi après l'an mille des lignées de fils. Toutefois, ce n'est guère qu'à l'extrême fin du XIᵉ siècle, et dans le milieu très restreint des maîtres de châteaux, que se découvrent les premières dispositions visant à favoriser l'aîné de la race : parmi les règles coutumières, celles qui prescrivaient l'égalité des héritiers de même rang furent incontestablement les plus tenaces. Ce fut d'autre manière, par la pratique de l'indivision, et surtout par une politique soutenue de limitation des mariages que, dans cette région, les lignages chevaleresques parvinrent au cours du XIᵉ siècle à conjurer les effets dangereux des partages successoraux. Ils se sont solidement rassemblés pour défendre leur position économique. Ils y parvinrent : la société seigneuriale fait preuve, pendant près de deux siècles, d'une remarquable stabilité.

Des constatations de ce genre ouvrent la voie à de nouvelles interrogations.

De quel retentissement fut sur les expressions de la culture chevaleresque l'instauration de ces structures lignagères? L'évolution des écrits généalogiques en

France au cours des XIe et XIIe siècles apporte quelques éléments de réponse [1]. Mais on peut en attendre d'autres de l'analyse des œuvres poétiques de divertissement composées pour des publics de chevaliers. Ne peut-on discerner dans les thèmes des littératures épiques et amoureuses du XIIe siècle le reflet d'une opposition, suscitée par les pratiques matrimoniales de la société chevaleresque, entre les *seniores*, mariés, gestionnaires de la fortune familiale, et les *juvenes*, demeurés par force célibataires, privés par la rigidité du cadre lignager de toute indépendance économique et de tout espoir d'établissement, sinon par les hasards de l'aventure?

Quels furent les effets, à partir de la fin du XIIe siècle, de l'assouplissement des relations économiques sur des structures de parenté qui s'étaient édifiées pour la protection de droits fondés presque exclusivement sur la possession de la terre? Les études, peu nombreuses encore, relatives à la noblesse du XIIIe siècle, européen, laissent entrevoir l'éclatement des anciens groupes familiaux et la prolifération de « maisons » nouvelles. Des recherches récemment menées dans le nord-ouest de la France [2] ont montré la diminution, après 1175, des actes conclus par des groupes familiaux larges, et la multiplication compensatrice des actes conclus par des couples. Dans l'aristocratie, le lignage, apparemment, commence à céder la place à la cellule conjugale, au ménage, « dont l'Église et les groupements paysans et bourgeois apparaissent les champions ».

Cette remarque inciterait à ne point restreindre l'étude aux niveaux supérieurs de la société laïque, vers lesquels l'état de la documentation conviait à concentrer d'abord l'observation : il faut l'étendre aux populations des campagnes et des villes. Les sources jettent fort peu de lumière sur la famille paysanne;

1. G. Duby, « Remarques sur la littérature généalogique en France aux XIe et XIIe siècles », *Comptes rendus de l'Académie des inscriptions et belles lettres*, p. 967.
2. R. Fossier, *La Terre et les hommes en Picardie jusqu'à la fin du XIIIe siècle*, Paris-Louvain, 1969, p. 262-273.

mais, dès l'époque carolingienne, elles font apparaître généralement des groupes restreints d'allure conjugale. Il est certain que les cadres juridiques de la tenure, de rigueur très variable d'une seigneurie à l'autre [1], n'ont cessé d'exercer sur la structure des parentés rurales des pressions déterminantes, notamment par la contrainte des modes de transmission successorale. Il apparaît cependant que, dans l'ampleur du mouvement de conquête agraire qui anime toute l'histoire économique de l'Occident entre le Xe et le XIIIe siècle, les sociétés paysannes sont le plus souvent parvenues à esquiver la rigidité des coutumes seigneuriales. On peut retenir, au départ, une hypothèse récemment émise à partir de l'examen des archives de Picardie : entre le Xe et le XIIe siècle, l'évolution des structures familiales a suivi, dans l'aristocratie et la paysannerie, des directions inverses; alors que les liens de parenté se tendaient dans la noblesse, ils s'assouplissaient parmi les paysans. Ce que l'on entrevoit des sociétés urbaines donne à penser que dans les quartiers neufs des villes en croissance, les phénomènes d'immigration, des types de fortune où les biens mobiliers tenaient une place nettement plus large que dans tous les autres secteurs de la société, conférèrent aux relations familiales une souplesse plus grande que partout ailleurs. Ce qui rendit ici plus nécessaires et plus fermes les fraternités artificielles et de complément. Mais cette impression mériterait d'être contrôlée de très près. Et l'on n'oubliera pas que la séduction des modèles culturels aristocratiques fit s'instituer, dans les couches de la bourgeoisie qui accédaient à la richesse et qui, dès que possible, acquéraient de la terre, des structures de parenté, « lignages », « parages » ou « consorterie », établies, comme dans la chevalerie et de manière aussi rigoureuse, en fonction d'une filiation strictement patrilinéaire.

Depuis la fin du XIIIe siècle, dans les régions les plus

1. H. E. Hallam, « Some thirteenth century Censures », *Economic History Review*, 1958.

favorisées, les archives des États et celles des notaires procurent des données numériques susceptibles d'éclairer, dans l'ensemble d'une population établie sur un espace déterminé, non plus les cadres juridiques ou les attitudes mentales, mais quelques aspects de la démographie familiale. Ce qu'il est permis d'attendre de ce genre de sources, un traitement statistique des indications contenues dans le *catasto* florentin de 1427-1429 le révèle [1]. En Toscane, à la campagne comme dans les villes, les familles sont, à cette date, presque toutes (la proportion est de 92,25 % à Florence) des familles conjugales. On rencontre dans les villages des ménages plus amples, et qui généralement rassemblent sur l'héritage paternel des frères mariés. Mais en ville, les plus grandes « maisons » sont en fait les maisons les plus riches (à Florence, la proportion des familles conjugales tombe à 77 % dans les strates les plus fortunées). De fait, c'est bien en fonction de la richesse que s'établissent les différences les plus nettes. Parce que la survie de leurs enfants est mieux assurée, les foyers riches sont nettement plus peuplés (6 personnes à Florence, où la moyenne s'établit à 3,8); les ascendants et les collatéraux y sont aussi plus nombreux; plus forte également la proportion d'une part des hommes célibataires, d'autre part des femmes mariées, et plus marqué l'écart d'âge entre les époux. Le taux de masculinité enfin s'élève à mesure que l'on gravit la hiérarchie des fortunes (jusqu'à 158 à Florence, pour une moyenne de 116). De ces données statistiques peut partir, fondée notamment sur l'étude des registres des notaires, une analyse plus fine des rapports sociaux, au niveau des usages matrimoniaux et des coutumes successorales.

Telles sont quelques-unes des voies où des recherches déjà s'engagent. Dans leur poursuite, il importe assurément que méthodes et problématique s'établissent en fonction de ce fait d'évidence : l'étroite corré-

---

1. Par D. Herlihy et Ch. Klappisch.

lation – éclatante dans la Toscane du xve siècle, comme au xie siècle aux environs de l'abbaye de Cluny, comme au xiiie siècle dans les faubourgs des villes – entre l'histoire de la famille et celle de l'économie. C'est en fonction d'un patrimoine, qu'il soit constitué de terres, de pouvoirs ou de monnaie, que se disposent les relations de parenté, celles du moins que les sources révèlent. Mais les structures familiales, les coutumes et les pratiques qui assurent leur survie, les représentations mentales qui prennent appui sur elles interviennent à leur tour, de manière souvent indirecte mais toujours décisive, pour ralentir ou accélérer l'évolution des modes de production et de la hiérarchie des fortunes.

Structures familiales aristocratiques
en France du XIe siècle
en rapport avec les structures de l'État

Je me limiterai à poser un problème de méthode, au carrefour de deux voies de recherches, celle qui concerne les structures de l'État et celle qui concerne les structures de la famille aristocratique, sur laquelle je me suis personnellement engagé depuis un certain nombre d'années. Mon intention est tout simplement de m'interroger sur les relations qui ont pu unir en France aux xe et xie siècles l'évolution des structures de l'État et l'évolution des structures familiales dans la haute aristocratie. Je partirai pour cela de trois considérations.

Notre collègue allemand Gerd Tellenbach et certains des médiévistes qu'il a formés, notamment Karl Schmid, ont, il y a quelques années [1], attiré l'attention sur ce fait : dans les pays francs, lorsque les historiens s'efforcent de remonter la lignée des grandes familles pour découvrir leurs plus lointains ancêtres, il arrive un moment où l'enquête ne peut plus progresser, et ce moment, ce seuil chronologique que la recherche généalogique ne peut franchir, se situe pour les plus grandes races, à la fin de l'époque carolingienne

1. K. Schmid, *Studien in Vorarbeiten zur Geschichte des grossfränkischen Adels*, Fribourg-i.-B. 1957; *Zur Problematik von Familie, Sippe und Geschlecht, Haus und Dynastie beim mittelalterlichen Adel* « Adel und Herrschaft im Mittelalter », *Zeitschrift für die Geschichte des Oberrhein*, 105, 1957.

ou, plus souvent, dans la première moitié du xᵉ siècle. Jusqu'à ce point chronologique, en s'enfonçant dans le passé, l'historien peut passer du fils au père, en une chaîne continue de filiations ; mais parvenu à ce seuil, il ne repère plus que des individus dont il peut saisir les alliances, dont il connaît souvent l'épouse, mais dont il ne parvient pas à découvrir qui était le père. Ce n'est pas que les documents deviennent alors moins nombreux, c'est que véritablement les structures familiales se sont transformées : antérieurement, au tournant des IXᵉ et Xᵉ siècles, les hommes de la très haute aristocratie se trouvaient pris dans un groupe de parenté flou, qui apparaît comme une agglomération de « proches », où les alliances avaient au moins autant de poids et de résonance psychologique que les filiations ; après cette date, au contraire, les hommes sont strictement intégrés dans un lignage, dans une lignée de caractère résolument agnatique.

Je confronterai cet ensemble d'observations à ce que l'on sait, grâce aux beaux travaux de nos amis Jan Dhondt et Jean-François Lemarignier, de la progressive dissolution politique du royaume de France occidentale : constitution de grandes principautés à la fin du IXᵉ et au début du Xᵉ siècle ; puis, le mouvement se poursuivant, à la périphérie de ces grands ensembles régionaux, naissance de formations politiques pratiquement indépendantes dans le cadre du *pagus* et autour de la fonction comtale, ceci vers le milieu du Xᵉ siècle ; enfin, et c'est l'aboutissement du processus de fractionnement, le *pagus* lui-même se décompose entre 980 et 1030 environ, en une poussière de châtellenies autonomes. Telle est ma seconde considération, voici la troisième.

Celle-ci concerne la documentation, et plus précisément une catégorie de sources dont je m'occupe pour le royaume de France depuis quelque temps : il s'agit de la littérature généalogique composée aux XIᵉ et XIIᵉ siècles. En France, ces écrits sont relativement peu nombreux et proviennent tous du versant occidental du royaume. Ils ont été composés presque tous pour des familles très puissantes qui, soucieuses d'illustrer leur noblesse, ont alors chargé un clerc domestique ou bien l'un des religieux attachés au sanctuaire qu'elles protégeaient spécialement et où elles enterraient leurs morts, d'écrire l'histoire du lignage en remontant jusqu'au plus lointain ancêtre connu. De tels ouvrages ont l'avantage de figurer la représentation que ces familles se faisaient d'elles-mêmes et de leurs origines, image souvent fort différente en vérité de celle reconstituée très postérieurement par l'érudition des généalogistes modernes. Ces sources ont d'autre part l'intérêt de fournir certaines réponses à mon interrogation préliminaire, à savoir : les liaisons entre structures étatiques et structures familiales. Je suis plongé dans l'étude de ces textes, et je me contenterai ici d'en extraire de très brefs exemples.

Certaines généalogies, composées pour les familles les plus illustres, présentent des tableaux qui se prolongent jusqu'au IXᵉ siècle, et qui parfois même remontent plus haut encore; c'est le cas, par exemple, de l'ensemble de généalogies écrites pour les maîtres de la principauté flamande. Toutefois, je ne considérerai point ici les plus grands lignages, ceux des ducs et des chefs des grandes principautés régionales. Je situerai mes observations à des niveaux inférieurs dans la noblesse, au niveau des comtes, des vicomtes et des châtelains, c'est-à-dire des maîtres de ces formations politiques plus restreintes, constituées dans les phases ultérieures de la décomposition de l'État que nous appelons féodale. Je m'appuierai au départ sur l'un de ces écrits, celui qui, peut-être, fournit les renseignements les plus passionnants, l'*Historia comitum ghisnensium* (l'Histoire des comtes de Guînes). Composée dans la dernière décennie du XIIᵉ siècle, cette œuvre met en scène l'un des comtés satellites situé en position très autonome aux lisières méridionales de la principauté flamande, et reconstitue la lignée de ses maîtres; mais comme, par des alliances, des châtellenies voisines s'étaient agglutinées à l'héritage, cette source retrace aussi la généalogie de quelques familles de moindre puissance, celle notamment des châtelains d'Ardres. Deux niveaux de noblesse, deux types de formation politique, un comté, une châtellenie, voici ce que je vous propose d'observer :

L'auteur de l'*Historia*, un clerc instruit qui utilisait une documentation fort abondante, a pu remonter de père en fils la lignée des comtes de Guînes jusqu'en 928; il situe là, un *auctor ghisnensis nobilitatis et genere*, un personnage qui paraît mythique et qu'il traite d'ailleurs en héros de roman courtois. Ce Sifridus, il le présente comme étant un aventurier viking. Il en fait d'une part, et ceci est important, le constructeur du château de Guînes, de la forteresse, qui devait devenir la tête du comté et l'assise matérielle, topographique de la lignée, de la maison comtale; il en fait d'autre part le séducteur d'une des filles du prince voisin, le comte de Flandre. Par cette union illicite, cet homme est devenu la racine de cet arbre de Jessé que constitue après lui la *genealogia ghisnensium*. Avec son fils bâtard, la puissance familiale reçoit sa légitimation, puisque le nouveau comte de Flandre, son oncle, l'adopte pour filleul, l'arme chevalier (encore un transfert mythique dans le passé des valeurs que possédait l'adoubement à la fin du XIIe siècle), érige sa terre en comté, et enfin le lui concède en fief. Telle est l'image que les comtes de Guînes se faisaient à la fin du XIIe siècle des origines de leur famille : pour eux la filiation lignagère commençait dans les années vingt du Xe siècle par l'union de l'ancêtre avec la fille d'un prince, qui lui-même descendait par les femmes des Carolingiens; l'origine du lignage coïncidait pour eux exactement avec l'institution d'une puissance autonome autour d'une forteresse, du titre et des pouvoirs qui lui étaient attachés, et qui devait former désormais le cœur du patrimoine familial; remarquons encore que c'est à propos du comte qui mourut en 1020 qu'est faite dans l'*Historia* la première allusion à une règle de succession par primogéniture. Si l'on considère maintenant, dans le même texte, l'autre lignée majeure qu'il décrit, celle des seigneurs d'Ardres, qui eux n'étaient point comtes mais simples châtelains, on voit que cette famille présente la même structure, lignagère et agnatique, mais – et c'est la différence essentielle à mon propos – ce lignage remonte beaucoup moins haut vers le passé : le plus lointain ancêtre cité vivait vers 1030. Ainsi, la mémoire d'une filiation lignagère atteignait le premier tiers du Xᵉ siècle dans une famille comtale, le premier tiers du XIᵉ seulement dans une famille châtelaine. Ces deux points chronologiques me paraissent dignes d'attention.

A seule fin de confrontation, j'abandonne la région de l'extrême nord-ouest du royaume de France pour le Sud-Ouest. Autre écrit généalogique composé un peu plus tôt que le premier, vers 1160, l'*Historia pontificum et comitum engolismensium*. Selon cet écrit, la mémoire de la filiation lignagère et agnatique dans la famille des comtes d'Angoulême remonte un peu moins haut que dans celle des comtes de Guînes. Mais elle part elle aussi d'un autre héros de légende, qui combattit les Normands armé d'une épée merveilleuse, Guillaume Taillefer, lequel mourut en 962. Ici le titre comtal, lié à celui de comte de Périgord, est resté un moment indivis entre cousins – et c'était le cas souvent dans les formations politiques de la Gaule du Sud. Mais cette indivision s'est rompue aux alentours de l'an mille. Dès lors, stricte filiation de père en fils. Vers 1020, le récit généalogique atteste à la fois l'institution d'une règle de primogéniture pour la succession dans la fonction comtale et, d'autre part, la formation de châtellenies satellites, attribuées aux fils cadets du comte privés par cette règle même de la part centrale de l'héritage.

Je pourrais évoquer aussi des exemples provençaux, le cas notamment des vicomtes de Marseille. Je me contenterai d'une seconde confrontation, en jetant un regard sur le Mâconnais. Ici, nous sommes dans la France de l'Est, c'est-à-dire dans une région où n'existe pas de littérature généalogique. On a conservé seule-

ment une liste des comtes introduite au début du
XIIe siècle dans le cartulaire de la cathédrale de Mâcon.
Mais les recherches que j'ai menées dans les chartes de
cette région m'ont montré que l'appropriation du titre
comtal par un lignage s'était produite également au
premier tiers du Xe siècle et que l'appropriation de
châtellenies indépendantes par des familles de structure agnatique datait également des années 980-1030.
Des recherches précises seraient encore très nécessaires; je crois pourtant pouvoir avancer que, dans l'ensemble du royaume de France la plupart des lignages
comtaux remontent jusque vers 920-950, et la plupart
des lignages de châtelains jusque vers les années qui
encadrent l'an mille.

J'en arrive, au terme de ces observations, à formuler
mes hypothèses de recherches. Dans le royaume de
France, l'enseignement concordant des chartes et de
ces documents très précieux que sont les écrits généalogiques composés au XIIe siècle laisse croire que les
structures de parenté aux niveaux moyens de l'aristocratie se sont transformées pendant le Xe et le début du
XIe siècle. Antérieurement pas de lignage, pas de
conscience proprement généalogique, pas de mémoire
cohérente des ancêtres; un homme de l'aristocratie
considérait sa famille comme un groupement, si je puis
dire, horizontal, étalé dans le présent, comme un
groupement aux limites indécises et mobiles, constitué
aussi bien de *propinqui* que de *consanguinei*, d'hommes et de femmes liés à lui aussi bien par le sang que
par le jeu des alliances matrimoniales. Ce qui comptait
pour lui, pour sa fortune, c'était moins ses ancêtres que
ses « proches », par lesquels il s'approchait du pouvoir,
c'est-à-dire du roi ou du duc, distributeur de charges,
de bienfaits et d'honneurs. Politiquement, il attendait
tout d'un prince : l'important, pour lui, c'étaient ses
relations et non son ascendance. Mais ensuite, l'individu au contraire se sent pris dans un groupe de
structure beaucoup plus stricte, axé sur la filiation
agnatique et d'orientation verticale; il se sent membre

d'un lignage, d'une race où de père en fils se transmet un héritage, membre d'une « maison » dont la direction se transmet à l'aîné des fils et dont on peut écrire l'histoire sous la forme d'un arbre enraciné dans la personne de l'ancêtre fondateur, origine de toute la puissance et de toute l'illustration de la race. L'individu est devenu lui-même un prince; il a pris une conscience d'héritier. Or, cette structure nouvelle – Karl Schmid l'a fait remarquer – reproduit en fait celle que présentait seule auparavant la famille du roi ou celle du duc, et elle s'est constituée autour d'un pouvoir devenu autonome, assujetti seulement aux devoirs incertains de la vassalité; cette nouvelle structure de parenté se forme donc au moment même où l'État se décompose, où le roi ou le duc relâchent leur prise sur l'aristocratie jusqu'ici tout entière englobée dans leur propre « maison ». Et c'est ici que les coïncidences chronologiques deviennent frappantes entre l'apparition des lignages et la décomposition progressive des structures étatiques. La nouvelle structure de parenté se dessine d'abord dans le royaume de France, entre 920 et 950, au niveau des familles comtales, lorsque les comtes prenant leur indépendance commencent à transmettre à leurs fils cet « honneur » désormais héréditaire, bientôt indivisible et pour cela transmis par primogéniture, que constituent leur titre, la forteresse où ce titre est assis et les pouvoirs qui sont attachés à la fois au titre et au château. Deux générations plus tard, la puissance comtale s'effrite elle-même; aux alentours de l'an mille, certains châteaux deviennent à leur tour le centre d'une principauté minuscule; une famille s'y installe, détachée de la maison comtale; libérée, elle s'érige en « maison » autonome et revêt aussitôt à son tour une structure agnatique. Naît alors un nouveau groupe de lignages, ceux des châtelains. Et, me fondant sur ma connaissance de la société mâconnaise et aussi sur une note généalogique que j'ai déjà exploitée ailleurs et qui est peut-être la seule qui ait été écrite au XIIe siècle à propos d'un lignage de simples chevaliers, un passage

des *Annales cameracences* qu'a étudié admirablement
Fernand Vercauteren –, je suis porté à croire aussi que,
deux générations plus tard encore, c'est-à-dire dans le
troisième quart du xie siècle, d'autres familles plus
modestes se dégagèrent à leur tour de la domination
du château ; autour d'un petit fief, d'une « maison »
dont elles prirent le nom, elles s'organisèrent elles-
mêmes en lignées, adoptèrent des règles successorales
et des coutumes familiales propres jusqu'ici aux rois et
aux ducs, puis aux châtelains ; elles constituèrent la
plus basse couche des lignages, ceux de la petite
noblesse chevaleresque.

Je n'en dirai pas plus, j'ai voulu simplement faire
remarquer, en prolongeant les observations des médiévistes allemands, une corrélation qui me paraît évidente et digne de recherches beaucoup plus approfondies entre l'évolution du droit familial dans la société
féodale et celle des structures de l'État. J'ai voulu
attirer l'attention sur un lien qui me paraît véritablement organique entre, d'une part, la dissolution du
pouvoir de commandement, l'appropriation des *rega-
lia*, l'évolution des institutions féodales et, d'autre part,
l'apparition de structures familiales nouvelles dans
l'aristocratie du royaume de France.

La France
de Philippe Auguste.
Les transformations sociales
en milieu aristocratique

Pour considérer « les transformations sociales en milieu aristocratique », je me tiendrai à l'intérieur de ce qui pour moi constitue véritablement la France de Philippe Auguste, j'entends la part du royaume où le souverain fut actif, où l'on s'intéressait à ses faits et gestes, c'est-à-dire, j'ai cru pouvoir l'établir en repérant ce que fut l'écho de la bataille de Bouvines, au nord du Poitou, du Berry, du Nivernais. Je ne m'aventurerai pas plus au Sud pour deux raisons. Parce que, d'une part, j'ai le sentiment que les relations de société y furent différemment agencées dans la noblesse. Parce que, d'autre part et surtout, la recherche en histoire médiévale, si féconde dans ces provinces méridionales à propos d'autres questions ou d'autres périodes, a peu progressé depuis dix ans dans le domaine qui m'est assigné. Alors que depuis dix ans, depuis l'édition de la thèse monumentale de Robert Fossier, d'importantes études ont été publiées qui éclairent dans le nord de la France les phénomènes dont je vous entretiens : étude des seigneurs de la famille de Nesle par W. M. Newman, recherches d'E. Bournazel sur la chevalerie d'Ile-de-France à l'orée du règne de Philippe, de Th. Evergates sur la société féodale dans le bailliage de Troyes, de M. Parisse sur la noblesse lorraine, d'Y. Sassier sur celle de l'Auxerrois [1]; une autre contribution non moins importante est encore inédite, l'étude des sires de Coucy par D. Barthélemy. Ces travaux – trois d'entre eux furent dirigés par Jean-François Lemarignier dont je salue avec émotion la mémoire – ont, entre autres résultats, permis de dater avec plus de rigueur l'évolution de la titulature par quoi, dans les chartes, était exprimée la qualité des membres de l'aristocratie; ils ont permis de mieux suivre le destin des fortunes, la ramification des liens de parenté, de mieux saisir les rapports entre les lignages dominants et la part dominante de l'Église.

Il faut dresser le bilan des recherches récentes, relancer les investigations. Les livres que j'ai cités ont retenu l'attention de tous les médiévistes. Résumer une fois de plus leur apport, après tant de recensions, me paraît inutile. Je préfère insister sur une problématique dont ces travaux ont justement rendu nécessaire le rajeunissement. J'énoncerai donc deux hypothèses de travail, de nature à donner une impulsion nouvelle à l'interprétation des documents. Je proposerai de mettre en rapport ce que l'on peut connaître de la situation et de la texture de la classe dominante avec deux mutations dont la région où je fixe mes observations fut le lieu sous le règne de Philippe Auguste. L'une, technique : la modification des pratiques militaires; l'autre, sociale : la modification des stratégies matrimoniales.

A propos de la première série de phénomènes, j'hésite à me risquer dans l'aire de compétence de Philippe Contamine. Je ferai part d'une simple impression – ce sont, je le répète, des hypothèses que je livre à la critique –, l'impression que, au temps de Philippe,

---

1. W. M. Newman, *Les Seigneurs de Nesle en Picardie*, XIIe-XIIIe siècle, Paris, 1971; E. Bournazel, *Le Gouvernement capétien au XIIe siècle*, 1100-1180, Paris, 1975; Th. Evergates, *Feudal Society of the bailliage of Troyes under the counts of Champagne, 1152-1284*, Baltimore, 1975; M. Parisse, *La Noblesse lorraine*, XIe-XIIe siècle, Lille, 1976; Y. Sassier, *Recherches sur le pouvoir comtal en Auxerrois du Xe au début du XIIe siècle*, Paris, 1980.

sont parvenus à leur terme et à leur plein effet, deux changements dont on perçoit l'amorce dans le second tiers du XIIe siècle. Deux changements conjoints, et dont les relations avec l'évolution de l'économie devraient être étudiées de près.

La diffusion dans l'aristocratie, entre 1130 et 1160 (je me fonde sur les conclusions présentées à Barcelone par V. Cirlot [1], laquelle a minutieusement confronté les témoignages de l'iconographie catalane à ceux des textes), d'une nouvelle manière de combattre qui conférait une fonction désormais décisive au cheval, et qui déterminait aussi la brusque élévation du coût de l'équipement chevaleresque.

La brusque multiplication, passé le milieu du siècle, des bandes de combattants professionnels, de basse naissance, travaillant pour de l'argent, munis d'outils particuliers réputés indignes du chevalier, mais sachant leur métier et d'une telle efficacité que les princes n'hésitaient pas à employer le plus largement qu'ils pouvaient cet instrument, bien qu'il coutât horriblement cher et bien qu'il les déshonorât (voyez le soin que prit Rigord de masquer l'usage que le roi Philippe avait fait lui-même des routiers).

Il faudrait observer attentivement de quelles conséquences furent sur les structures, la délimitation, les attitudes, la conscience d'elle-même de l'aristocratie de la France du Nord, ces deux modifications (auxquelles dans mon esprit s'adjoint une troisième, je parle du perfectionnement des techniques de fortification). L'affirmation du contraste, au sein du système de valeurs, entre une manière noble et une manière ignoble d'affronter l'adversaire n'intervint-elle pas de façon déterminante pour cerner les contours du groupe aristocratique, pour renforcer sa cohésion, justement autour des valeurs de chevalerie? L'intervention ne fut-elle pas aussi décisive du défi porté aux chevaliers par des guerriers qui ne l'étaient pas, et se montraient

1. V. Cirlot, *El armamento catalán de los siglos XI al XIV*, thèse inédite soutenue à l'Université autonome de Barcelone, en 1980.

pourtant fort capables de les vaincre et de les tuer ?
Menace physique, menace sociale également, plus
sourde celle-ci, mais plus grave : le danger entr'aperçu
d'une promotion d'aventuriers, choyés par les princes ;
cet autre péril qui se lève alors : une rebellion contre
les exactions seigneuriales qui paraissent insupporta-
bles dans la mesure même où le monopole militaire –
la fonction de paix qui les justifiait – se trouve mis en
cause. L'analyse des intentions prêtées par les chroniqueurs aux insurgés dont la vague envahit l'Auxerrois
dans le prolongement du mouvement des Capuchon-
nés pourrait être de ce point de vue fort éclairante.
Menacée, l'aristocratie serre les rangs ; elle supporte
moins impatiemment, dans la dépendance financière
où l'établit le renchérissement des instruments de la
guerre, le poids du pouvoir des princes qui garantit le
maintien de ses privilèges. Sous cette tutelle, la valorisation communément admise des rites de l'adoubement, du titre que cette cérémonie confère, des devoirs
qu'elle impose, atténue rapidement la différence entre
proceres et *milites* à l'intérieur d'un *ordo* que l'idéologie du pouvoir a l'habileté de hausser au premier rang.
Entre l'épée, la lance, le heaume et tous les systèmes
classificatoires, tous les symboles de supériorité sociale
arborés dans l'héraldique, dans le vocabulaire des
chartes, qui se révèlent à l'organisation des cortèges, à
celle de l'espace des églises et des nécropoles, une
dialectique s'établit dont il me semble important de
repérer et de dater soigneusement les indices. Premier
projet de recherche.

Dans le second, la problématique se trouve, pour
ainsi dire, retournée. Je partais tout à l'heure d'une
mutation technologique pour atteindre ses répercussions sur l'évolution de la société aristocratique. Je pars
maintenant, invitant à la situer avec exactitude parmi
ce qui se transforme dans le milieu environnant, d'une
modification de comportement que je constate parmi

les lignages dominants de la France du Nord sous le règne de Philippe Auguste : le relâchement d'une longue réticence à marier trop de garçons. Jusqu'alors, jusqu'au dernier quart du XIIe siècle, il m'apparaît que le souci de maintenir le rang des familles de bonne naissance, en évitant l'amoindrissement de leur patrimoine, imposait aux chefs de maison de ne donner femme légitime qu'à l'aîné des fils. La règle bien sûr n'était pas implacable. Les exemples ne manquent pas de cadets mariés. Mais – la bonne étude par C. Bouchard de la généalogie des sires de Seignelay en procure l'exemple convaincant [1] – les noces des puînés résultaient généralement de circonstances heureuses : la générosité d'un patron manifestant sa largesse envers les jeunes gens de sa mesnie vassalique qui lui réclamaient des épouses, la disparition accidentelle de l'aîné obligeant le second fils à procréer lui-même des descendants légitimes qui relaieraient éventuellement ses neveux orphelins menacés par la mortalité juvénile et par les risques de l'apprentissage militaire, plus souvent l'occasion surgissant de s'installer comme gendre dans une autre maison par mariage avec une fille dépourvue de frère, donc héritière. Encore, dans ces cas-là, s'efforçait-on de freiner la ramification de la descendance et le fractionnement de l'héritage en casant les garçons nés de ces unions latérales dans des postes ecclésiastiques ou en les lançant dans l'aventure lointaine, bref : en poussant les branches adventices à s'atrophier rapidement. Si bien que, dans le cours du XIIe siècle, le nombre des maisons nobles ne semble pas s'être notablement modifié dans ces provinces. S'il le fut, ce fut dans le sens non pas d'un déploiement, mais d'une contraction, déterminant la concentration des fortunes. Or je remarque le renversement de la tendance dans les deux décennies qui précèdent 1200. La recherche à laquelle j'invite consisterait d'abord, en poursuivant la reconstitution des généalogies, à

---

1. C. Bouchard, « The Structure of a Twelth Century French Family, the Lords of Seignelay », dans *Viator*, X, 1979.

étayer ma proposition. Toutefois, je sens celle-ci déjà
assez fermement assise. Je vois se résorber dans l'aristocratie du nord de la France la « jeunesse », ce groupe
d'adultes contraints au célibat, dont j'ai dit quel rôle il
a joué dans l'évolution de la culture chevaleresque. Les
« bacheliers » se raréfient. Demeurer sans épouse était
naguère un état durable que partageait la majorité des
mâles de ce milieu social; cela n'est plus désormais,
pour la plupart, qu'une étape, un âge de la vie; le sort
commun, lorsqu'on n'appartient pas à l'Église, est de
s'établir, de fonder sa propre maison, de ne plus
procréer seulement des bâtards, mais aussi des fils
légitimes. Le reflet de cette modification profonde
m'apparaît dans la manière dont se ploie à ce moment
même la thématique de la littérature chevaleresque.

S'il se vérifie que le changement du comportement
matrimonial est tel que je suppose, il faut bien lui
reconnaître de l'importance. Et d'abord, lui chercher
une explication. En ce point, je ne puis que poser des
questions. Me demandant si cette rupture des anciennes contraintes ne fut pas facilitée principalement par
une double inflexion. L'une affectant la coutume féodale : ce fut la diffusion de la pratique du parage : des
maisons satellites se créaient autour de la maison
mère; elles lui restaient cependant soumises, puisque
le fils aîné, successeur du père dans la demeure
ancestrale, gardant en sa main la portion du patrimoine où la mémoire lignagère enfonçait ses racines,
recevait l'hommage de ses frères mariés, puisque
ceux-ci tenaient de lui en fief les biens hérités de leur
mère ou d'acquisition récente qui leur avait été concé-
dés pour y installer leur ménage. L'autre inflexion
touchant à l'économie. Il s'agit d'une décrispation. La
fortune aristocratique, dans ces années-ci, semble
d'abord s'être régulièrement accrue par les perfectionnements de la fiscalité, la bonification des terres, la
multiplication des ménages exploitables, par un développement général qui haussa les profits que les
maîtres du sol et du pouvoir tiraient de leurs prérogatives. Cette fortune semble surtout avoir pris de la

fluidité. La part qu'y tenait l'argent se dilata. Plus de souplesse résulta de la pénétration de l'instrument monétaire, tandis que se gonflait sans cesse la masse de biens redistribués parmi leurs pairs ou leurs chevaliers par les maîtres des États dont se renforçait la capacité de munificence.

Quant aux effets des nouvelles pratiques, je les juge immenses. Moins de turbulence d'abord, par l'assagissement de tant de *juvenes*, devenus *seniores*, enracinés, forcés désormais de réprimer leur fougue. Un peu de la paix que l'on voit envahir progressivement le xiiie siècle ne prend-il pas son origine dans la mutation que j'évoque ? Parcellisation d'autre part, que l'on aperçoit se propageant, des pouvoirs de commandement et d'exploitation, lesquels tendent à s'exercer, lieu par lieu, d'ordinaire dans le cadre paroissial. Miniaturisation concomitante de la demeure seigneuriale, dissémination des « maisons fortes », répliques symboliques et rapetissées des vieux *castra*. Enfin, prolifération de la noblesse. Je tiens cet accroissement de la population aristocratique, dont je commence à apercevoir les signes dans les dernières années du xiie siècle, pour un phénomène de toute première importance. Il faudrait tenter de mesurer cette croissance, la comparer à celle que l'on devine dans les autres espaces sociaux, dans l'Église, la paysannerie, le peuple urbain. L'essentiel étant de confronter cette exubérance nouvelle de naissances aux innovations dont j'ai dit un mot tout à l'heure : à l'élévation du prix du harnais militaire, à la multiplication des fils de chevaliers tardant à se faire adouber eux-mêmes, à l'apparition de titres et de symboles héraldiques garantissant leur supériorité native, à l'homogénéisation progressive de la noblesse par l'adoption d'un même système de valeurs et de représentations.

Les deux hypothèses de travail que je mets en discussion se rejoignent en effet. Elles peuvent être réunies dans cette question finale : comment résoudre la contradiction apparente entre les deux attitudes ? Entre la réaction de défense, le repli de l'aristocratie sur la qualité de son sang et sur le système éthique qu'elle érigeait face aux menaces de déstabilisation résultant des façons nouvelles de mener la guerre, et l'abandon simultané d'une stricte discipline matrimoniale, le moindre souci de contrôler par ce moyen les naissances, cette insouciance, une décontraction dont on comprend mal qu'elle n'ait eu pour corollaire un sentiment d'aisance, mais dont les conséquences rapides furent, en élargissant cette strate sociale, de la rendre plus poreuse, moins strictement fermée à la montée des parvenus, et finalement de l'affaiblir pour le plus grand avantage de l'autorité royale.

CULTURES,
VALEURS ET SOCIÉTÉ

Problèmes et méthodes
en histoire culturelle

En France, l'histoire de la culture appartient encore au secteur de sous-développement de la recherche scientifique. Mais c'est aussi le champ des entreprises de pointe où sont posées les interrogations les plus aventureuses. Si l'on s'interroge sur les obstacles qui ont freiné et qui freinent encore le progrès dans ces matières, on peut en distinguer deux principaux :

Le premier est le cloisonnement excessif, inébranlable des disciplines. Dans les universités, au CNRS, partout, il y a les historiens d'un côté, et de l'autre les historiens de l'art, les historiens des littératures, de la philosophie, des sciences, et parfois de petites chambres plus closes encore : l'histoire de la médecine ou l'histoire de la musique. Parce que depuis un siècle la France est un pays laïcisé et scolarisé, les historiens ont pu conquérir deux provinces : celle de l'histoire religieuse et celle de l'histoire de l'éducation, mais c'est tout. L'absence de communications, cette timidité de notre part à transgresser des limites sont attristantes. Est-ce un phénomène français ? Je ne crois pas. Lorsque j'ai reçu le programme de ce colloque, une chose m'a frappé : du côté hongrois comme du côté français, lorsqu'il était question de culture, il s'agissait de culture écrite. Et je n'ai pas remarqué, dans le programme que nous nous sommes fixé, d'attention portée à d'autres formes d'expression. Où est-il question des images, peintes, imprimées, filmées? Où est-il question de la musique?

Le second obstacle est l'insuffisance de nos outils d'analyse. L'histoire culturelle, tard venue, est encore comme à la remorque de l'histoire qui depuis cinquante ans triomphe : l'histoire économique. Elle en est donc à se dégager des méthodes de l'histoire économique, à en forger d'autres qui lui conviendraient mieux, ainsi que les systèmes conceptuels, les schémas théoriques susceptibles d'orienter l'investigation dans ces domaines. Ceux de l'histoire économique ont montré en effet leur insuffisance en ce qui concerne les phénomènes culturels. Il est au moins nécessaire de les ajuster, de les rectifier.

C'est en ce point que je me placerai pour livrer quelques réflexions que je classerai en deux parties considérant successivement la production culturelle, puis la consommation ou la distribution des objets culturels.

L'histoire culturelle se propose d'observer dans le passé, parmi les mouvements d'ensemble d'une civilisation, les mécanismes de production d'objets culturels. Qu'il s'agisse de la grosse production vulgaire, ou de la production fine, jusqu'à cette pointe qu'est le « chef-d'œuvre », avec tous les problèmes qu'il pose. L'historien de la culture doit, bien évidemment, considérer l'ensemble de la production et s'interroger sur les relations qui peuvent exister entre les événements qui se produisent au sommet de l'édifice, c'est-à-dire au niveau du « chef-d'œuvre », et cette base assez inerte de la production courante qu'ils surplombent et sur laquelle ils retentissent. Ce qui fait que les disciplines séparées, l'histoire de l'art, des littératures, de la philosophie et même des sciences sont décevantes dans la mesure même où elles demeurent braquées sur l'exceptionnel.

L'un des problèmes de l'histoire culturelle, et l'une des pierres d'achoppement dans l'édification des systèmes conceptuels adéquats, tient à l'élucidation des rapports entre ce mouvement créateur qui entraîne l'évolution d'une culture et les structures profondes.

Avec les structures économiques ces rapports sont évidents. Si l'historien s'interroge sur les rythmes de production culturelle à certaines époques, par exemple à propos de la « Renaissance » du xiie siècle, il lui faut bien mettre en cause les grands élans qui précipitent à ce moment même l'activité économique : entre la productivité accrue du travail paysan en Ile-de-France et la productivité accrue du travail des maîtres dans l'« école » de Laon vers 1110 il existe incontestablement une relation fondamentale. Et choisissant récemment d'étudier un événement européen, la diffusion de l'art cistercien, je n'ai pas manqué d'insister sur le rôle joué par l'organisation de l'exploitation rurale dans les domaines de l'ordre de Cîteaux, par la place que tenait l'argent à la fois dans la gestion de ces domaines et dans la rétribution des équipes de constructeurs. Mais j'ai bien dû dire aussi que cet événement n'était pas réductible à ce type de détermination, qu'intervenaient d'autres facteurs, que le monument cistercien ne signi-fiait pas seulement la réussite d'un système particulier de production économique, qu'il signifiait aussi, et sans doute d'abord, deux choses : la reprise d'une tradition formelle ; la visualisation d'une morale et d'une conception du monde. Je m'explique un peu sur ces deux points.

Parmi les facteurs de la production culturelle (mis à part ce qui en constitue la matière première) se place un héritage, un capital de formes dans lequel chaque génération puise. C'est le principal intérêt de l'histoire littéraire, de l'histoire des arts et de la philosophie que d'inventorier ces formes, de montrer comment cette réserve s'appauvrit ou se gonfle, comment elle se transforme, de préciser la généalogie des enveloppes formelles, d'éclairer le jeu du goût, de la mode, les phénomènes de rejet, de transfert et d'occultation. Voyons cela comme une sorte de magasin où se trouvent des rayons oubliés, où d'autres sont pleins, d'autres vides. Cet ensemble a son histoire relativement autonome : il existe, bien évidemment, une histoire des formes. Dans le mouvement de cette histoire, gardons-nous de porter trop d'attention aux innovations, n'oublions pas l'énorme masse de rémanences. Je prends l'exemple de Cîteaux : parce que l'intention cistercienne est de revenir à la lettre de la Règle de saint Benoît, parce que la fonction du bâtiment cistercien est la même que celle des édifices monastiques précédents, parce que les cisterciens professent la vertu d'humilité et inclinent au conservatisme, ils reprennent des formes traditionnelles. Mais parce que leur volonté est d'ascétisme, ils les décapent, et parce que, inconsciemment, ils adhèrent à cet optimisme que développe le grand progrès du XIIe siècle, ils s'emparent des derniers perfectionnements techniques, telle la croisée d'ogives, pour les insérer dans les formes traditionnelles sans modifier celles-ci. Il faut compter avec cette présence d'un legs de formes possibles, à commencer par les formes du langage. Un héritage qui n'est pas immobile, mais mouvant, changeant dans la durée; dont les changements cependant n'ont que des rapports très lâches avec l'histoire de l'économie, se trouvent au contraire étroitement liés à la vie propre des ateliers, à tous les processus d'apprentissage, donc au système d'éducation dans son ensemble : c'est là que l'héritage est transmis d'une génération à l'autre et qu'il est à tout instant trié. S'il y a eu « Renaissance » du XIIe siècle, c'est que l'école s'est trouvée vivifiée à ce moment, et notamment par les dons des patrons laïques qui décidaient de fonder plutôt des collégiales que des monastères, et notamment aussi par la mobilité plus grande des maîtres et des auditeurs que permettait l'intensification de toutes les circulations. Mais c'est aussi qu'une exploration systématique du patrimoine fut entreprise, que l'on retrouva des sources qui s'étaient perdues dans les sables, notamment les formes de l'Antiquité païenne, qui ne paraissaient plus aussi dangereuses.

J'en arrive ainsi au second type de facteurs que je dirai idéologiques. Je n'insisterai pas sur le rôle déterminant tenu dans toute société par l'imaginaire, par les systèmes de valeurs, et par toutes les images qui servent à expliquer le monde. Je rappellerai seulement que ces objets, ces immenses objets enveloppants que sont les idéologies, ont aussi leur histoire, et que cette histoire se relie au mouvement des structures matérielles. Et non seulement parce qu'elle le répercute, mais parce qu'un processus de surdétermination la fait retentir profondément sur l'infrastructure. Je prends pour exemple l'action des représentations idéologiques qui gouvernent, imparfaitement, les pratiques sexuelles sur l'évolution démographique. Cette action explique, pour un passé proche, bon nombre des flexions de la courbe; pour un passé lointain, tel celui dont je m'occupe, l'idéologie chrétienne du mariage ne fut évidemment pas sans influence sur la croissance démographique du Moyen Age central.

L'histoire des idéologies est également de toute évidence en relation avec celle du pouvoir. L'idéologie est une arme, dont le pouvoir entend se servir. Or, il tient la main sur les ateliers principaux de la production culturelle. Ainsi s'établit une union indissociable entre l'histoire de cette production et celle de l'idéologie. D'où la nécessité d'entreprendre l'étude de ces organismes difficiles à appréhender, l'étude *des* idéologies coexistantes et concurrentes. En effet la relation des phénomènes idéologiques avec les structures de profondeur s'exprime en particulier dans le fait que les affrontements dont la société est le lieu se traduisent par un combat permanent entre plusieurs systèmes idéologiques affrontés.

Dans toute société quelque peu évoluée, il n'y a donc pas une culture mais des cultures. Cette constatation me conduit à la seconde série de mes remarques, relatives celles-ci à la distribution des objets culturels. Je citerai Gramsci (*Marxismo e letteratura*) : « Le peuple n'est pas une collectivité homogène de culture, mais présente des stratifications culturelles nombreuses et diversement combinées. » Le « peuple » − mais ceci est vrai également de cette part de la société qui domine le peuple. Stratifications, combinaisons diverses – j'ajouterai : avec sans cesse des glissements, des passages, des interférences. Cette complexité de l'espace culturel a fait en France de la part des historiens l'objet d'études fructueuses. Ils sont partis du concept de « niveau de culture », lequel rejoint l'idée gramscienne de stratification. Métaphore géologique dont l'avantage est de s'accorder à l'image d'une société elle aussi stratifiée, la tentation étant d'établir des corrélations entre les deux échelles stratigraphiques. Cette tentation ne s'explique pas seulement par l'influence des modèles marxistes d'analyse sur les historiens français, mais parce que, de fait, je l'ai dit, il existe une lutte idéologique qui n'est pas sans rapports avec la « lutte des classes ». Ce concept cependant a l'inconvénient de ne pas s'appliquer exactement à ce que l'on entrevoit de la réalité. La topographie culturelle montre évidemment des couches, mais aussi des nodosités, des nappes de charriage, des fractures, des failles, et quantité de zones instables, donc des structures qui sont au moins autant verticales qu'horizontales. Je me demande donc s'il ne serait pas opératoire de tenter de mettre en pratique plutôt le concept de « formation culturelle ». A condition de référer ce mot à celui de formation sociale, sur laquelle on s'est longuement expliqué. La notion de formation (elle aussi empruntée aux géologues) me paraît mieux rendre compte de la complication des structures culturelles, de la permanence de formes résiduelles, de toutes les résurgences et de la mobilité incessante des phénomènes d'acculturation. D'autre part, elle ne masque pas ce fait, à mes yeux fondamental, que les clivages entre cultures affrontées ou combinées ne passent pas, en réalité, à travers le corps social, mais bien à travers les attitudes et les comportements de chaque individu.

C'est le moment pour moi de parler de ce qui m'apparaît le principal apport de l'école historique française à l'histoire culturelle : tenter, la main tendue aux ethnologues, de s'enfoncer dans les profondeurs de la société pour reconnaître autre chose que le sommet de l'édifice, pour atteindre une culture généralement éclipsée par la dominante, la culture populaire. Épousant ce mouvement récent et très puissant qui tourne enfin l'attention des Français vers leurs origines paysannes, vers les civilisations traditionnelles, les historiens ont engagé une vaste enquête à partir de l'idée d'une opposition entre culture(s) savante(s) et culture populaire. Ils posent donc le problème en termes de conflit, d'une lutte véritable entre ceux qui détiennent ce pouvoir exorbitant, le savoir enfermé dans les livres, dans les bibliothèques et dans les musées, et d'autre part, les pauvres. Poser de cette manière le problème, c'est aborder aisément certains phénomènes : le combat mené par exemple par l'Église médiévale pour détruire tout un système de croyances et de rites; ou bien cet autre combat mené depuis le XVIIIᵉ siècle pour l'alphabétisation, involontairement conjoint au combat soutenu par l'idéologie égalitaire, et qui représente la phase ultime de la vulgarisation, de la socialisation de la culture savante (entendons bien, de la culture écrite, celle de l'a, b, c, celle du livre, ce qui conduisit en France à réduire l'étendue des fonctions de l'école, et finalement à la sclérose de l'éducation artistique, celle du regard et de l'oreille). Car dans le moment même où, dans le XIXᵉ siècle, on entendit par la conscription, faire de tous les citoyens des héros, on voulut faire aussi d'eux tous, par l'école obligatoire, des clercs. J'attire ici l'attention sur la puissance de deux très anciens modèles culturels, de la vieille typologie établie dès le XIIᵉ siècle au sein de la culture dominante séparant la culture des clercs de celle des chevaliers. Car cette permanence interne tout au long de l'histoire de la haute culture nous fait aussitôt vérifier que le jeu, en vérité, ne s'est pas joué à deux mais à trois, et que la culture populaire ne fut pas engagée dans un duel, mais dans un combat beaucoup plus complexe.

Si culture « populaire » il y a. C'est le mot en effet qui me gêne – en raison même de ce que j'ai dit à propos de la notion de formation culturelle, de tous ces entrecroisements, ces interférences. J'aurais tendance à penser que s'en tenir à la conception d'un affrontement de deux classes, c'est en vérité resserrer abusivement le champ d'observation et risquer d'appauvrir les résultats de celle-ci. En effet, dans notre culture, dans la culture de chacun d'entre nous, si savants que nous soyons, n'existe-t-il pas beaucoup plus que des résidus ou des nostalgies du « populaire » ? Peut-on penser qu'il y a créativité culturelle du « peuple » ? Et qu'est-ce que le « peuple » ? Si, dans son sein, il existe vraiment des foyers créateurs, où sont-ils ? Mille questions.

L'histoire des systèmes de valeurs

L'histoire globale d'une civilisation résulte de changements qui se produisent à différents étages, au niveau de l'écologie, de la démographie, des techniques de production et des mécanismes d'échange, au niveau de la répartition des pouvoirs et de la situation des organes de décision, au niveau enfin des attitudes mentales, des comportements collectifs, et de la vision du monde qui gouverne ces attitudes et régit ces comportements. Des corrélations étroites unissent ces divers mouvements, mais chacun d'eux se poursuit, de manière relativement autonome : selon des rythmes particuliers. On peut observer, à certains niveaux, à celui notamment des relations politiques, des modifications parfois très rapides. Mon expérience personnelle m'incite à penser que l'histoire des systèmes de valeurs ignore les mutations brusques.

Certes il arrive que cette histoire soit perturbée par des phénomènes d'acculturation. Une culture peut, à un certain moment de son évolution, se trouver dominée, envahie, pénétrée par une culture extérieure, soit par l'effet de traumatismes d'origine politique, tels que l'invasion ou la colonisation, soit par l'action d'infiltrations insidieuses, par l'incidence de mécanismes de fascination ou de conversion, eux-mêmes consécutifs à l'inégale vigueur, à l'inégal développement, à l'inégale séduction de civilisations affrontées. Mais même en ce cas, les modifications paraissent toujours lentes et partielles. Les cultures, si frustes soient-elles, se montrent rétives à l'agression et opposent généralement à l'irruption d'éléments allogènes des résistances durablement efficaces.

Frappante, par exemple, est la lenteur de la pénétration du christianisme (qui n'est qu'un élément parmi d'autres empruntés à la culture romaine) dans les peuplades que les grandes migrations du haut Moyen Age avaient mises en contact plus étroit avec une civilisation moins rudimentaire. L'archéologie révèle que les symboles chrétiens ne se sont insinués que très progressivement parmi les sépultures des cimetières germaniques, et les croyances païennes, sous le vêtement superficiel de rites, de gestes, et de formules imposés de force à l'ensemble de la tribu par les chefs convertis, survécurent très longtemps. Les prélats du xie siècle s'acharnaient encore à les extirper; elles ne l'étaient pas tout à fait à l'extrême fin du Moyen Age, même dans des provinces de la chrétienté les plus fermement encadrées par l'Église; encore celle-ci avait-elle dû consentir à faire place à nombre d'entre elles, les plus tenaces et sans doute les plus essentielles, telle la croyance en une mystérieuse survie des âmes défuntes entre le moment des funérailles et celui de la résurrection des morts. De même, lorsque l'expansion militaire de la chrétienté occidentale fit découvrir, dans les dernières années du xie siècle, à Tolède, en Campanie, à Palerme, par les hommes d'études qui accompagnaient les guerriers, la bouleversante richesse des savoirs juif et gréco-arabe, ces intellectuels se précipitèrent pour tirer parti de ces trésors. Mais le système de valeurs dont ils étaient porteurs les retint pendant de longues décennies d'y puiser autre chose que des techniques, appliquées soit à l'art de raisonner, soit à la mesure des choses, soit aux soins du corps. Sans doute des dispositions répressives émanant du pouvoir ecclésiastique entrèrent-elles très vite en jeu pour les empêcher de s'approprier aussi le contenu philosophique et moral des œuvres traduites. Mais ces interdits furent toujours contournés; l'Église totalitaire du XIIIᵉ siècle ne parvint à empêcher, dans aucun des grands foyers de recherches, la lecture et le commentaire du Nouvel Aristote. Et pourtant la puissance corrosive de ce corps doctrinal n'était pas parvenue, deux siècles plus tard, à ouvrir dans la cohérence de la pensée chrétienne des brèches de quelque conséquence.

Les mouvements qui font se transformer les systèmes de valeurs manifestent une lenteur plus grande encore, lorsqu'ils demeurent à l'abri de pressions extérieures. Les tendances à la croissance ou à la régression de l'activité économique (le médiéviste a l'avantage de pouvoir observer en effet, en ce domaine, des mécanismes de stagnation prolongée et de recul), elles-mêmes étroitement reliées au tracé de la courbe démographique et à la modification des techniques, déterminent bien sûr des changements dans l'agencement des rapports de production et dans la distribution des richesses aux différents degrés de l'édifice social. Mais ces changements apparaissent eux-mêmes plus étalés dans le temps que les transformations économiques qui les provoquent, et l'on découvre que ces retards et ces ralentissements sont en partie déterminés par la pesanteur des ensembles idéologiques. Ils se produisent en effet à l'intérieur d'un cadre culturel qui se plie à les accueillir, mais qui se montre moins prompt encore à se modifier et qui s'infléchit avec une plus grande souplesse. Ce cadre est en effet construit sur une armature de traditions, celles qui, de génération en génération, sont transmises, sous de multiples formes, par les divers systèmes d'éducation, celles dont le langage, les rites, les convenances sociales constituent le soutien solide.

A vrai dire, les obstacles aux innovations se révèlent de vigueur très variable parmi les différents milieux culturels, qui se juxtaposent et s'interpénètrent au sein de toute société. Cependant, dans la plupart de ces milieux, les inclinations de loin les plus puissantes sont à la conservation. L'esprit conservateur apparaît d'une particulière vivacité dans les sociétés paysannes, dont la survie a longtemps dépendu de l'équilibre extrêmement fragile d'un ensemble cohérent de pratiques agraires, patiemment expérimentécs et qu'il semblait téméraire de déranger, ce qui impliquait de se montrer rigoureusement respectueux de toute coutume, et d'une sagesse dont les anciens apparaissaient comme les plus sûrs dépositaires. Mais cet esprit n'est sans doute pas moins vif dans toutes les élites sociales, apparemment ouvertes aux séductions des idées, des esthétiques et des modes nouvelles, mais qui sont en vérité inconsciemment tenaillées par la peur de changements moins superficiels qui risqueraient de mettre en question l'autorité qu'elles détiennent. Il est plus vigoureux peut-être que partout ailleurs au sein des clergés de toutes sortes, attachés au maintien des visions du monde et des préceptes moraux sur lesquels se fondent l'influence qu'ils exercent et les privilèges dont ils jouissent. De telles résistances sont d'autre part naturellement renforcées par la tendance qui conduit très généralement les modèles culturels, construits en fonction des intérêts et des goûts des strates dominantes, à se vulgariser progressivement et, en vertu de la fascination qu'ils suscitent, à se diffuser de degré en degré vers les soubassements de l'édifice social; l'effet de semblables glissements est de prolonger très longtemps la vitalité de certaines représentations mentales et des comportements qu'elles gouvernent, et de maintenir en contrebas d'une modernité de surface où les élites trouvent leur satisfaction, une solide assise de traditions sur quoi peuvent trouver appui les aspirations au conservatisme.

Il faut cependant reconnaître que ces aspirations se trouvent en fait contrariées dans les moments où l'évolution plus rapide des structures matérielles rend plus poreuses les barrières internes et externes et favorise les communications et les osmoses, soit par le relâchement des solidarités familiales, soit par l'ouverture à d'autres cultures, soit par l'ébranlement des hiérarchies. De conséquences plus directes apparaissent les changements qui affectent les structures politiques, dans la mesure où l'établissement d'une nouvelle distribution des pouvoirs peut se traduire par l'intention délibérée de modifier les systèmes d'éducation. C'est à ce niveau que la brusquerie de l'événement, guerre, révolution, mutation institutionnelle, peut se révéler quelque peu pertubatrice. Il importe, de toutes manières, de déceler au sein de la société quels sont les groupes d'individus qui, par leur position professionnelle ou politique, par leur appartenance à telle classe d'âge se trouvent plus dégagés de l'emprise des traditions et plus portés à les combattre; il importe également de mesurer la puissance dont disposent effectivement ces agents d'innovation. Mais quelle que soit leur importance et leur capacité subversive, le système culturel oppose à leur action une architecture très ferme. En ses points d'articulation, des fêlures s'établissent, elles s'élargissent peu à peu et finissent par disjoindre le corps, mais par l'effet de dissolution qui, presque toujours, s'avèrent insidieuses. En dépit des illusions que peut entretenir l'apparent tumulte des agitations superficielles, c'est toujours à très long terme que leurs résonances aboutissent à des effondrements, lesquels ne sont jamais que partiels et laissent toujours subsister d'irréductibles vestiges.

Pour soutenir par un exemple ces considérations générales, je propose d'observer un milieu, que l'on peut croire l'un des plus accueillants aux nouveautés, celui des hommes d'études qui se groupèrent à Paris pendant le Moyen Age central. Leur lieu de rencontre : l'un des principaux carrefours du monde; une agglomération urbaine en croissance continue, et dont la population se trouvait plus que toute autre brassée par les courants de l'économie et, au cœur du plus grand État d'Occident, par les va-et-vient de l'action politique; le point de concentration enfin de tous ceux qui, d'un bout à l'autre de la chrétienté latine, se trouvaient pris par le plus ardent appétit de connaissance. Leur métier, enseigner, qui, par toute une part de lui-même

est certes engoncé dans les routines, et qui l'était alors
d'autant plus que cet enseignement était professionnel
et visait à former les membres éminents d'un clergé,
mais qui cependant, par nature, établit celui qui le
pratique face à des êtres plus jeunes et dont les
exigences l'excitent à aller de l'avant (ce qu'exprime
très clairement l'un de ces maîtres, Abélard : « Mes
étudiants réclamaient des raisons humaines et philoso-
phiques ; il leur fallait des explications intelligibles plus
que des affirmations »). La pratique enfin de ce métier :
des méthodes de travail fondées sur le dialogue, la
dispute, la discussion libre, sur un esprit de compétition comparable à celui qui, dans les tournois de
l'époque, animait les chevaliers et qui conviait aux
mêmes audaces, fondées par conséquent sur la contestation des idées reçues. Tentons (autant que faire se
peut : l'avantage de l'observation historique est de
pouvoir se développer sur de longues périodes, mais
elle se trouve, en revanche, limitée sur les lacunes de
l'information qui, pour les époques anciennes, laisse
sans réponse un grand nombre d'interrogations) de
reconstituer le système de valeurs tel qu'il était reçu,
d'une part, vers 1125, par les contemporains d'Abélard, d'autre part, vers 1275, par les contemporains de
Jean de Meun.

Cent cinquante ans de distance, cent cinquante
années remplies d'une animation prodigieuse. Une
phase de décontraction, comparable, par son intensité
et par ses répercussions, à celle que nous vivons et, à
mes yeux, tout aussi bouleversante. Des transformations radicales au niveau des infrastructures : au temps
d'Abélard, les villes émergent à peine de l'environnement rural ; la circulation monétaire s'est récemment
ranimée, mais la seule richesse est encore la terre ; le
seul travail est celui des champs, quelle que soit déjà
l'importance de la production artisanale, stimulée par
la propension au luxe ostentatoire d'une aristocratie
que la croissance agricole rend depuis un siècle moins
démunie ; pour tous les hommes, une existence entièrement dominée par les rythmes et les pressions du

milieu naturel. Au temps où Jean de Meun entreprend de composer la seconde partie du *Roman de la Rose*, une population sans doute trois fois plus nombreuse; des campagnes qui se sont définitivement aménagées mais qui se trouvent désormais, économiquement et politiquement, subjuguées par les cités; à l'intérieur de ces dernières, des genres de vie qui se délivrent des tyrannies de la nature, qui échappent à l'oppression de la faim, du froid et de la nuit; l'argent, qui est devenu le principal instrument du pouvoir, le ressort des promotions sociales, et dont le maniement enrichit sans mesure, dans la rue des Lombards toute proche des écoles, des hommes d'affaires venus d'Italie. Les changements ne sont pas moins profonds au plan des relations politiques. Au début du XIIᵉ siècle, celles-ci se trouvent totalement ordonnées dans le cadre de la seigneurie, ce qui signifie pour la masse des travailleurs un complet assujettissement aux maîtres des châteaux et aux chefs de village, pour les plus riches, la spécialisation militaire, les profits des expéditions de rapine, le refus de toutes les contraintes, sinon de celles qui découlent de l'hommage, de la concession féodale et de la soumission aux anciens du lignage. Cent cinquante ans plus tard, un État véritable, établi sur une armature administrative assez perfectionnée pour que puisse renaître une notion abstraite de l'autorité et pour que la personnalité du souverain s'efface derrière celle de ses serviteurs; l'assoupissement des discordes, qui a fait se ritualiser l'art de la guerre et confère aux combats l'allure de rencontres sportives; des règles juridiques qui se fixent par l'écriture et que manient des professionnels de la procédure; l'habitude des palabres; un sens de la liberté qui se renforce au sein des associations d'égaux, de tous les groupements d'intérêts mutuels qui se nouent aux divers niveaux de la société et qui sont assez vigoureux, dans les faubourgs des villes, pour susciter les premiers mouvements de grève. Un siècle et demi qui a connu le développement et l'échec de l'aventure de croisade, la mise au pillage, en Espagne, en Sicile, à Constantinople, des cultures supérieures dont l'éclat rendait jadis plus dérisoire la rusticité de la civilisation carolingienne, un étonnant recul des limites de l'univers, les déferlements de l'Asie mongole, la marche de Marco Polo vers Pékin, la pénétration des marges africaines et asiatiques, non plus par des gens de guerre, mais par des trafiquants et par des missionnaires, qui s'accoutument à parler d'autres langages et à utiliser d'autres mesures. Un siècle et demi qui a assisté au développement de l'hérésie multiforme, qui l'a vue finalement contenue, démantelée par le quadrillage répressif que l'Église est parvenue à implanter sur l'ensemble de la chrétienté, jugulée, réduite, partiellement assimilée par l'orthodoxie au prix de tous les travestissements, comme le montre la destinée du message franciscain. Un siècle et demi enfin qui suffit à l'esthétique pour parcourir un itinéraire conduisant du tympan d'Autun à Cimabué et à la chaire de Pise, des voûtes de Vézelay à celles de la Sainte-Chapelle, du plain-chant grégorien aux polyphonies de Notre-Dame.

Or, dans un milieu culturel tel que celui-ci, aussi pénétré par l'exigence de vérité, la soif de comprendre et le goût du moderne, il ne semble pas que de tels bouleversements aient sensiblement modifié le système de valeurs. Sans doute la primauté de la raison est-elle, vers 1275, plus délibérément exaltée, et en particulier, on sait avec quelle insistance, dans le second *Roman de la Rose*. Mais deux générations avant celle même d'Abélard, Bérenger de Tours proclamait en elle l'« honneur de l'homme »; et la vision lucide des choses que, par l'application de l'outil rationnel, les contemporains de Jean de Meun s'efforcent d'atteindre, procède en fait du patient usage de mécanismes logiques que les maîtres des écoles parisiennes apprenaient à utiliser, dans les premières années du XIIᵉ siècle, pour dissiper l'ambiguïté des signes de vérité répandus dans les textes sacrés et dans le spectacle du monde visible; entre-temps, ces procédés sont devenus plus subtils et plus efficaces, mais ils n'ont changé ni de nature ni d'objet. Sans doute l'esprit critique affronte-t-il avec audace en 1275 tout ce que les intellectuels de l'époque nomment le faux-semblant, les hypocrisies de la dévotion, la soumission des « papelards » aux consignes pontificales, les privilèges de la noblesse de sang, qu'Abélard, parfaitement intégré à cette catégorie sociale et qui ne la reniait point, n'avait nullement songé à mettre en cause, aux dévergondages du jeu de courtoisie, que le même Abélard s'était efforcé de pratiquer de son mieux, et aux sophistications de l'éthique mondaine. Mais, là encore, on devine qu'une attitude semblable, une semblable inclination à la contestation, une semblable aspiration à l'honnêteté et à la mesure habitaient déjà les maîtres de Paris au premier quart du XIe siècle; s'ils ne visaient pas les mêmes cibles, c'est seulement que les problèmes posés par l'environnement social, politique, et moral ne se posaient pas dans les mêmes termes. Quant à l'attention plus soutenue portée dans le dernier tiers du XIIIe siècle à la nature, cet « art de Dieu », quant à la volonté d'en découvrir les lois, de parvenir à la claire compréhension d'un ordre naturel « dont découlent les voies honnêtes » et d'atteindre là les fondements solides d'une éthique et d'une foi, on les sent déjà bien vivantes, plus timides certes, moins assurées, encore dépourvues d'instrument de conquête mais s'employant à les forger, dans l'esprit de ceux qui, un siècle et demi plus tôt, au temps de Louis VI et de Suger, commentaient les Écritures, observaient le cours des astres et étudiaient la manière dont se propagent les rayons lumineux. On ne voit pas enfin que le corps de croyances ait été entre-temps sérieusement affecté. Dante fait bien allusion à ces disciples d'Épicure qui professaient que l'âme meurt avec le corps et il les dit nombreux. De telles conceptions se devaient évidemment de demeurer clandestines, et ceux qui les partageaient, lorsqu'ils ne furent pas démasqués, échappent donc au regard de l'historien. Mais, à Paris, en combien d'intellectuels en vérité l'inquiétude et l'esprit critique déterminaient-ils autre chose qu'une ironie gaillarde? Ceux dont je parle paraissent bien adhérer

sans effort et sans dissimulation à l'essentiel du dogme
chrétien. Sans doute leur christianisme présente-t-il un
visage nouveau; il se montre beaucoup plus dégagé
qu'il n'était cent cinquante ans plus tôt des prosternations terrifiées et de l'enveloppe des ritualismes,
orienté désormais vers un Dieu souffrant et fraternel,
avec qui l'homme peut tenter de dialoguer; beaucoup
d'entre eux, avec Bonaventure, s'engagent alors dans
les voies du mysticisme. Mais ces voies, Bernard de
Clairvaux les avait largement frayées; Abélard avait
déjà lu avec assez d'attention l'Évangile pour affirmer
que la faute est dans l'intention et non dans l'acte, et
Anselme de Canterbury avait, avant lui, concentré son
étude sur le problème de l'incarnation. Ce qui apparaît
le plus nettement, en tous ces domaines, ce sont en fait
des permanences, celle d'une technique d'analyse,
celle d'un désir de comprendre aiguisé par les méthodes et les objectifs d'un enseignement, celle d'exigences
morales commandées par une certaine situation au
sein de la société, celle d'une vision de l'univers naturel
et surnaturel fondée sur des textes de mieux en mieux
interprétés.

Les seules inflexions notables, je les entrevois à deux
niveaux. Elles résident en premier lieu dans une prise
de conscience de la relativité. Celle du temps d'abord.
Il n'est plus, pour ceux qui réfléchissent à la fin du
XIIIe siècle, conçu comme un bloc homogène, où le
passé et l'avenir seraient cohérents au présent, entretenant avec lui des rapports anagogiques. Lorsque le
dominicain Humbert de Romans médite sur la récente
histoire du christianisme, il en cherche l'explication
dans un enchaînement de causes naturelles, et son
expérience personnelle des échecs de l'Église, de
l'abaissement de la dignité impériale et des replis des
établissements latins d'Orient, l'empêche de croire
encore à l'unité et à la nécessité de l'histoire du peuple
de Dieu. Tandis que la découverte progressive de
l'immensité, de la diversité, de la complexité de la
création, la conscience nouvelle que l'univers est rem-

pli d'hommes qui refusent d'entendre le message du Christ obligent les plus lucides à penser que la chrétienté n'est peut-être pas située au cœur du monde, ou du moins qu'elle n'en occupe qu'un secteur limité. De même qu'il leur faut bien reconnaître que la pensée chrétienne se trouve incapable d'absorber ou de dissocier le bloc cohérent du système aristotélicien. En second lieu, beaucoup des hommes dont nous parlons ont accueilli sans réticence le goût d'un bonheur terrestre, de ce bonheur qui, selon Jean de Meun, avait été offert à l'homme au matin de la création, d'une joie de vivre que les reculs de Nature et Raison devant les offensives de Faux-Semblant sont venus compromettre, mais dont il appartient aux philosophes de promouvoir la restauration. Ces intellectuels ont repoussé résolument les exhortations au *contemptus mundi* et tous les modèles de renoncement et de refus dont les moines avaient été pendant longtemps, et naguère encore, les propagateurs triomphants.

Au niveau de l'idéologie les modifications apparaissent donc nettement moins marquées que celles qui affectent au même moment de l'histoire l'activité économique, la démographie, et le jeu des pouvoirs. Les systèmes de valeurs ne sont point immobiles; la transformation des structures matérielles, politiques, et sociales en dérange les assises et les fait évoluer, mais cette évolution se poursuit sans hâte et sans secousse, même dans les milieux culturels d'avant-garde, dont la fonction particulière est de travailler à l'ajustement de ces systèmes; en contrebas de la turbulence qu'entretiennent les controverses, les diatribes, et les condamnations, l'historien voit ceux-ci se ployer avec souplesse, insensiblement.

A propos d'un problème majeur, celui de la prévisibilité de ces changements, je risquerai seulement quelques remarques.

La tâche de l'historien est de proposer après coup des explications, c'est-à-dire d'ordonner les faits qui s'offrent à son observation, de les mettre en relation et d'introduire ainsi, dans le déroulement d'un temps linéaire, une logique. Il est conduit, par cette démarche même, à se montrer d'abord plus attentif aux nouveautés, à les dépister, à les extraire ainsi, artificiellement, pour les mettre en évidence, de l'ample courant d'habitudes et de routines qui dans le fil de la vie les enveloppe; il est amené d'autre part, lorsqu'il veut rendre compte de ces nouveautés, et plus particulièrement lorsque celles-ci se placent au niveau, non de l'événement mais des structures, à privilégier la nécessité par rapport au hasard. Entre l'affirmation, à la fin du XIIIᵉ siècle, des notions que les mots Nature et Raison entendaient alors exprimer, entre l'expansion de la joie de vivre, entre la découverte de la relativité, et, par ailleurs, l'élan de prospérité urbaine, le décloisonnement de l'Occident, l'ascension de certains groupes sociaux, le lent dépérissement des mirages de la Jérusalem Céleste et les perfectionnements de l'instrument syllogistique, l'historien parvient ainsi à établir des corrélations satisfaisantes – de même qu'il parvient à expliquer par les modifications de l'environnement le passage de la religion de l'Éternel de Moissac à celle du Christ aux outrages. Mais de la sorte, consciemment ou non, il fournit argument à tous les systèmes d'espérance, à toutes les conceptions qui fondent sur un enchaînement de causes déterminantes la succession des âges de l'humanité, qui prétendent ainsi à la prévision, s'appliquent à construire sur une expérience du passé un vecteur dont elles supposent que l'orientation doit se prolonger dans le futur.

Sur une interprétation de l'histoire s'appuyaient par exemple les convictions des moines du XIᵉ siècle dont les processions périodiques entendaient mimer la marche des hommes vers la lumière incréée, tout comme l'Évangile Éternel de Joachim de Fiore qui assignait la date précise de 1260 à l'avènement du règne de l'Esprit. Sur une interprétation de l'histoire se fonde la pensée marxiste, et celle-ci prend, à l'égard de la prévisibilité, une position qu'il importe de considérer attentivement :

« La prévision historique, écrit par exemple Antonio Labriola, qui est au fond de la doctrine du *Manifeste* [...] n'implique ni un point chronologique, ni sa description anticipée d'une configuration sociale. C'est la société tout entière qui, dans un moment de son évolution, découvre la cause de sa marche fatale et, en un point saillant de sa trajectoire évolutive, fait lumière d'elle-même, pour éclairer la loi de son mouvement. [Cette prévision] n'est ni de chronologie, ni de préfigure, ni de promesse; elle est, pour le dire en un mot qui, à mon sens exprime tout, " morphologique " [1]. »

Entendons bien : ce qui est jugé prévisible, c'est le progrès de la société vers de nouvelles formes; ce phénomène peut être prévu dans la mesure où peuvent être solidement établis la réitérabilité de certains rapports et le fait de leur subordination régulière à des lois déterminées. Mais, lorsqu'elle se veut rigoureusement scientifique, l'analyse marxiste, il faut le reconnaître, ne prétend établir solidement ces rapports et cette subordination qu'au niveau des assises matérielles de l'édifice social; à l'égard de ce qu'il appelle les « rapports sociaux idéologiques » Lénine (« Qui sont les amis du peuple? ») se montre en réalité très réservé, et l'objectif majeur que doit, à mon sens, se fixer la recherche actuelle en histoire sociale est précisément d'éclairer la manière dont s'articulent les mouvements discordants qui animent l'évolution des infrastructures et celle des superstructures, et dont ces mouvements retentissent l'un sur l'autre. Si la dissociation des relations de dépendance personnelle au sein de la seigneurie médiévale apparaît bien directement consécutive à l'action de tendances de longue durée, au perfectionnement des techniques de production agricole, à la croissance de la population et à la diffusion de l'instrument monétaire, et si par conséquent, à supposer que l'on eût à l'époque disposé de moyens d'analyse analogues à ceux que nous utilisons, on peut penser

---

1. « In Memoria del Manifesto dei communisti », *Saggi nel materialismo*, Rome, 1964. p. 34.

qu'il eût été, dans la mesure où les extrapolations ne sont pas la plupart du temps décevantes, possible de la prévoir, qui eût pu prédire en revanche le brusque avènement, dans les constructions entreprises à Saint-Denis par l'abbé Suger, d'une esthétique de la lumière, la mise en place des rites de l'amour courtois en contrepoint d'une évolution des structures de la famille aristocratique et de la morale conjugale proposée par l'Église, ou bien les destinées de l'hérésie vaudoise et les formes que revêtit la dévotion franciscaine lorsqu'elle fut domestiquée par l'autorité pontificale? En l'état où sont actuellement parvenues les sciences de l'homme, il paraît bien que la prévision « morphologique » de l'avenir d'une civilisation ne saurait, sans une témérité vraiment excessive, prendre en considération autre chose que la poursuite probable des tendances profondes qui entraînent l'histoire de l'économie, celle de la population et des techniques, et peut-être celle de la connaissance scientifique, et ceci sans se dissimuler que les répercussions d'un mouvement d'opinion, d'une propagande ou des décisions du pouvoir sont susceptibles à tout moment d'en dévier sensiblement le cours.

Ce qui ne signifie pas que l'historien ne puisse apporter au futurologue certaines propositions de méthode, applicables à l'observation des systèmes de valeurs. Si l'on admet que l'enveloppe idéologique, dont on a vu qu'elle était souple et qu'elle ne se brisait pas brutalement comme le fait une chrysalide, est de toute évidence affectée par le mouvement des infrastructures, mais qu'elle tend à lui répondre par de lentes inflexions, l'important paraît être d'observer en premier lieu dans le présent les tendances lourdes, tout ce qui, au plan de l'évolution démographique et de la transformation des rapports économiques, est susceptible de provoquer de tels ajustements, en ébranlant les cadres de la pensée, en stimulant ou en refrénant les communications entre les groupes, en favorisant les transferts, les déracinements, les échanges et les fusions. De déceler, en second lieu, les points où les résistances de la tradition apparaissent plus fragiles, d'éprouver la rigidité des systèmes d'éducation, au sein de la famille, de l'école, de tous les organismes d'initiation et d'apprentissage, de mesurer leur capacité d'accueil aux apports externes, et les pouvoirs d'assimilation d'une certaine représentation du monde face aux irruptions possibles d'éléments projetés par les cultures extérieures. Mais il importe aussi de prendre en considération l'événement. Il est présent essentiellement au niveau du politique. On peut sans doute le tenir pour une effervescence de surface, largement déterminée par la disposition des structures profondes. Cependant, à l'historien, qui remarque déjà combien sont étroites les limites de la prévisibilité au plan des tendances de longue durée qui animent l'évolution démographique ou économique, l'événement apparaît, par nature, fortuit; sinon son émergence, du moins ses développements s'avèrent spécialement rebelles à la prévision. Or ses effets, à court terme, ne sont jamais négligeables; par les tentatives de révolution ou de réforme qu'il suscite, par les transferts d'activité qu'il provoque, il retentit sur les institutions qui encadrent la transmission des savoirs, des croyances et des rites. L'historien enfin se doit d'insister sur l'importance même de l'histoire, comme un élément particulièrement actif parmi ceux qui composent une idéologie pratique. Dans une très large mesure, la vision qu'une société se forme de son destin, le sens qu'elle attribue, à tort ou à raison, à sa propre histoire interviennent comme l'une des armes les plus puissantes des forces de conservation ou de progrès, c'est-à-dire comme l'un des soutiens, parmi les plus décisifs, d'une volonté de sauvegarder ou de détruire un système de valeurs, comme le frein ou l'accélérateur du mouvement qui, selon des rythmes variables, conduit les représentations mentales et les comportements à se transformer.

La « Renaissance » du XIIᵉ siècle.
Audience et patronage

L'un des principaux problèmes qui se posent aujourd'hui aux sciences de l'homme est celui des rapports entre les phénomènes culturels et le mouvement d'ensemble des structures économiques et sociales, ou, pour employer un autre langage, entre les infrastructures matérielles et les superstructures, c'est-à-dire, dans le cas présent, la production et la réception d'objets culturels considérés, par les contemporains ou par nous-mêmes, comme l'expression d'une « Renaissance ».

Ce problème est difficile pour deux raisons : il n'existe pas de proposition théorique sur quoi bâtir la problématique préliminaire à l'enquête ; le travail est considérablement gêné par l'actuel cloisonnement des disciplines, par les frontières qui, dans les universités et les institutions de recherche, tiennent encore fâcheusement les historiens de l'économie et de la société à l'écart des historiens de la pensée, de la littérature et de l'art ; entre les territoires ainsi jalousement délimités et défendus les communications sont rares : on compterait sur les doigts de la main, dans le monde actuel, les lieux où la recherche peut être menée dans une indiscutable interdisciplinarité. De fait, les conditions ne se sont pas sensiblement transformées depuis le temps de Charles Homer Haskins. Seulement change-

ment profond, et prometteur : notre insatisfaction de
plus en plus vive, lorsque nous relisons *The Renaissance of the Twelfth Century*, à ne trouver dans ce livre
admirable à peu près aucune référence aux modifications considérables que subirent durant cette période
les relations sociales dans la chrétienté latine, le besoin
que nous éprouvons de voir ces relations mises en
rapport avec ce qui change conjointement dans les
attitudes mentales et dans les formes culturelles qui
expriment ces attitudes et qui les gouvernent.

Dans l'état actuel des connaissances, mon intervention sur le thème : « Patronage et audience » ne peut
donc être que superficielle, introductive. Je ne pourrai
guère formuler que des propositions de recherches, en
puisant à peu près tous mes exemples dans ce que je
sais personnellement de l'histoire française de cette
époque. Mes remarques se rassembleront autour de
trois ensembles de questions.

La croissance et ses effets

Le processus de développement que, depuis Charles
H. Haskins, nous appelons la « Renaissance » du
XII* siècle est évidemment indissociable du long mouvement de progrès matériel dont l'Europe occidentale
fut alors le lieu. Ce mouvement n'a ni commencement
ni fin; de commencement et de fin la « Renaissance »
dont nous parlons n'en a pas davantage, pas plus que la
Renaissance du Quattrocento. Remarquons qu'il est
moins malaisé de situer chronologiquement les manifestations du développement culturel. Les sources dont
nous disposons sont en effet de nature à mieux éclairer
ce genre de faits; alors que, faute de séries d'indices
quantifiables, elles ne permettent pas de suivre de près
l'évolution économique et sociale. De celle-ci nous ne
saisissons guère que les tendances. Voici ce qu'il me
paraît possible d'apercevoir.

Le XII* siècle semble bien être, en France au moins, le
temps fort de ce progrès. Retenons trois critères : *a*) la

diffusion de l'instrument monétaire : les premiers signes de cette diffusion apparaissent vers 1080 dans les documents concernant les campagnes de la région mâconnaise; cent ans plus tard, l'argent est partout, domine tout, et nul, du plus grand prince jusqu'au paysan le plus humble, ne peut se dispenser d'en user quotidiennement; *b*) l'extension de la surface cultivée : les analyses statistiques de Robert Fossier situent en Picardie la grande poussée entre 1150 et 1170; *c*) l'essor démographique enfin : les mêmes analyses montrent dans la même région qu'il atteint sa plus grande intensité dans le dernier quart du XIIᵉ siècle.

Essentiellement agricole, la croissance s'opère dans ce qui constitue alors le cadre fondamental des rapports de production : la seigneurie rurale. Mis en place en France aux environs de l'an mille, les organes de la fiscalité seigneuriale se sont perfectionnés durant les deux dernières décennies du XIᵉ siècle; pendant tout le XIIᵉ siècle, ils fonctionnent parfaitement. Pour répondre aux exigences des maîtres de leur corps, de la terre qu'ils cultivent et du pouvoir de les commander, les ménages paysans doivent produire toujours davantage; il n'apparaît pas que leur niveau d'existence s'élève notablement avant les années 80 de ce siècle. En effet, le système de redevances et de taxes transfère aux mains des seigneurs l'essentiel du surcroît de ressources déterminé par l'élargissement de l'aire agricole, la hausse des rendements et la multiplication du nombre des travailleurs. De l'enrichissement des campagnes, la classe seigneuriale fut à peu près seule à profiter.

Il semble bien que l'aristocratie laïque ait bénéficié plus largement du progrès général que les grands établissements ecclésiastiques. Elle parvint en effet au cours du XIIᵉ siècle à protéger efficacement la source de ses revenus, c'est-à-dire les seigneuries, contre les mouvements de dissociation qui les avaient rudement affectées jusqu'vers 1050. De deux manières : en réduisant sensiblement les donations de terres et de droits aux églises; en limitant surtout les naissances, en empêchant les tiges familiales de se ramifier et, par là, les héritages de se morceler. Exclure les filles mariées et dotées du partage successoral, maintenir tous les garçons sauf un, l'aîné, dans le célibat, assura pendant toute la période qui nous occupe la stabilité du nombre des lignages nobles, et par conséquent de leur patrimoine, dont la croissance économique et les perfectionnements de la fiscalité seigneuriale ne cessaient d'élever le rapport. Les maisons princières comme les familles chevaleresques vécurent donc pour la plupart dans l'aisance. Elles dépensèrent toujours davantage, utilisant de plus en plus la monnaie.

Cette expansion de la consommation aristocratique stimula l'artisanat spécialisé et le commerce. Elle favorisa le développement urbain, très vif en France au XIIᵉ siècle, à tel point que dans les deux dernières décennies de ce siècle, on voit, dans cette partie de la chrétienté, les pôles du développement se transporter dans les villes. Désormais, la ville l'emporte sur la campagne, elle la domine, elle l'exploite. Ceci soutint l'ascension de deux groupes sociaux, l'élite de la bourgeoisie marchande et le corps des serviteurs des grandes seigneuries. Ces gens s'enrichirent. Certains devinrent plus aisés que beaucoup de nobles. Mais leur idéal demeura de s'intégrer à la noblesse rurale, d'être admis dans son sein, de partager ses manières de vivre et sa culture.

J'ai rappelé les grandes lignes de l'évolution des structures matérielles parce que celle-ci concerne directement notre propos par ses répercussions sur les représentations mentales. Deux faits, déterminés par la croissance économique et par les transformations de la société, me paraissent devoir retenir spécialement notre attention.

L'émergence d'abord d'un système idéologique propre à l'aristocratie laïque. Il s'ordonne autour de la notion de chevalerie. On voit l'ensemble de valeurs recouvert par ce terme s'affirmer et se rehausser tout au long du XIIᵉ siècle dans les divertissements, tournois et joutes amoureuses, offerts à cette part plus dynamique de la société noble que renforçait la politique matrimoniale des lignages : le groupe des *juvenes*, des « bacheliers », des chevaliers célibataires. En témoignent dans le nord de la France après 1160 l'enrichissement du rituel de l'adoubement et, plus nettement, la résurgence dans la littérature profane du vieux schéma de la société trifonctionnelle, mais transformé, désacralisé et reconnaissant à l'« ordre » des chevaliers la prééminence, non seulement sur celui des « vilains », mais sur celui des gens de prière. L'important est que les monopoles culturels jusque-là détenus par l'Église sont décidément mis en cause. La société chevaleresque prétend participer elle aussi à la haute culture. Son rêve est de s'annexer « clergie » – entendons par là le savoir des écoles. Ainsi tend à s'estomper la distinction de nature culturelle qui séparait la partie ecclésiastique et la partie laïque de l'aristocratie. Une interpénétration se dessine. Et c'est en ce point précisément que se situent les phénomènes de patronage et d'audience.

Le second fait, essentiel à mes yeux, est, directement suscité par le spectacle d'un monde que l'effort des hommes parvient à transformer, d'une mise en valeur toujours plus poussée du milieu naturel : c'est la prise de conscience du progrès. On perçoit d'abord le renforcement de ce sentiment parmi les intellectuels les plus étroitement liés à l'aristocratie laïque, parmi les membres des chapitres cathédraux – Bernard Silvestre m'en paraît le représentant typique. Ces hommes de science, ces hommes de la culture écrite et de la réflexion entreprennent de célébrer la nature. Une nature réhabilitée. Ils se représentent de plus en plus clairement l'homme – dont la structure profonde est homologue à celle de l'univers créé – comme capable d'agir sur celui-ci, comme appelé par Dieu à coopérer de toutes ses forces à cette œuvre, désormais conçue dans une continuité temporelle, qu'est la création. Ici, face au perfectionnement des techniques, à l'œuvre des défricheurs qui sans cesse gagne du terrain, prend naissance l'idée que la civilisation croît comme une plante, que chaque génération reprend des mains de sa devancière la tâche et qu'elle doit la mener plus avant vers son accomplissement. Il s'agit bien d'un retournement complet dans la vision de l'histoire humaine. Celle-ci cesse d'être regardée, de manière pessimiste, comme un processus de corruption inévitable. Elle apparaît au contraire comme une conquête. Elle change de sens. Sa marche, désormais parallèle à celle de l'histoire du salut, ne semble plus conduire implacablement à la déchéance, mais s'élever d'âge en âge, de degré en degré, vers plus de perfection.

Bien sûr, une telle inversion du système de valeurs s'est opérée de manière insensible. Considérons par exemple le propos cistercien. Le regard des moines de Cîteaux demeurait tourné vers le passé. Convaincus que toute forme se dégrade dans la durée, ils s'étaient voulus réformateurs, mais dans un sens rétrograde, à proprement parler réactionnaire, décidant de revenir aux principes originels de la vie bénédictine. Fidèles à l'esprit du *contemptus mundi*, expression majeure d'une idéologie qui s'était formée dans les temps de régression et de stagnation, ils choisirent de s'écarter des mouvements de la vie, de fuir au désert. Pour eux le travail manuel, auquel ils choisirent de s'astreindre, restait une valeur négative, un acte d'humiliation et de pénitence. Et pourtant ces hommes s'empressèrent de mettre en application ce qu'il y avait de plus moderne dans les innovations techniques; ils s'acharnèrent à rendre toujours plus productives les friches où ils s'étaient établis, rejoignant ainsi, sans en prendre clairement conscience, ce qu'il y avait de plus vif dans le mouvement général de progrès, finissant par situer leurs domaines agricoles aux avant-gardes des réussites économiques, et surtout, plaçant le mystère de l'incarnation au centre de leur méditation, affirmant toujours plus haut que, dans l'homme, les tensions de l'esprit vers la perfection ne sont pas dissociables de celles du corps, ils s'associèrent eux aussi à la réhabilitation du charnel.

Un tournant décisif dans la conception que les intellectuels se faisaient du monde et de son histoire se produisit donc dans les débuts du siècle entre le pays chartrain, l'Île-de-France et la Champagne. Il modifia fondamentalement le contenu du mot *renovatio*. Jadis, toute renaissance s'assignait pour but de restaurer, d'arracher à l'inéluctable détérioration pour les rendre à leur éclat premier des œuvres que l'on jugeait admirables parce qu'elles étaient l'héritage d'un âge antérieur, et pour cela meilleur : rénover, c'était une exhumation. Désormais toute renaissance fut tenue pour générative. Elle reprenait en main le legs, mais afin de l'exploiter, comme les défricheurs exploitaient les terres vierges. Afin d'en tirer davantage. De même que, dans tous les lignages seigneuriaux, à chaque génération, l'héritier se sentait désigné pour faire fructifier le patrimoine ancestral, et assuré de pouvoir en accroître le rapport, de même les modernes se jugèrent capables, non seulement d'égaler les anciens, mais de les surpasser.

Patronage

Les surplus de l'exploitation seigneuriale, sans cesse accrus, furent pour une part employés à des créations culturelles. Cette part fut évidemment plus large dans les seigneuries ecclésiastiques. Le succès de la réforme de l'Église intervient ici sur deux plans. D'une part, il détermina la réorganisation du temporel des établissements religieux. Les spoliations des laïcs, l'incurie administrative qui faisait se perdre une bonne partie des profits s'atténuèrent. On apprit à compter, à prévoir. Les dispositions administratives prises par l'abbé de Saint-Denis Suger, par l'abbé de Cluny Pierre le Vénérable témoignent de cet effort d'organisation dont les domaines de l'Église sortirent vivifiés. Les gains résultant de cette remise en ordre compensaient largement ce que coûtait à la fortune ecclésiastique l'amenuisement des aumônes en terres offertes par l'aristocratie laïque. Protégée, mieux gérée, cette fortune procura des ressources plus abondantes. Les églises établies en milieu urbain devinrent particulièrement prospères. Elles participaient aux profits des taxes fructueuses levées dans les villes en croissance sur la circulation et les échanges. Elles recueillaient les donations pieuses de la bourgeoisie, d'autant plus généreuse que les hommes d'affaires étaient moins sûrs de leur salut. Par ses offrandes, la population urbaine devint bientôt la grande pourvoyeuse. D'autre part, la réforme installa dans les postes de décision des prélats de qualité qui, la victoire emportée sur les puissances du siècle, jugeaient que les ressources de leur maison devaient servir à développer les études, à promouvoir l'activité du *scriptorium* et de la chantrerie, à dresser un décor plus somptueux autour des liturgies.

Tant qu'il s'agissait d'embellir la parure musicale de l'office, d'enrichir l'armoire aux livres, d'entretenir l'école, d'envoyer des émissaires en quête de nouveaux savoirs, la dépense demeurait légère. Elle devenait très lourde lorsqu'on décidait de bâtir. La plupart des évêques, des abbés, des prieurs n'hésitaient pourtant pas. Une émulation les poussait à faire mieux que les autres. Saint Bernard résista quelque temps à ses compagnons qui le pressaient de reconstruire le monastère de Clairvaux; il finit par céder, par autoriser que l'on vidât le coffre aux deniers pour embaucher des ouvriers. Souvent, on vit trop grand. Poursuivre l'entreprise excédait les moyens ordinaires de la communauté. Il fallait trouver au-dehors des subsides. On sait dans quelles difficultés se débattit Pierre le Vénérable, obligé de conduire à son terme, couvert de dettes, l'édification de l'immense abbatiale clunisienne. Cependant, la plupart du temps, à point nommé, des bienfaiteurs laïques vinrent à la rescousse. Ainsi, le comte de Champagne dont les copieuses subventions permirent, dans cette province, de rénover les bâtiments conventuels cisterciens. Successivement, le roi de Castille, le roi d'Angleterre furent tenus pour les vrais « bâtisseurs » de la « grande église » de Cluny, avant que les générosités prudentes de l'évêque de Winchester, Henri de Blois, ne vinssent provisoirement tirer d'embarras la communauté. Lorsque les chroniqueurs de l'an mille parlaient de la reconstruction des églises, ils évoquaient fréquemment des miracles, la découverte fortuite d'un trésor caché; c'était leur manière de rendre compte du fait réel, qui permit effectivement la réalisation de tels projets : la déthésaurisation, la mise en circulation des réserves de métaux précieux accumulés dans les sanctuaires. Alors que nos informateurs du XIIᵉ siècle – l'auteur de la *Vita Bernardi*, par exemple [1] – mettent fort lucidement en évidence que les créations architecturales dont les gens d'Église étaient les promoteurs furent en grande partie financées par des patrons laïques.

S'ils intervinrent, c'est d'abord que la croissance économique et les mécanismes des prélèvements seigneuriaux faisaient s'amonceler entre leurs mains la monnaie. C'est surtout qu'ils se sentaient obligés de consacrer leur richesse à cette sorte d'entreprise. Dans le haut Moyen Age, on attendait des rois qu'ils coopèrent à l'embellissement des monuments religieux. Une telle action faisait partie des missions de la royauté. Je viens de parler d'Alphonse et d'Henri qui aidèrent Cluny, c'étaient des rois – comme Robert le Pieux que son biographe Helgaud, qu'Oderic de Sens louent spécialement d'avoir généreusement contribué à l'embellissement de quantité d'églises. Jadis en effet, les souverains disposaient des plus larges revenus monétaires. Le sacre surtout les plaçait parmi les *oratores*, parmi les officiants des liturgies, ce qui leur imposait de participer à la culture ecclésiastique. Ils coopéraient directement à l'efflorescence de celle-ci en entretenant dans leur *palatium* ce foyer majeur de création qu'était la chapelle, et tous les ateliers, d'art, d'écriture,

1. Arnold de Bonneval, *S. Bernardi vita prima*, 2, 5.

de réflexion, qui lui étaient adjoints, en répandant leurs bienfaits sur les cathédrales et sur les abbayes royales, enfin en assurant la paix, propice aux travaux de l'esprit. Le patronage fut à l'origine la fonction spécifique du roi, lieutenant de Dieu sur la terre. Or cette fonction, au XIIᵉ siècle, l'aristocratie tout entière prétend la remplir. Trois phénomènes expliquent une telle dispersion des opérations de patronage.

En premier lieu, ce que nous appelons la féodalité, c'est-à-dire l'appropriation par un nombre croissant de princes des prérogatives de la souveraineté. Les princes se sont emparés du pouvoir du roi; nous ne devons pas négliger le fait qu'ils voulurent aussi se parer de ses vertus. En particulier, occuper la place que le roi était le seul de tous les laïcs à tenir au sein de la culture sacrée. Ceci très tôt. Le duc d'Aquitaine en l'an mille entendait qu'on le sût lui aussi lettré, lisant les livres et méditant sur les mystères de la foi. Cent cinquante ans plus tard, cette revendication a pris beaucoup plus de vigueur; plus nombreux sont les princes qui veulent en ce domaine non seulement imiter le roi, mais lui montrer l'exemple. Dans la seconde version de la *Geste des seigneurs d'Amboise* une anecdote fut rajoutée après 1155. Elle atteste naïvement mais de manière fort expressive ce désir. Elle met en scène le comte d'Anjou Foulque le Bon qui mourut vers 960 : les familiers du roi de France riaient de lui parce qu'ils le voyaient chanter l'office au milieu des chanoines; ils purent bientôt entendre lire la réponse qu'il avait lui-même écrite : qu'« un roi illettré est un âne couronné »; et le souverain dut reconnaître que « la *sapientia*, l'éloquence et les lettres conviennent aux comtes en même temps qu'aux rois ». De la participation à la culture savante, du mécénat qu'implique cette participation, le roi, à la date de cette interpolation, a perdu le monopole. Tous les seigneurs responsables de la sécurité du peuple se considèrent aussi responsables de son salut. Leur devoir est donc de conjuguer, comme les souverains jadis étaient seuls à le faire, la science de l'école et la pratique des armes : on admira, nous dit-on, le comte Foulque d'Anjou parce que, « bien qu'il fût initié de manière très profonde et perspicace aux lettres, aux règles de l'art grammatical, aux raisonnements d'Aristote et de Cicéron, il n'en surpassait pas moins les plus puissants, les meilleurs et les plus vaillants des chevaliers [1] ». Chacun est persuadé au xııᵉ siècle que les biens prélevés par les seigneurs laïcs sur les fruits du travail paysan ne doivent pas servir seulement à conduire la guerre pour la défense publique. Ce prélèvement fiscal ne paraît justifié que s'il est employé en partie à faire progresser les connaissances et s'épanouir l'art sacré.

A cette époque intervient à son tour, pour rendre plus importante la portion des revenus seigneuriaux laïques consacrés aux ouvrages de l'esprit, l'incitation à l'austérité. La prédication de pénitence, exhortant à l'esprit de pauvreté, à renoncer aux richesses du monde, à bannir des cours l'excès de luxe prend en effet de l'ampleur tout au long du xııᵉ siècle. Sans doute conviait-elle aux œuvres de charité, à prendre soin des miséreux. Ce qui la porta finalement à mettre en question cette forme de patronage qui soutenait les grandes entreprises artistiques : quand Pierre le Chantre dénonçait comme une spoliation les taxes levées dans Paris sur les « pauvres » et dont le produit aboutissait, grâce à la générosité de Louis VII, à alimenter en monnaie le chantier de Notre-Dame ouvert par l'évêque Maurice de Sully, il condamnait le mécénat royal. Il est certain cependant que, dans la mesure où ces exhortations furent écoutées, elles canalisèrent vers les établissements religieux, c'est-à-dire vers les productions culturelles, un peu de l'argent que les grands eussent dépensé pour leur plaisir et pour la somptuosité de leur maison. Elles contribuèrent ainsi à promouvoir la « Renaissance ». Un exemple : Guillaume de Saint-Thiery félicite saint Bernard d'avoir su

---

1. *Chronica de gesvis consulum andegavorum*, éd. L. Halphen et K. Porepardin; *Chroniques des comtes d'Anjou et des seigneurs d'Amboise*, Paris, 1913, p. 140-141.

convaincre le comte de Champagne de se séparer des bijoux de son trésor; il les donna aux Cisterciens; ceux-ci répugnaient au faste liturgique; ils les vendirent à Suger, qui les employa à ses ouvrages d'orfèvrerie, alors qu'eux-mêmes utilisaient les deniers ainsi gagnés à bâtir.

Il faut enfin prendre en considération l'irrésistible mimétisme qui, achevant de vulgariser le modèle de comportement royal, incita progressivement, jusqu'aux niveaux les plus bas de la société aristocratique, à imiter les attitudes des princes, c'est-à-dire celles des rois. Dans la mesure même où la chevalerie se sacralisa, prit l'allure d'un « ordre » dont un « sacrement », l'adoubement, ouvrait l'entrée, tous les adultes de la caste militaire se sentirent appelés à ne plus seulement faire preuve de vaillance physique, mais à cultiver la vertu de *prudentia*, à ne plus se conduire seulement en preux, mais en « prud'hommes », à participer de quelque manière, comme les princes, comme les rois, à la haute culture, à la favoriser de leur largesse. Dans cette évolution, qui me paraît d'intérêt capital lorsque l'on s'interroge sur les phénomènes de patronage et d'audience, trois traits principalement se distinguent.

Comme le comte d'Anjou de la légende, tous les chevaliers souhaitèrent apparaître *litterati*. Dès la fin du XI° siècle, les témoignages se multiplient de garçons qui n'appartiennent pas à la haute noblesse, qui ne sont pas destinés à l'état ecclésiastique, et qui pourtant sont enseignés dans la maison paternelle par des précepteurs ou bien envoyés aux écoles, en tout cas qui apprennent à lire et à entendre un peu de latin. L'usage de confier ses fils pour les éduquer à des clercs ne cesse de se propager. A la fin du XII° siècle, il commence à se répandre hors des limites de la société chevaleresque. Il gagne certains de ces parvenus qui, dans le peuple, s'enrichissent, tel Durand de Blanot, obscur prévôt d'un village du Mâconnais, frère d'un paysan tenancier, qui, vers 1220, envoya son garçon étudier le droit à Bologne.

Un tel appétit de connaissances livresques suscita des investissements. On dépensa pour l'entretien de clercs dont on attendait qu'ils aidassent à l'instruction de la famille en même temps qu'à l'administration de la seigneurie. Des seigneurs de moyenne puissance ne se contentèrent pas de contribuer, comme le comte de Champagne, au financement de constructions cisterciennes – ce que firent, par exemple, dans la seconde moitié du siècle, le sire de Simiane à Sénanque, le sire des Baux à Silvacane; ils fondèrent près de leur maison, lorsqu'elle n'en était pas déjà pourvue, un collège de chanoines. De cette manière, se disséminèrent de toutes parts les foyers de la culture savante. En Champagne, les membres et les officiers de la maisonnée comtale créèrent à eux seuls, dans les années 50 du XIIe siècle, plus de trois cent vingt prébendes canoniales.

Le fait le plus déterminant fut sans doute, en effet, que la générosité de l'aristocratie laïque fit se multiplier les postes assurant à des hommes que je qualifierai d'« intellectuels » les moyens de travailler et de répandre autour d'eux la culture. Il serait fort éclairant de tenter – et l'enquête serait certainement moins difficile que beaucoup d'autres en ce domaine – d'évaluer la croissance, durant le XIIe siècle, du nombre des chanoines, de ces gens que l'on prenait peu à peu l'habitude d'appeler « maîtres », enfin de tous ces clercs qui trouvaient un emploi, permanent ou temporaire, dans les domesticités nobles. On mesurerait mieux l'importance de ce groupe d'hommes dont le rôle fut décisif pour le succès de la « Renaissance », si l'on pouvait suivre de plus près le rapide développement, parallèle à celui des troupes « courtoises » de « jeunes » chevaliers célibataires, d'une autre « jeunesse », cléricale celle-ci, sortie presque toute elle aussi, et pour les mêmes raisons, de l'aristocratie, porteuse d'un égal dynamisme. Car ces clercs, que vitupérait Étienne Langton parce qu'ils faisaient carrière au service du pouvoir laïque au lieu de méditer sur les textes sacrés, furent les agents principaux de cette acculturation qui,

autour de la notion de chevalerie, transféra dans
l'idéologie nobiliaire certaines des valeurs et certaines
des techniques propres à la culture savante. Une
attention particulière devrait se tourner vers les écoles
où ces intellectuels se formaient, vers les mouvements
qui sortirent ces organes d'éducation de leur torpeur,
les firent se multiplier, se concentrer et qui peuplèrent
démesurément certains d'entre eux. L'étude économique et sociale des institutions scolaires est à peine
entreprise pour cette période de leur histoire. Elle n'est
pas tout à fait impossible. Elle permettrait de discerner
mieux encore l'incidence de la croissance matérielle, le
rôle de l'argent, quémandé par les écoliers à leur
famille, gagné par les maîtres, et parfois en grande
abondance (écoutons Abélard se vanter de ce que lui
rapportait son savoir), le rôle aussi du patronage, des
subventions consenties par les prélats et par les princes, dont la largesse attentive se déploya dans ce
secteur de l'activité culturelle bien avant que ne fussent
fondés, à l'extrême fin du siècle, les premiers collèges
pour étudiants pauvres. On percevrait plus clairement
que le milieu scolaire, avec celui de la ministérialité et
du gros négoce, fut alors le lieu de la plus vive
capillarité sociale. Comme les « jeunes » de la chevalerie, les « jeunes » de l'intelligentsia, engagés dans des
compétitions (écoutons encore Abélard) qui n'étaient
pas sans analogie avec les tournois, où quelques-uns
gagnaient la gloire et le « prix », où tous s'exerçaient à
mieux manier les armes redoutables du raisonnement,
comptent en effet parmi les aventuriers de ce temps,
plus assurés que bien d'autres de se hausser dans les
hiérarchies sociales pour peu qu'ils eussent du cœur et
de l'ambition. Or, si la population des écoles ne cessa
de s'accroître durant le XII⁰ siècle, c'était que les
débouchés s'ouvraient toujours davantage après le
temps des études sur des carrières dont les plus
accessibles et les plus attractives n'étaient pas ecclésiastiques. La société laïque réclamait les services d'hommes nantis d'une telle formation. Elle était prête à les
payer cher, et tout l'argent que sacrifia l'aristocratie

grande et petite pour s'attacher en si grand nombre des garçons qui savaient manier les mots et les chiffres, raisonner et qui avaient quelque teinture des sciences du *quadrivium*, autorise à la considérer dans son ensemble comme la véritable patronne de l'approfondissement et de la diffusion du savoir. La demande était si pressante, et si enthousiaste la réponse qu'elle recevait que, dans les dernières décennies du siècle, les dirigeants de l'Église commencèrent à s'interroger sur la finalité des écoles cathédrales et songèrent à prendre des mesures pour enrayer l'évasion de leurs gradués vers des professions semi-profanes. L'important, quant au problème qui nous occupe, reste que, embauchés toujours plus nombreux dans les cours, où leur fonction, jugée de plus en plus nécessaire, était de mieux en mieux rétribuée, ces intellectuels furent les artisans de la rencontre entre la culture laïque et la culture savante, c'est-à-dire les propagateurs les plus efficaces d'une « Renaissance » dont l'école était le grand atelier.

Audience

Au XIIᵉ siècle en effet se forme un nouveau type de culture proposé à tous les membres de l'aristocratie, mais également aux enrichis qui sentent bien que l'adopter est pour eux le meilleur moyen de faire oublier leur origine et de se confondre avec les gens bien nés. Dans l'*Art d'aimer* « *honnêtement* » que composa André le Chapelain, l'un des *litterati* de la cour de Philippe Auguste, le *plebeius* se trouve, par sa naissance et par la source de son aisance, nettement séparé du *nobilis*, du *nobilior* et de ce *nobilissimus* qu'est le clerc; mais il se targue de partager leurs goûts, de parler leur langage et de se conformer scrupuleusement aux règles de comportement qu'ils respectent. Cette culture est pour une très large part constituée du reflet des savoirs et des formes d'expression qui « renaissent » alors dans les centres créateurs de la haute

Église. S'interroger sur sa formation et sur son expansion, c'est poser le problème de l'audience, inséparable de celui du patronage, puisqu'il s'agit en vérité de deux aspects complémentaires du même phénomène, lui-même indissociable de l'évolution économique et sociale. Je me limiterai à quelques remarques sur la localisation et la chronologie du processus de réception.

Cette culture, nous pouvons sans hésitation la nommer courtoise : les cours, grandes et petites, furent le lieu de son enrichissement et de sa diffusion. La cour est la forme épanouie de la maisonnée seigneuriale. Elle se développe à mesure que s'accroissent les profits de la seigneurie. La largesse, vertu majeure du système de valeurs aristocratique, fait l'autorité et le prestige de tout seigneur. Elle l'engage à attirer auprès de lui autant de commensaux qu'il peut en entretenir, et à les bien traiter. Il est nécessaire à sa gloire que ses hôtes se sentent bien chez lui. Il doit par conséquent s'employer à les divertir, par les jeux du corps, mais aussi par les jeux de l'esprit. L'éthique de la générosité fait ainsi de la cour un foyer de création culturelle. Elle est également une école où, dans un concours permanent, on apprend les bonnes manières. Auprès des princes les plus munificents, cette initiation est la plus poussée et forme les meilleurs « prud'hommes ». Des « jeunes », chevaliers et clercs, rivalisant, chacun brûlant d'éclipser les autres, d'attirer sur sa personne les faveurs du patron par la démonstration de son excellence dans les armes ou dans les lettres, vient l'animation de la vie courtoise. Mais elle vient aussi des femmes. Ne les oublions pas. Tout donne à penser en effet que leur participation à la culture savante fut plus précoce et plus étendue que celle des mâles de l'aristocratie laïque. Il existait, adjointe à la demeure noble, une sorte de couvent où les filles du maître étaient éduquées. Celles qui n'y demeuraient pas toute leur vie en condition quasi monastique, ou faute d'avoir pu être mariées, en sortaient sans doute moins superficiellement *litteratae* que les chevaliers, leurs frères. Elles

jouaient un rôle central dans la compétition culturelle
dont la cour était le théâtre. Cette compétition se
déroulait devant elles; c'était à leurs yeux que les
garçons voulaient briller; il leur appartenait d'attri-
buer le « prix ». Ne constituèrent-elles pas l'un des
relais essentiels entre la « Renaissance » et la haute
société laïque?

Dans cette société s'opéra, je l'ai dit, la jonction
entre chevalerie et clergie. Le *senior* – et la dame, son
épouse –, au centre de la cour, incarnant l'un et l'autre,
complémentairement, les valeurs de la courtoisie,
entendaient aussi, comme les anciens rois, montrant
l'exemple aux gens de leur maisonnée, apparaître les
modèles de la piété laïque. Ils faisaient place dans leur
vie aux exercices de la religion. Par leur intermédiaire,
leur entourage s'établissait en communication étroite
avec le monastère où reposaient les ancêtres de la
dynastie, avec la communauté de moniales où se
retiraient les veuves, avec la collégiale où le maître,
« en vêtement clérical », allait, comme le légendaire
comte Foulque d'Anjou, ou comme, réellement, le
comte Charles le Bon de Flandre, suivre régulièrement
les offices au milieu des chanoines, ses confrères, lisant
dans un livre, distribuant rituellement les aumônes. Le
moindre des hobereaux avait son chapelain, et dans
l'ensemble de la classe dominante furent expérimen-
tées, à cette époque, des pratiques favorisant l'association plus étroite des laïcs aux liturgies de l'Église. Une
telle osmose entre le religieux et le profane facilitait
évidemment la réception par la haute société des
formes dont la « Renaissance » suscitait l'épanouissement dans le monde ecclésiastique. Ce qui se rénovait
alors dans la musique et l'art sacrés, ornements de la
fête liturgique à laquelle étaient conviés les chevaliers,
se répercutait sur les parures de la fête mondaine,
incitait à en rénover aussi le décor. Tandis que par les
exempla, par la structure et le contenu des homélies
prononcées devant des auditoires « courtois », un peu
des mécanismes logiques de la pensée savante et de ce

qu'elle appréhendait de la nature, de l'histoire et de la surnature, se communiquait à la pensée laïque. Entre ce qui nous est resté de la production littéraire en langue vulgaire et ce que nous connaissons de la prédication destinée aux gens de cour, des rapports hautement significatifs sont perceptibles. Je me contenterai d'un exemple, celui de ce chapelain du comte de Chester dont parle Orderic Vital; il prêchait devant la domesticité de ce seigneur, ses chevaliers, des jeunes et de moins jeunes; pour retenir leur attention, il entremêlait à ce qu'il rapportait de la parole de Dieu des histoires capables de captiver ces hommes de guerre, l'histoire des saints militaires, l'histoire aussi de Guillaume d'Orange. A lire attentivement la *Chanson de Roland*, on s'aperçoit qu'elle pouvait être entendue à plusieurs niveaux et qu'elle fut composée pour des auditeurs dont quelques-uns au moins, bien que laïcs, avaient en mémoire des fragments moins dérisoires qu'on ne pourrait croire de l'Écriture sainte. Audience? De la « Renaissance du XIIᵉ siècle », ce que perçut l'aristocratie laïque lui parvint d'abord par le sermon.

Il lui parvint aussi par le canal des divertissements, puisque la société courtoise, strictement close et gardée contre l'intrusion des « vilains », méprisante, regardant de très haut le reste, bien établie dans sa richesse et dans l'oisiveté que la richesse autorisait, vivait d'abord dans la gratuité, pour le jeu et le plaisir. Essentiellement par le récit. Les gens de cour écoutaient. On récitait devant eux des œuvres composées par des clercs, mais dans une forme qui leur fût accessible, c'est-à-dire poétique et vernaculaire. Ces œuvres que nous appelons les romans antiques représentent évidemment l'expression la plus saisissante de l'effort alors mené pour mettre à la portée d'un auditoire laïque les *auctores* que commentaient les grammairiens de l'école, mais aucune des œuvres de la littérature chevaleresque n'échappe à l'influence profonde de ce qu'enseignait le *trivium*. Toutefois, la production littéraire en langue latine destinée au public courtois fut au XIIᵉ siècle d'une telle abondance qu'il faut s'interroger sur la manière dont ces auditeurs pouvaient la recevoir. Parmi les seigneurs, parmi les princesses à qui Hildebert de Lavardin et Baudry de Bourgueil dédièrent leurs poèmes, ceux qui pouvaient goûter sans truchement ces écrits étaient-ils si peu nombreux? Le chanoine qui rédigea vers 1155 la *Geste des seigneurs d'Amboise*, citant expressément Boèce, Horace, Lucain, Sidoine Apollinaire et Sénèque, s'évertuant à mettre en correspondance l'*amicitia* cicéronienne et le lien affectif noué par la vassalité, n'attendait-il pas que les grâces et la vigueur de sa composition latine fussent appréciées par d'autres que ses confrères, les clercs? Ne devons-nous pas supposer une notable extension de l'audience laïque suffisamment cultivée pour communiquer sans intermédiaire avec le langage et le savoir des écoles? L'*Historia Gaufredi ducis*, écrite elle aussi en latin (quelle pouvait être la fonction pratique d'un tel écrit? Était-il lu? Où? Dans quelles circonstances? Et de quelle manière? Traduit? Commenté?), montre, assiégeant le château de Montreuil-Bellay, Geoffroy Plantagenêt; le *litteratus consul* demanda que l'on apportât de l'abbaye de Marmoutier un exemplaire de Végèce; on ne dit pas, certes, qu'il lut lui-même dans le livre; mais il écouta la lecture qu'en fit devant lui un moine. En latin? Traduisant, commentant le texte? En tout cas, le lendemain, le comte entreprit de mettre en application ce qu'il avait entendu[1]. Que l'histoire soit vraie ou – ce qui est plus probable – inventée, elle révèle ce que l'on attendait d'un seigneur de ce rang dans les années 80 du XIIᵉ siècle en Touraine : qu'il se référât, tout comme un homme d'Église, aux auteurs classiques. Beau témoignage sur un état d'esprit, sur ce qu'on imaginait d'une diffusion jusque dans le quotidien de l'existence seigneuriale des conquêtes de la « Renaissance ».

---

1. *Historia Gaufredi ducis, ibid.*, p. 218.

Il est certain que le milieu social capable de s'approprier celles-ci s'élargit tout au long du XIIe siècle. Sans
doute est-il impossible de dater avec précision les
étapes de cette extension progressive. Mais, l'enquête
chronologique, qui n'est pas commencée, mériterait
cependant d'être entreprise. Me fondant sur de rares
indices, je puis livrer, à propos de la France, quelques
impressions préliminaires.

Le mouvement me paraît déjà très avancé dans les
dernières décennies du XIe siècle. Les hauts seigneurs,
certes, mais aussi les gens de petite noblesse, comme
les parents de Guibert de Nogent, choisissaient encore
pour leurs garçons, selon qu'ils les destinaient à l'état
chevaleresque ou à l'état ecclésiastique, entre deux
types d'éducation, casant les seconds dans des collégiales ou les confiant à des précepteurs. Souhaitant
seulement pour les premiers qu'ils devinssent habiles
dans les exercices corporels et fidèles aux enseignements de la morale guerrière : former leur esprit par
l'étude eût risqué, pensaient-ils, de gâter leur corps. Il
arrivait cependant que la mort de son frère aîné
obligeât tel homme d'Église à sortir de son état pour
régir la seigneurie : ce qui advint par exemple à ce
chanoine qui vers 1100 devint chef de son lignage et
assuma le commandement militaire du château de
Berzé en Mâconnais. D'autre part, ce que l'on sait du
père d'Abélard ou de l'enfance de saint Bernard
prouve que les cloisons entre les deux modes de
formation n'étaient pas étanches, que les futurs chevaliers profitaient des leçons données à leurs frères, et
que certains savaient lire et écrire.

Au milieu du XIIe siècle, la conjonction entre la
culture profane et l'école paraît étroitement établie en
certains lieux privilégiés, rayonnants, où la noblesse de
toute une province se rassemble périodiquement pour
quelque temps. Ce sont les grandes cours qui donnent
le ton, dictant les modes, montrant comment doivent se
comporter les gens bien nés s'ils veulent être dignes de
leur rang. Ces cours furent d'abord celles que réunissaient les princes féodaux rivaux des Capétiens, Henri

Plantagenêt, le comte de Flandre, le comte de Champagne, qui voyaient précisément dans le rayonnement de la culture produite et codifiée autour de leur personne un moyen très sûr de hausser leur prestige face à celui du roi. Paris peut paraître en retrait. En vérité, si l'adaptation de la culture savante au profane semble ici effectivement moins poussée, en revanche, l'action du roi de France, très directement responsable de la concentration scolaire dont profita cette ville, fit se diffuser, et plus vigoureusement que partout ailleurs, les formes de la « Renaissance » directement associées à la sacralité. Dans le sud, le rôle fut tenu par les cités, Avignon, Arles, Narbonne, Toulouse. Mais les expressions de la « Renaissance » qui se répandirent depuis ces agglomérations urbaines apparaissent nettement plus laïcisées. Ce trait s'explique par les structures culturelles particulières aux provinces méridionales : la séparation plus profonde établie dans cette région depuis la réforme grégorienne entre l'Église et les puissances laïques; le fait, concomitant, que les ecclésiastiques n'y détenaient pas le monopole de l'écriture, qu'une strate importante de la haute société citadine, le groupe des juges et des notaires, avait directement accès à la culture savante.

Les documents dont nous disposons permettent de discerner plus clairement, à la fin du siècle, le système de relations entre les foyers de la renaissance intellectuelle et les lieux de sa réception. Je me fonde sur les données exceptionnellement précises fournies par un texte, que j'ai déjà exploité et dont je poursuis l'étude exhaustive : l'*Histoire des comtes de Guînes*, composée dans une petite principauté satellite du comté de Flandre au tout début du XIIIe siècle. Son auteur, Lambert d'Ardres, est précisément l'un de ces clercs domestiques qui furent les agents les plus efficaces de l'acculturation. Il se vante d'être un *magister*, gradué de l'école. Il utilise les livres conservés dans la collégiale fondée en 1069 auprès de la demeure de ses maîtres. Son œuvre porte elle-même le témoignage le plus convaincant de la rencontre culturelle : latine, elle est nourrie de la lecture des classiques, elle dénote une expertise dans la plus savante rhétorique, elle accueille aussi l'écho des expressions les plus modernes de la littérature profane. Mais surtout, le prêtre Lambert, rédigeant un double panégyrique à la gloire de ses deux patrons, le seigneur d'Ardres, maître de la maisonnée où il sert, et le père de celui-ci, le comte de Guînes, à qui l'œuvre est offerte, met en évidence les deux niveaux de l'édifice culturel au sein duquel entrent en jeu les mécanismes de la réception : le niveau des *juvenes*, où se tient encore le seigneur d'Ardres, où prédominent les valeurs militaires de la chevalerie, où la culture demeure tout entière orale, conservée dans la mémoire des *commilitones* du jeune héros, qui racontent pour désennuyer la compagnie dans les intermèdes du jeu guerrier, tel les histoires de Terre Sainte, tel autre des fables de la « matière de France » et de la « matière de Bretagne », tel autre enfin les exploits des ancêtres du lignage ; le niveau des *seniores*, dont l'éminent représentant est le comte Baudoin. Ce petit *princeps* fier d'avoir été adoubé par Thomas Becket, qui lutte pour préserver l'autonomie de sa seigneurie coincée entre des principautés plus puissantes, demeure lui-même *illiteratus* ; il s'efforce cependant d'atteindre à la *sapientia*. Il sait parfaitement ce que peut valoir à son prestige l'activité intellectuelle dont il est dans sa maison l'animateur. Pour stimuler cette activité, il ne regarde pas à la dépense. Il entretient chez lui une équipe de maîtres ; il discute avec ces *doctores artium* ; ceux-ci l'initient à la science divine ; lui, en échange, leur apprend ce qu'il connaît des récits profanes ; il se flatte de parvenir, simple auditeur, jusqu'à la « vertu mystique » des textes sacrés, d'être capable de tenir honorablement sa partie dans les exercices de la *disputatio*, et que l'on se demande en l'entendant discourir comment « il peut savoir les lettres sans les avoir jamais apprises ». Il aime aussi que, par le concours des nonnes du monastère domestique, sa chapelle soit honorée d'une splendide parure musicale. Il la remplit de livres, des écrits des Pères et des fables des poètes. Il rétribue généreusement des traducteurs. Car il veut écouter, dans la langue qu'il comprend, la lecture non seulement du *Cantique des Cantiques*, de saint Augustin, de la vie de saint Antoine, mais de traités où ce que l'on connaît de la physique est résumé [1]. Il commande enfin l'ouvrage qui célèbre l'éclat et l'ancienneté de son lignage. Or, ce monument de la dynastie, où ses descendants apprendront, suivant son propre exemple, à protéger les lettres, il le veut écrit en latin, dans le latin le plus classique, le plus « renaissant ». Où saisir plus nettement, au niveau des seigneurs de moyenne grandeur dont les châteaux parsèment l'espace français, alors que s'achève le xiiᵉ siècle, les liaisons entre la « Renaissance », son patronage et son audience?

---

1. *Historia comitum ghisnensium*, MGH, SS, 24, p. 80-81.

Réflexions sur la douleur physique
au Moyen Âge

Je ne parlerai pas de la douleur morale, celle qui naît de la séparation, de l'oppression, de l'humiliation, de la réclusion, et pourtant, quel lieu conviendrait mieux que celui où nous sommes pour en parler? [1] Je me limite à la douleur physique, et à quelques considérations brèves et très générales.

Les historiens, ces temps-ci, ne cessent d'étendre le champ de leurs recherches. Il y a quelques années, la mort, et tout ce qui l'entourait dans le passé, ont fait l'objet d'études approfondies et fécondes. Les historiens s'intéressent maintenant de plus en plus au corps, aux aventures du corps, mais aussi à la conscience que les hommes d'autrefois prirent de leur corps. Histoire des façons de se nourrir, de se vêtir, de se soigner, histoire des pestes et des famines, et l'on voit l'histoire de la médecine, longtemps somnolente, brusquement en France prendre un nouvel essor. Cependant les historiens n'ont pas encore fixé précisément leur attention sur la douleur physique. Or, de toute évidence, la douleur a, elle aussi, son histoire. La manière dont elle est perçue, la position qui lui est faite au sein d'un système de valeurs ne sont pas des données immuables. On voit bien qu'elles ne sont pas semblables dans les diverses cultures qui coexistent sous nos yeux. Elles

---

1. Ce texte a été lu à Varsovie en 1985.

varient dans l'espace. Elles ont aussi varié dans le temps. Ces variations, sans aucun doute, dans une histoire globale de la sensibilité, mériteraient d'être examinées de très près. J'appelle donc à ce que les investigations soient poussées de ce côté. Pour le moment, et quant à la période que je connais un peu, l'époque féodale, une tranche de temps, en vérité fort épaisse, comprise entre les approches de l'an mille et le début du xiiie siècle, je puis seulement préparer le jalonnement de ce nouveau chantier en livrant quelques impressions, encore trop superficielles, que je retire d'une fréquentation prolongée des documents dont nous disposons.

Ces documents sont très clairsemés. L'obscurité recouvre presque tout ce que l'on voudrait connaître de ce temps. Il faut pourtant déjà noter comme un fait remarquable que les références à la douleur sont, dans cette pauvre documentation, rarissimes. La culture dont je parle, dominée par les prêtres et par les chefs de guerre – du moins ce qui nous en est accessible, les façons de sentir et de penser des « intellectuels » de l'époque qui seuls ont laissé des traces écrites ou visuelles de leurs conceptions et de leurs réactions devant le monde et qui, presque tous, étaient des hommes de la haute Église – la culture « féodale », apparaît très peu soucieuse, beaucoup moins en tout cas que la nôtre, des souffrances du corps. Elle en fait peu de cas. Elle ne les exhibe pas dans les discours qu'elle tient. Cette indifférence – ou plutôt ce refoulement – pose un problème. Pour rendre compte de cette attitude, il paraît beaucoup trop simple de s'en tenir à la rudesse des mœurs, à la sauvagerie, au poids beaucoup plus lourd dont pesait la nature, à l'omniprésence des traumatismes dans une population rustique dont les conditions matérielles d'existence, jusqu'au milieu du xiie siècle, n'avaient apparemment guère changé depuis le néolithique, qui restait mal protégée du froid, de la faim, et dont on peut penser qu'elle était pour cela endurcie. Mais il est déjà plus satisfaisant de se référer au caractère foncièrement masculin et militaire de l'idéologie qui dominait alors : elle reléguait les femmes en position de totale subordination ; elle exaltait les vertus viriles d'agression et de résistance tenace à tous les assauts ; elle avait ainsi tendance à masquer les faiblesses, à ne pas s'apitoyer en tout cas sur les défaillances physiques. Cependant il semble possible d'avancer encore un peu plus loin dans l'interprétation des documents.

Partons pour cela du vocabulaire, latin, qu'employaient les intellectuels. Il établissait la quasi-synonymie, en tout cas une équivalence, entre le mot *dolor* et cet autre mot, *labor*, qui signifiait travail. Cette disposition sémantique éclaire la situation de la douleur physique dans un système de valeurs qui prenait appui, dans la culture livresque, sur deux assises majeures, sur la Bible principalement et, en second lieu, sur ce que l'on avait conservé des traités de morale de l'Antiquité classique.

Dans la tradition judéo-chrétienne, la douleur est montrée comme une épreuve et comme un châtiment infligé par Dieu dans sa colère. Le Tout-Puissant accable Job pour l'éprouver. Mais il fustige Israël. Il a commencé par punir de leur désobéissance Adam et Ève. Tout vient de là, de nos premiers parents, de leur faute. Pour avoir succombé à la tentation, l'homme et la femme furent voués non seulement à mourir mais à souffrir. Pour elle, spécialement la *dolor :* « Tu enfanteras dans la douleur » ; pour lui spécialement le *labor :* « Tu gagneras ton pain à la sueur de ton front. » La punition était méritée. Les hommes sont naturellement pécheurs. Donc il est normal qu'ils souffrent. Non seulement normal mais nécessaire. Se dérober à la souffrance, n'est-ce pas aller à l'encontre de la volonté divine, n'est-ce pas mettre en question l'ordre établi par le Créateur ? Tout ne s'est pas dissipé aujourd'hui, nous le savons bien, de telles représentations mentales.

Il découle de cela que la douleur est d'abord affaire de femme, que l'homme par conséquent se doit de la mépriser. L'homme digne de ce nom ne souffre pas; il ne doit pas en tout cas manifester qu'il souffre, sous peine de se trouver dévirilisé, de rétrograder, d'être rabaissé au niveau de la condition féminine. Mais il en découle aussi que la peine physique, parce qu'elle est associée à l'idée de labeur, apparaît tout particulièrement indigne de l'homme libre. La tradition gréco-romaine venait ici en renfort, puisqu'elle identifiait la liberté à l'oisiveté, puisqu'elle tenait toute besogne manuelle pour servile. Comme le travail des mains, la douleur fut donc considérée à l'époque féodale comme une déchéance. On jugea qu'elle asservissait. Et ceci retint davantage d'exprimer leur souffrance les prêtres et les guerriers, ces hommes seuls vraiment libres parce qu'ils appartenaient aux deux catégories fonctionnelles surplombant la troisième, celle des travailleurs, c'est-à-dire des serfs. Une telle conception se reflète nettement dans le système de répression des crimes : seuls les inférieurs, les femmes, les enfants, les paysans soumis étaient passibles de châtiments corporels; aux membres de la classe dominante étaient imposés des amendes en argent, non point la peine physique qui eût porté atteinte à leur dignité.

Punition du péché, donc signe de péché, signe également de servitude, et pour cela dégradante, la douleur ne prenait par conséquent valeur positive que comme un instrument de correction, de rachat, de rédemption. Ceci explique la place qui lui était assignée, d'une part dans l'au-delà, dans cette institution dont la configuration se précisa à la fin du XIIᵉ siècle, le purgatoire (ce qui posait aux hommes de résoudre cette question difficile : comment une âme séparée de son corps pouvait-elle endurer une souffrance physique?) et, d'autre part, dans ces autres instruments de pénitence qu'étaient les monastères. Les moines s'imposaient les macérations par humiliation, de la même façon qu'ils s'imposaient pour s'humilier le travail manuel.

C'est donc à propos des âmes du purgatoire et des ascètes que, dans les textes et les images que peut exploiter l'historien de la douleur, les témoignages sont les plus nombreux. A vrai dire ce sont presque les seuls. La littérature qui livre le plus d'information sur ce qui relèverait aujourd'hui de la médecine, je parle des recueils de miracles, ne s'étend guère sur les peines physiques. Sinon lorsqu'elle rapporte des miracles punitifs, ceux qu'accomplissaient des saints outragés qui se vengeaient en tourmentant leurs offenseurs. Mais dans les miracles de guérison, la référence à la douleur est généralement absente. Ces miracles en effet sont pour la plupart analogues à ceux qu'accomplit Jésus : ils portent sur la cécité, la paralysie et la possession, autant d'affections qui ne sont pas particulièrement dolosives. Quant aux chroniques, aux descriptions de combats ou de calamités, elles relatent certes et souvent avec complaisance les vicissitudes du corps humain, elles décrivent des blessures, des mutilations effroyables, mais elles le font toujours froidement. A les lire, on pourrait penser que les victimes de ces sévices n'éprouvaient pas de souffrance. Ces hommes demeuraient en tout cas impassibles. Comme le sont, dans l'iconographie des XIIᵉ et XIIIᵉ siècles, les martyrs dont l'effigie était dressée au seuil des sanctuaires à reliques – saint Sébastien, saint Denis décapité, portant allégrement sa tête et qui ne frémit point. Ce n'est pas que la douleur ne fût pas perçue. Mais elle était méprisée. Elle n'était pas avouée, sauf par les pécheurs, dans les débordements de leur autocritique.

Il semble cependant que cette froideur ne dura pas. Une telle retenue à l'égard de la peine physique, cette sorte de stoïcisme qui jugulait les manifestations d'émotion devant la souffrance d'autrui ou devant sa propre souffrance paraissent avoir commencé de céder très lentement à partir de la fin du XIIᵉ siècle. On peut se demander si le changement que l'on perçoit affecte la réalité des sentiments et non pas seulement les sources qui permettent de les connaître. Désormais les informations ne viennent plus toutes en effet de la haute aristocratie d'Église; l'affectivité des laïcs commence à s'exprimer; à ce moment débute le long mouvement de décléricalisation et de vulgarisation de la culture qui dévoile progressivement, au xive, au xve siècle, des comportements qui ne sont plus seulement ceux des héros de la dévotion et de la chevalerie, un mouvement qui permet d'apercevoir enfin peu à peu le peuple. Il est cependant incontestable que la sensibilité, que la manière aussi de manifester ses passions se modifièrent réellement à tous les niveaux de la société, et ce fut essentiellement la conséquence de l'évolution du sentiment religieux. Au cours de l'époque féodale, qui est celle du grand enthousiasme pour le voyage de Jérusalem, la piété tendit à se concentrer toujours davantage sur la personne de Jésus, à se nourrir d'une méditation plus assidue sur l'humanité du fils de Dieu, sur son incarnation, donc sur son corps et sur ce que ce corps avait souffert. Rédempteur, le Christ le fut par les douleurs qu'il supporta, incommensurables puisque à la mesure même de sa divinité. Cette réflexion sur le texte des Évangiles et tous les exercices spirituels qui l'accompagnèrent, la large propagation de ces attitudes par ces mass media de plus en plus efficaces, soutenus par tous les artifices du théâtre, que furent les sermons des grands prédicateurs, déterminèrent la valorisation progressive de la douleur dans la culture européenne. Le chrétien fut appelé à tenir présent dans son esprit les scènes de la Passion, à prendre place corporellement parmi les figurants de ce grand spectacle d'affliction collective. L'imitation de Jésus-Christ lui fut proposée. Elle le conviait à s'identifier au Sauveur, et notamment à ses souffrances corporelles. Deux jalons dans le cours de cette évolution : au seuil, au premier quart du xiiie siècle, François d'Assise qui reçoit les stigmates; dans le temps fort de l'expansion de la dévotion nouvelle, au premier quart du xve siècle, la brusque diffusion de deux images offertes à la contemplation des fidèles, l'image de l'Homme de douleur et l'image de la Pietà. La douleur se trouvait dès lors délibérément placée sur le devant de la scène. Or l'attention dont le corps souffrant de Jésus était l'objet se transporta naturellement vers d'autres corps souffrants, ceux des pauvres, les représentants du Christ parmi les hommes. On voit nettement, depuis la fin du XIIe siècle, parallèlement au développement d'une piété compatissant aux peines de la flagellation et de la crucifixion, apparaître puis se développer la pitié pour les malades, se développer les œuvres de miséricorde, se fonder, s'organiser les hôpitaux. Ce fut bien dans le prolongement de cette lente conversion à l'égard des attitudes de la douleur que la science et la pratique médicale commencèrent, mais beaucoup plus lentement encore, à se préoccuper non plus seulement de préparer à la bonne mort, non plus seulement de guérir, mais, se débarrassant enfin de l'idée que la douleur, punition rédemptrice, est utile au salut, de la refouler à toute force et par tous les moyens.

Mémoires sans historien

Peut-être est-il moins facile qu'on ne croit de parler de la mémoire quand on est historien, quand on pratique ce métier – et pour quelles raisons profondes ? – dont l'essentiel consiste à juxtaposer des débris, des éclats de souvenirs, souvent à peine identifiables, à les enrober d'imaginaire pour tenter de les conjoindre, de reconstituer une image, mais selon des schèmes que l'on tire, quoi qu'on en ait, de soi-même ; de composer ainsi une figure qui procède souvent moins du passé lui-même que du propre rêve de l'historien. Un métier dont le but est de « rafraîchir », comme l'on dit – et pour quoi faire ? –, une mémoire qui plonge vertigineusement jusqu'au fond des âges. Qui, en ce qui me concerne personnellement, moi, historien des sociétés que nous appelons féodales, s'acharne à traverser l'épaisseur de près d'un millénaire.

Si, à propos de ces temps reculés, je parle donc de la mémoire et de l'oubli, je ne pense pas à cette forme de mémorisation dont les spécialistes du discours histori-que, tisonnant des cendres, escaladant, pour y rajouter un étage, l'édifice verbal construit par plusieurs géné-rations de devanciers, sont aujourd'hui les artisans. Je m'interroge sur ce que l'on peut connaître des fonc-tionnements de la mémoire parmi les hommes qui vécurent aux XIe et XIIe siècles. On en connaît fort peu.

Sans doute parce que, jusqu'à présent, on ne s'est guère posé la question. On se met, justement, à la poser – et je songe à tel projet de recherche dont Philippe Joutard est l'instigateur. Ce fut l'un des effets de la décolonisation que de contraindre les historiens européens à prendre davantage en considération des sociétés sans écriture – comme l'étaient à peu près les sociétés médiévales –, de leur faire découvrir le rôle de l'oralité dans la transmission des souvenirs collectifs, dans la construction d'une histoire non moins solide que celle dont nous fignolons l'assemblage, non moins vivante, non moins nécessaire à l'organisation des rapports sociaux. Cependant l'incertitude où nous sommes à l'égard des mécanismes de la mémoire dans la culture de notre Moyen Age tient principalement à ce que les phénomènes se dérobent à l'observation. Celle-ci passe obligatoirement par des traces écrites, par des textes, et nous ne saisissons jamais la mémoire qu'immobilisée par le travail de techniciens dont l'office était précisément de la capturer, de l'emprisonner dans un réseau de mots. Elle nous parvient toujours fixée, figée, morte, et nous ne percevons presque rien de la liberté de ses mouvements.

Voici pourtant quelques remarques, ponctuelles. Dans les sociétés dites féodales, l'accès à l'écriture était le monopole de quelques hommes qui tous apparte-naient à l'Église, dont la fonction même – parce que le christianisme est une religion du livre, parce que son clergé doit obligatoirement garder le contact avec une Écriture – impliquait qu'ils fussent passés par l'école, qu'ils aient appris les lettres, et le maniement d'un langage, le latin, différent de la langue parlée, en quoi devaient être traduits, avant d'être transcrits, tous les mots employés dans le courant de la vie. Tous les autres hommes, grands et petits, se passaient fort bien de l'écrit. Entre eux, les relations se fondaient sur la mémoire. Mais ils usaient d'autres moyens pour la consolider. Et d'abord de la cérémonie. Tout acte social de quelque importance devait être public, s'accomplir

devant une assemblée nombreuse, dont les membres
gardaient en dépôt le souvenir, et dont on attendait
qu'ils portent plus tard témoignage, éventuellement, de
ce qu'ils avaient vu ou entendu. Des paroles, des gestes,
engoncés dans un rituel afin de mieux s'imprimer dans
la mémoire du groupe pour être dans l'avenir relatés.
Vieillissant, les témoins se sentaient tenus de transmettre à leur descendance ce qu'ils conservaient en
mémoire, et cet héritage de souvenirs glissait ainsi
d'une génération à l'autre. Et pour qu'il ne fût pas trop
détérioré par ces transferts, on recourait à quelques
artifices. On prenait soin, par exemple, d'introduire
parmi l'assistance des enfants très jeunes, et parfois de
les gifler violemment dans le temps fort du cérémonial, espérant que, le souvenir du spectacle s'accro-
chant au souvenir de la douleur, ils oublieraient moins
vite ce qui s'était passé devant eux. Ou bien on
conservait soigneusement tel objet que, dans les rites
d'investiture, une main avait placé dans une autre
main, sous le regard du peuple, pour signifier la
transmission d'un droit – tels ces rameaux, ces cou-
teaux, ces pierres que l'on trouve encore parfois, dans
les archives, attachés à ce parchemin, à cette charte
qu'un scribe avait été tout de même appelé à rédiger,
mais qui ne semblait pas offrir garantie suffisante,
l'objet paraissant bien meilleur monument commémo-
ratif que l'écrit, aux yeux d'un monde qui ne savait pas
lire et qui n'entendait pas le latin. Qui, pour assurer
l'agencement de toutes les relations sociales, ne se fiait
pas à des textes, mais à la mémoire, à cette mémoire
collective qu'était la « coutume » – un code très strict,
impérieux, bien qu'il ne fût nulle part enregistré.
S'interrogeait-on sur tel ou tel point de ce droit, il
fallait procéder à l'élocution des souvenirs. L'enquête
orale, l'interrogation périodique des membres de la
communauté, et d'abord des plus âgés, dépositaires
d'une réserve plus ancienne, jugée plus valable parce
qu'elle s'enfonçait plus profondément dans le passé,
constituait l'un des organes majeurs d'une régulation
de la société. Très significatif me paraît l'usage, tradi-

tionnel alors dans la France de l'Est, de ces rassemble-
ments qui réunissaient à dates fixes tous les sujets
adultes d'une seigneurie pour qu'ils disent la coutume,
pour qu'ils récitent la liste des obligations à quoi le
pouvoir les astreignait. Un temps vint, le XIIe siècle, où
le maître requit le service d'hommes de plume pour
noter les termes de cette déposition collective. Il est
alors parfois possible, en comparant dans un même
lieu plusieurs enregistrements successifs, de déceler ce
qui bougeait dans cette mémoire, de saisir notamment
la manière dont le groupe paysan résistait aux pressions seigneuriales, chassait de sa mémoire telle ou
telle redevance, telle ou telle corvée, introduisait en
revanche tel privilège sourdement conquis.

De tels documents, à vrai dire exceptionnels, pourraient être l'utile matériau d'une étude systématique de
la mobilité des souvenirs. D'autres aussi : je pense à ces
procès-verbaux d'enquête (ils survivent en beaucoup
plus grand nombre) où, à l'occasion de quelques
brisures de l'ordre social, d'un procès, d'un délit, on
voyait comparaître une série de témoins. Ils répon-
daient, les uns après les autres : « J'ai cinquante ans, ou
soixante, ou quatre-vingt-dix ; je me rappelle avoir été
présent à telle action ; j'ai vu faire ceci à tel moment,
j'ai entendu dire cela... » Des rapports qui se confir-
ment ici, se contredisent là : une mine d'indices,
largement offerte aux historiens de la mémoire, mais
qui n'est qu'à peine exploitée. Que d'informations
disponibles, par exemple, sur les jeux de l'oubli,
volontaire, involontaire, franc ou cauteleux, parmi ce
que déclarèrent, terrorisés ou malveillants, devant
l'inquisiteur les gens de Montaillou et autres lieux !

Je voudrais maintenant considérer un autre champ,
celui de la mémoire généalogique. Le christianisme
féodal est pour beaucoup, pour l'essentiel peut-être,
une religion des morts. Parmi les manifestations de la
piété populaire, certaines des plus importantes sociale-
ment se déroulaient à proximité des sépultures. Les

tombes des saints, que visitaient des foules de pèlerins, réclamant le salut de leur corps ou de leur âme. Les tombes des ancêtres, qu'environnaient des cérémonies périodiques, réunissant, autour d'une équipe monastique chargée de la célébration, tous les membres vivant du lignage. Les principales avaient lieu le jour anniversaire du défunt. Leur organisation exigeait donc la fixation d'un calendrier, la constitution de registres particuliers où l'on notait des dates, des noms : les obituaires, les nécrologes, ces livres qui se disaient précisément *memoriales*. Des spécialistes de l'écriture, ordonnateurs des liturgies funéraires, disposèrent là des constellations d'anthroponymes. Ces collections de mots perpétuaient l'image d'une parenté. Elles fixaient dans les consciences individuelles le sentiment d'appartenir à un groupe dont la moindre part vivait dans ce monde, dont la plus grande part vivait dans l'autre, exigeant des égards, des soins, des services − à cette cellule immortelle, le lignage, cimentée par les liens du sang, mais bien davantage par une mémoire soigneusement entretenue, et qui constituait le cadre fondamental de cette société. Le souvenir des ancêtres était ainsi préservé par le culte des morts. Mais il l'était aussi par la nécessité que le respect des interdits de l'inceste imposait à chacun d'être clairement averti de toutes les relations de cousinage. L'Église en effet proclamait illicites, souillés, et par conséquent condamnés à être dissous, les mariages contractés en deçà du septième degré de consanguinité. Lorsque, ayant gagné de la puissance, elle entreprit au XIᵉ siècle de lutter plus vigoureusement pour faire admettre ses exigences d'une exogamie si démesurément étendue qu'elle était impraticable, elle multiplia des enquêtes d'un genre particulier, elle contraignit les familles à s'interroger sur une ascendance prolongée sur plus d'un siècle et demi, à débrouiller le réseau touffu des filiations, à compter les degrés, à présenter ce rapport devant les cours ecclésiastiques, à le confirmer par serment. De telles procédures vinrent stimuler encore la mémoire généalogique, naturellement très vive dans l'aristocratie où la notion même de noblesse incitait à se glorifier d'aïeux très anciens. D'autres stimulations, agissant, celles-ci, aux étages les plus bas de l'édifice social, naissaient lorsque des seigneurs venaient à se disputer des droits sur telle ou telle famille de serfs. Il importait encore ici, parmi des laboureurs et des valets de ferme, de reconstruire des généalogies, de dénombrer des morts, de les nommer, de réveiller leur lointain souvenir.

Parmi les documents écrits les plus propices à l'étude de la mémoire féodale figurent les récits généalogiques, qui se multiplièrent et s'enrichirent en France pendant le XIIe siècle [1], en un moment où la société noble commençait à percevoir ce qui la menaçait dans ses prérogatives et s'employait à consolider par tous les moyens les assises de sa puissance. Les dynasties princières, grandes et menues, recoururent alors aux capacités des professionnels de l'écriture, c'est-à-dire à des clercs. Elles leur assignèrent une tâche d'exploration et de fixation des souvenirs qui ne diffère pas substantiellement de celle que nous assumons, nous autres historiens. Des écrivains furent conviés à manipuler la mémoire, à rechercher les quelques vestiges où celle-ci s'accrochait solidement, à les relier les uns aux autres, à inventer pour combler les vides. Je prends l'exemple d'un de ces discours, dont je poursuis actuellement l'exploitation. Un prêtre le composa à l'extrême fin du XIIe, un prêtre domestique, en service dans une maisonnée aristocratique, celle des seigneurs d'Ardres, qu'un récent mariage avait conjointe à celle des comtes de Guînes, l'une et l'autre situées dans l'actuel département du Pas-de-Calais. Ces maîtres, qui souhaitaient magnifier la grandeur de leur race par un monument littéraire, lui commandèrent de rédiger l'histoire de ces deux lignages en remontant jusqu'à leur origine. Ce qu'il fit de son mieux, mettant en œuvre toutes les res-

1. G. Duby, « Remarques sur la littérature généalogique en France aux XIe et XIIe siècles », dans *Hommes et structures du Moyen Age*, Paris, 1973, p. 287-298.

sources de sa technicité, employant d'abord la langue
latine qu'il maniait bien, utilisant aussi ce qu'il avait
sous la main : des chartes (mais fort rares : avant lui,
dans la maison, on prêtait peu d'attention à l'écrit),
des obituaires, des épitaphes inscrites sur les tom-
beaux (il en avait lui-même composé quelques-unes,
l'ordonnance des cérémonies funéraires incombait à
son ministère) mais surtout ce que l'on racontait dans
la parenté. L'essentiel de son matériau, il le puisa
dans la mémoire vivante, celle de ses patrons, de
leurs frères, de leurs cousins, de leurs bâtards; c'est
essentiellement par là, par le filet qu'il jette sur ce
grouillement de souvenirs, que ce qu'il écrit nous
intéresse.

Cette mémoire parentale, on s'aperçoit qu'elle
s'étend sur un siècle et demi, remontant précisément
les six degrés de cousinage que les injonctions ecclésiastiques invitaient à mémoriser scrupuleusement.
Au-delà elle devient très floue; c'est à peine si elle
retient quelques noms, ceux des chefs de la famille
uniquement, ceux des comtes, cela sur trois quarts de
siècles, sur un siècle peut-être de plus. Franchi ce seuil,
elle se perd tout à fait. Dans la nuit qui s'installe,
l'auteur, soucieux de bien remplir sa mission, projette
alors son propre rêve. Il imagine des héros fondateurs,
fabule à leur propos. Son histoire devient un roman de
courtoisie, de chevalerie, peuplé de personnages inven-
tés. Leurs postures, leur accoutrement reproduisent
ceux des maîtres pour qui l'écrivain travaille, les
comportements dont ils souhaitent eux-mêmes donner
l'exemple, les vertus qu'ils professent, les travers aussi
dont ils sont fiers, notamment la vigueur génétique et
la vaillance dont ils font preuve dans les jeux de
l'amour illicite. La mémoire familiale dont ce récit
déploie les sinuosités apparaît ainsi dans sa richesse et
ses imperfections. Elle se dilue dans le mythe. Ses plis
très souples tendent sur le présent de la vie comme une
parure où se reflète ce que les vivants voudraient être.
Elle est enfin fort peu soucieuse de stricte chronologie.

Parmi les soixante grandes pages in-folio que recouvre l'édition moderne de ce texte, quatorze dates, pas plus, dont cinq concernent des événements dont le narrateur fut le témoin direct dans son âge adulte. Huit d'entre elles relèvent de l'histoire ecclésiastique, de l'histoire savante : deux – fausses – sont celles du lancement de la première, puis de la seconde croisade (ne nous étonnons pas : l'expédition de Terre Sainte se dresse en effet à l'horizon mental des membres de cette famille noble; ils se sont tous croisés, le dernier rejeton a pris la croix, sans d'ailleurs se mettre en route, dix années avant la rédaction de cette histoire); six autres dates, conservées par les chartes que l'auteur utilise, touchent aux établissements religieux que les deux lignages ont fondés, comme les annexes nécessaires de leur demeure. Quand aux six dernières, elles situent des événements qui sont profanes, proprement familiaux. La plus ancienne, celle de l'arrivée du héros fondateur, repoussée jusqu'au seuil du Xe siècle, est de toute évidence mythique. Les autres s'échelonnent parmi les trente dernières années, rassemblées dans la zone de particulière fermeté du souvenir; les deux plus lointaines sont attachées à des sépultures; une autre situe, vingt-cinq ans plus tôt, l'apparition d'un faux revenant : un imposteur voulut alors se faire passer pour le seigneur qui n'était jamais revenu d'outre-mer et dont les héritiers, exploitant paisiblement la succession, ne tenaient guère à ce qu'il revînt; ils tremblèrent apparemment si fort devant l'image inattendue du père que le souvenir paraît encore, à la génération suivante, indélébile. L'avant-dernière date concerne le jeune seigneur d'Ardres, héritier présomptif du comte de Guînes, patron direct du narrateur et dont la biographie est l'objet de soins particuliers, le commanditaire de l'entreprise, le vrai héros du récit; cette date, la Pentecôte 1181, est donc pour lui la principale de son existence : ce n'est pas celle de sa naissance, ni de son mariage, c'est celle de son adoubement, du rite de passage qui l'introduisit parmi les chevaliers. Se trouve enfin soigneusement notée l'année où le comte de

Flandre, puisant dans les tonneaux d'argent que le roi
d'Angleterre lui avait fait livrer pour qu'il menât la
guerre contre Philippe Auguste, aida le même seigneur
d'Ardres à payer ses dettes. Est-ce un hasard si, dans
l'esprit de ces gens très riches mais qui, dans la
brusque irruption d'une économie monétaire, n'en
couraient pas moins après les deniers, l'une des très
rares précisions chronologiques s'attache à une péripétie financière?

Car la mémoire familiale que, solidifiée, sophistiquée
et toute surchargée d'ornements factices, ce texte livre
à la postérité, c'est-à-dire principalement à la descendance, mais aussi involontairement aux historiens, il
nous faut en effet la voir dans ses soubassements
s'identifiant à la mémoire d'une fortune. En définitive,
c'est bien autour de l'héritage, autour du patrimoine,
que gère actuellement l'ancien de la famille, que ses
ancêtres ont tour à tour géré, chacun en abandonnant
le dépôt, lorsqu'il entrait dans le monde des morts, à
l'aîné de ses fils, de ses filles ou de ses frères, et que
l'aîné des fils du présent détenteur attend, non sans
impatience, de prendre lui-même en main, que le plus
vif, le plus net, dans cette masse fluctuante de souvenirs, vient se cristalliser. Autour d'une maison, centre
d'un faisceau de pouvoirs, où la dynastie s'enracine, où
le chef du lignage tient résidence, où, dans le lit dressé
au cœur même de cette demeure, dans la couche où
lui-même est né, il s'emploie consciencieusement à
procréer ceux qui prolongeront l'avenir de la parenté,
où ses filles resteront, jalousement gardées, jusqu'à
leur mariage ou jusqu'à leur mort, où ses fils passeront
leur enfance, qu'ils quitteront, adolescents, pour les
errances de l'aventure, mais dont ils porteront le nom,
où ils se retrouveront à certaines dates, où l'on ne cesse
de raconter l'histoire de la famille, où il arrive, comme
ici, qu'on l'écrive. Une histoire à proprement parler
domestique, puisqu'elle est moins l'histoire d'une race
que d'une maison. De la manière dont cette maison
s'est enrichie, dont elle a défendu ses droits au cours

des âges, des risques qu'elle a pu affronter, des chances qu'elle a pu saisir. Sur ses murs – comme dans le *Roman*, sur les murs du jardin où la Rose est enfermée – le souvenir généalogique vient plaquer quelques effigies. Les effigies d'abord de deux personnages vivants, celle du maître, celle de son héritier – du père, du fils, campés dans les attitudes convenables à chacun d'eux, au vieux, qui commande, entend passer pour sage, mais qui veut que l'on sache bien qu'il fait encore l'amour, au jeune, instable, fougueux –, et l'histoire ne tait pas les tensions qui les opposent. Puis, moins précises, brumeuses et de plus en plus lorsqu'elles s'éloignent dans le passé, les effigies des morts, juxtaposées comme dans une galeries d'ancêtres. Les unes et les autres parées, en pose avantageuse, présentant aux yeux de ceux qui, successivement, au fil des générations, viendront s'établir là, coucher à leur tour dans le lit, gérer à leur tour le patrimoine, l'exemple du bon comportement. Car cette mémoire est sélective. Des gestes accomplis par les vivants et par les morts, elle retient ceux-là seuls, bons ou mauvais, susceptibles de prendre place efficacement dans un discours éducatif. Elle enseigne, elle est l'instrument d'une pédagogie. Et pour cette raison, elle manipule insensiblement les souvenirs, elle les adapte aux exigences du présent, elle les déforme pour qu'il s'ajustent à la lente évolution d'une morale. Voici pourquoi tous les personnages du récit dont je parle se ressemblent. Ils portent tous le même costume, paradent dans les mêmes tournures, la silhouette, le comportement que jugeaient seyants, au moment où cette narration fut écrite, ceux qui en commandèrent la rédaction. Dans ce miroir aux multiples faces, ce sont les traits de leur propre figure qu'ils contemplent, ou plutôt ceux qu'ils souhaiteraient qu'on leur vît.

Mais pour qu'ils soient pleinement assurés, encore faut-il que cette figure soit reflétée, par plans successifs, jusqu'au fond du temps. Leur regard se fixe par conséquent à la fois sur la maison, ce môle de solidité, ce refuge, et sur les ancêtres, qui y naquirent et qui l'ont, les uns après les autres, habitée. Au moment où la mémoire des comtes de Guînes et des seigneurs d'Ardres fut enfermée dans ce texte que j'ai pris pour exemple, un autre prêtre, un chanoine, écrivait non loin de là, à Cambrai. Il écrivait lui aussi une histoire, mais générale, des annales où il s'appliquait à relater tout ce qu'il avait pu savoir des événements du monde. Parvenu dans cette rédaction à la date de sa naissance, il ne résiste pas au plaisir de dire aussi quelque chose de lui-même. Il laisse son propre souvenir s'engouffrer un moment dans une fissure de son récit, de ce récit pourtant très sobre, sec, laconique – à cette époque, on ne gaspille pas l'écriture. De quoi parle-t-il? De la maison d'abord où il vit le jour – et c'est un paradis de prairies et de fontaines; il s'attache à le décrire amoureusement, gauchement –, de quels moyens disposait-on en ce temps, quand on écrivait latin, pour célébrer un paysage? Puis il évoque cet autre repaire, cet autre nid : sa parenté. Pour ne rien dire, ou presque, de ses parents vivants, même les plus proches, de ses frères et sœurs, dont il ne livre même pas les noms. Il parle des morts, et spécialement, parmi ceux-ci, de ceux qui sont pour lui des modèles, qui comme lui, mieux que lui, ont fait carrière dans l'Église, mais encore de héros militaires, ainsi des dix frères de sa grand-mère maternelle qui périrent ensemble glorieusement dans la même bataille et que célèbrent encore de son temps – il en est très fier – « les cantilènes des jongleurs [1] ».

Des chansons. Ce sont encore, à l'époque dont je parle, des conservatoires de la mémoire, et qui, s'ouvrant beaucoup plus largement sur le peuple, se répandent bien au-delà de l'enclos des grandes demeures familiales. Toutefois périssables : ces chants sont

---

1. G. Duby, « Structures de parenté et noblesse dans la France du Nord aux XIᵉ et XIIᵉ siècles », *op. cit.*, p. 267-286.

presque tous perdus. Il en reste cependant quelques-
uns que l'écriture a fixés. Il conviendrait, je pense, que
les historiens de la mémoire entreprennent de les
relire, et de près. C'est une autre source, en effet, et
généreuse, où s'abreuver dans les terres arides qu'ils
explorent, et parmi lesquelles je ne sais quel désir les
conduit aujourd'hui à s'égarer.

Hérésies et sociétés
dans l'Europe préindustrielle
XIᵉ-XVIIIᵉ siècles

Tirer les conclusions d'une rencontre aussi féconde [1] devient une opération singulièrement difficile lorsque l'on veut, comme je crois devoir le faire, contenir cette conclusion dans les termes les plus brefs. Il me faut en effet choisir et, parce que je ne suis pas du tout historien des religions ni de l'hérésie, parce que j'ai étudié surtout certains aspects de la société médiévale, ce choix s'orientera de la manière suivante.

Je ne retiendrai rien, ou à peu près, de ce qui concerne le contenu doctrinal des hérésies, et c'est un très lourd sacrifice parce que beaucoup de précisions, fort importantes et fort précieuses, ont été apportées dans le cours de ces débats. Je m'efforcerai plutôt de revenir au cadre qui avait été fixé à ces journées d'études et qui fut défini par le titre qu'on leur donna : « Hérésies et sociétés ». Je me référerai, en particulier, au questionnaire préliminaire, très stimulant, très pertinent, qui posait comme l'une des questions centrales : « Le rôle de l'hérétique, sa fonction dans la société ». Ceci dans un domaine très nettement délimité : la chrétienté latine entre le XIᵉ et le XVIIIᵉ siècle. Je n'ai nul besoin d'insister sur le prix des apports qui ont touché les domaines extérieurs à ce cadre, qu'il s'agisse des marges slaves en voie de christianisation et où l'apos-

1. Royaumont, 1968.

tasie est apparue comme une manifestation de refus,
qu'il s'agisse du monde byzantin, qu'il s'agisse de
l'Islam, qu'il s'agisse du judaïsme rabbinique.

Au seuil de ces réflexions, qui seront toutes d'ordre
méthodologique, je placerai quelques remarques de
caractère général.

La première de mes impressions, c'est d'avoir pris
une conscience plus claire d'un fait très important dans
l'histoire de la civilisation européenne : la permanence,
l'ubiquité de l'hérésie, toujours décapitée, toujours
renaissante et sous de multiples faces. L'hérésie se
manifeste comme une hydre; encore apparaît-il que
cette hydre n'a pas toujours été également virulente.
Première tâche, et des plus nécessaires : il importe de
situer le plus exactement possible dans le temps les
poussées de vitalité, et inversement les phases de
relâchement, d'assoupissement. Il s'agit bien en effet −
je reprends les termes du questionnaire − d'observer
l'hérétique « dans le processus historique ». Autrement
dit, nécessité d'une chronologie. Le travail est prêt, en
très grande partie. Il suffit, par conséquent, d'affiner,
de confronter, et déjà nous voyons s'isoler très nettement des périodes où les témoignages sur l'hérésie se
multiplient, et d'autres, au contraire, qui sont des
creux, qui sont des vides. Ainsi a-t-on parlé, plusieurs
fois, au cours de ces journées des sept ou huit décennies de bonace entre la fermentation de la première
moitié du XIᵉ siècle et les remous très profonds du XIIᵉ.
Toutefois, si l'on considère cette chronologie dans son
ensemble, on est tout de suite frappé par une opposition que je crois fondamentale.

D'une part, le temps médiéval, que j'appellerais
volontiers le temps des hérésies vaincues, ou plutôt des
hérésies étouffées. L'hérésie alors est là, permanente,
foisonnante; elle est endémique, ajoutons nécessaire,
sans doute vitale, organique, mais elle est toujours
terrassée. Il faut décomposer cette première période en
deux phases successives : d'abord phase d'hérésies
courtes (on l'a dit, pour le XIIᵉ siècle : « leur vie est

courte, mais intense, peu d'hérésies survivaient à une deuxième génération »), suivie par une phase où les hérésies deviennent beaucoup plus tenaces, et de plus en plus résistantes. Après cette première époque des hérésies étouffées, domestiquées et peu à peu réduites, on voit ensuite, au début du XVIe siècle, avec la cassure luthérienne, avec cette blessure qui ne s'est pas fermée et qui a contribué à faire éclater un univers jusqu'alors unitaire, s'ouvrir le temps de la coexistence et de la partition territoriale, partition qui fut supportée avant d'être acceptée, puis acceptée avec de plus en plus d'indifférence. Dès lors, la fonction même de l'hérésie, désormais établie en « société externe », et la situation même de l'hérétique par rapport à lui-même et par rapport aux autres, se trouvèrent radicalement transformées. Ce qui fait que l'historien des temps modernes ne peut pas étudier l'hérésie de la même manière que le médiéviste, non seulement parce que les documents changent alors tout à fait de nature, non seulement parce qu'avec le progrès des techniques d'expression, les « armes » de l'hérésie ne sont plus les mêmes, mais parce que le climat d'ensemble a subi une mutation décisive. On peut donc reconnaître deux versants qui sont tout à fait séparés. Nous nous en sommes en fait bien rendu compte, et la seule défaillance de ce colloque, c'est même qu'en dépit de quelques interventions et de provocations parfois très méritoires, on ne peut dire qu'il ait donné véritablement lieu à de sérieuses confrontations de méthodes entre les médiévistes et les modernistes.

Je pense aussi avoir pris conscience plus claire de la difficulté à définir ce qu'est un hérétique, donc, et c'est ce qui nous importe, à nous historiens, à le discerner à travers les documents. Nous sommes partis d'une définition, proposée par un historien-théologien : l'hérétique est celui qui a choisi, qui a isolé de la vérité globale une vérité partielle et qui, ensuite, s'est obstiné dans son choix. Mais nous nous apercevons vite que notre tâche propre, à nous qui scrutons le passé, est bien de distinguer ceux qui, à tel moment, ont été désignés par leurs contemporains – par certains de leurs contemporains – comme étant des hérétiques. Or, au même moment, les critères de ce jugement ont pu différer singulièrement. Tel a pu être nommé hérétique par un interlocuteur dans la chaleur d'une discussion, pourchassé comme hérétique par un maniaque de l'Inquisition, par des obsédés de la déviation à moins que ce ne fût par un Machiavel de la politique, et qui n'aurait pas été considéré comme tel par un canoniste, ou par son confesseur. Ce qui appelle à une autre tâche, beaucoup plus difficile que la mise en ordre chronologique dont je parlais tout à l'heure : délimiter à chaque moment ce qu'on a appelé fort justement dans ces débats, le « contour » du milieu hérétique. Entreprise fort délicate. Est-elle même possible si tant est que ce milieu, très souvent clandestin, apparaît toujours très fluide, si fluide qu'il échappe à toute délimitation ? Je reviendrai sur ce point tout à l'heure.

Je ferai remarquer enfin, pour en terminer avec ces réflexions générales, qu'il importe de bien réfléchir sur un fait d'évidence. Tout hérétique le devient par une décision des autorités orthodoxes. Il est d'abord, et souvent il reste toujours, un hérétique aux yeux des autres. Précisons : aux yeux de l'Église, aux yeux d'*une* Église. Considération importante parce qu'elle fait apparaître comme historiquement indissoluble le couple orthodoxie-hérésie. Encore ne faudrait-il pas tenir l'une et l'autre pour deux provinces riveraines qui seraient délimitées par une frontière très franche. Il s'agit bien plutôt de deux pôles, entre lesquels s'étendent de larges marges, d'énormes zones, d'indifférence peut-être, parfois de neutralité, en tout cas des franges indécises et mouvantes. Mouvantes, cette constatation peut devenir féconde pour qui s'interroge, non seulement sur les contours du milieu hérétique, mais sur les phases de l'histoire de l'hérésie, et sur le contenu même des doctrines hétérodoxes.

Il est bien évident que, selon que l'Église orthodoxe

se trouva plus ou moins exigeante à tel moment ou à tel autre, le secteur de la société réputé hérétique, condamné et inquiété comme tel, fut plus ou moins large. Voici qui permettrait d'ailleurs d'énoncer plus vigoureusement un problème, qui n'a été ici qu'effleuré, celui de l'hérésie à l'intérieur de l'hérésie : lorsqu'une hérésie apparaît au sein même de l'hérésie, c'est bien qu'une partie du milieu hérétique s'est érigé en Église. Peut-être l'hérésie est-elle toujours une Église en puissance ; encore faut-il, pour qu'elle secrète en son sein ses propres hérésies, qu'elle devienne une Église vraie, c'est-à-dire qu'elle se mette à exclure et à condamner.

D'autre part, si l'on considère les phases, ne peut-on penser que les périodes où la virulence semble s'atténuer, où les témoignages sur l'hérésie disparaissent dans les sources, sont parfois celles où l'orthodoxie devient moins tendue, se montre indulgente, accueillante ? Par mollesse – ou bien parce que l'Église est occupée elle-même de sa propre réforme et qu'elle assume en partie l'inquiétude hérétique – ou bien encore parce qu'elle s'efforce, au contraire, en état de faiblesse, à certaines réconciliations. L'étude de l'hérésie, nous l'avons tous senti, débouche sur l'étude de la tolérance et de ses diverses motivations.

Enfin, la part immédiate et fondamentale que l'orthodoxie prend, dans l'apparition et la sécrétion de l'hérésie, affecte aussi le contenu même des doctrines hétérodoxes. C'est en effet la sentence de condamnation prononcée par des « clercs » qui isole un corps de croyance et qui le nomme. En le nommant, il l'assimile (souvent à tort d'ailleurs, par méconnaissance ou par mépris) à des ensembles dogmatiques déjà connus, inventoriés. Par là même n'amène-t-il pas la doctrine condamnée à se nourrir aux dépens de ces hérésies anciennes ? En tout cas, n'infléchit-il pas l'évolution même de la croyance hérétique ?

Ces brèves réflexions générales n'étaient peut-être pas inutiles avant d'aborder la question centrale, « Hé-

résies et sociétés », et d'examiner de quelle manière
nous pouvons, au terme de ces journées de travail en
commun, modifier, ajuster et compléter le questionnaire qui au départ nous était proposé.

A mon sens, l'un des premiers apports de ce colloque
fut de mettre en évidence la nécessité de mener très
distinctement l'investigation historique, selon qu'il
s'agit de la naissance, ou plutôt de la formation d'une
doctrine hérétique, et d'autre part de sa diffusion. Je
dirai, de manière plus précise, qu'il paraît maintenant
nécessaire d'examiner tout à fait à part le cas de
l'hérésiarque. Sauf exceptions, que je crois fort rares,
l'hérésiarque appartient aux cercles dirigeants d'une
Église, cénacles, écoles, ou petits groupes de réflexions,
c'est-à-dire à des milieux dans lesquels l'historien peut
généralement pénétrer avec assez de facilité, parce
qu'ils sont de ceux qui ont laissé les traces documen-
taires les plus abondantes. La définition théologique de
l'hérétique peut s'appliquer à l'hérésiarque, mais à lui
seul. Sans doute, lui seul choisit-il vraiment, propose la
sententia electa. Car pour qu'il y ait *sententia*, il faut
qu'il y ait véritablement raisonnement, mise en forme
intellectuelle, et par conséquent, culture. D'autre part,
il s'agit bien là, la plupart du temps, d'une décision
individuelle, ou tout au moins de la décision d'un petit
groupe. L'historien est donc autorisé à examiner en
profondeur les réactions de la personnalité de l'hérésiarque face à son milieu; il est autorisé à s'interroger
sur sa psychologie. C'était l'une des questions principales de notre programme : comment l'hérésiarque
parvient-il à son choix? En réagissant à quelles lectu-
res? Contre quels collègues? Autant de problèmes qu'il
est permis de poser à propos de Luther ou, nous en
avons eu la démonstration ici, à propos de Wyclif. A
propos de l'hérésiarque, seul peut donc, en fonction
des outils dont nous disposons, nous historiens, être
formulée l'une des interrogations proposées : s'agit-il
d'un malade, d'un névrosé? Et de quelle névrose?
Névrose d'angoisse, névrose d'orgueil, névrose de frus-
tration, névrose de minoritaire? Est-il vraiment un

« dévoyé » ? Entendons bien : aux yeux de ceux qui ont
la bonne conscience d'être dans la voie droite. Ajoutons
encore que l'hérésiarque, parce qu'il est un « intellectuel » en réaction à l'égard d'un petit nombre de
confrères qui l'entourent, apparaît très généralement
comme un être fort vulnérable, facile à tenir, à mater,
et qu'il doit faire preuve véritablement d'héroïsme
pour rester *pertinax*. Les cas de fléchissement, d'auto-
critiques, de retours repentis au giron de la mère-
Église sont innombrables et passionnants. Songeons
enfin à la puissance d'absorption du milieu orthodoxe :
la canonisation fut-elle pour le seul saint François
utilisée comme moyen de neutralisation posthume ?

Tout autre évidemment doit être la démarche de
l'historien s'il se préoccupe d'observer la diffusion de
la doctrine hérétique. Il doit déplacer son champ
d'observation pour atteindre les comportements collectifs et modifier en conséquence ses méthodes. Il lui
convient de considérer d'abord les véhicules de transmission : d'établir d'une part une géographie des voies
et des lieux de dispersion ; d'observer d'autre part les
modes de propagande, parole publique, privée, écrit,
image ; de dépister enfin les agents, les agitateurs, tous
les êtres qui sont parfois individuellement accessibles à
l'observation historique, comme les hérésiarques, mais
qui n'ont point les mêmes attitudes psychologiques et
ne sortent généralement pas des mêmes milieux
sociaux.

Transmise, la doctrine est reçue. Par qui ? Par des
êtres insatisfaits, dont l'Église à leur portée n'a pas su
combler les exigences spirituelles, et qui pour cela s'en
détournent, prêtant l'oreille à d'autres messages. Je
retiens la suggestion qui a été faite, de considérer
l'hérésie parfois comme une dévotion manquée, je
dirais plutôt une dévotion frustrée. En tout cas par son
comportement mental, l'adepte diffère encore de l'agi-
tateur et, davantage, de l'hérésiarque. Plus passive,
plus négative aussi, c'est une attitude de refus. Remarquons en passant qu'il a toujours existé d'autres formes
de refus dans le domaine des conduites religieuses, à

commencer par l'évasion mystique – se passer du prêtre sans se dresser pour cela contre l'Église – et par la « fuite au désert », la conversion à la vie cénobitique. Et peut-être conviendrait-il de rechercher attentivement dans les périodes de cette histoire hérétique comment se disposaient respectivement les moments d'efflorescence des hérésies, et ceux où prospérèrent les ordres religieux, de repérer s'il y eut parfois coïncidence, ou d'autres fois compensation.

A ce refus, à cette opposition à la discipline et aux autorités ecclésiastiques, il n'est pas impossible de découvrir des motifs, qu'il convient de distinguer soigneusement et de classer. L'Église a parfois été rejetée, parce qu'elle était effectivement insuffisante par l'effet d'un sous-équipement sacerdotal (ce fut semble-t-il le cas dans bien des campagnes d'Europe au XIᵉ siècle ou après la Peste Noire) ou par inadaptation des milieux les plus actifs du corps ecclésiastique aux besoins spirituels du peuple (il faut ici méditer sur l'échec de saint Bernard face aux cathares). Mais l'Église fut aussi répulsive à certains parce que ceux-ci la jugeaient indigne ; attitude moins passive d'hommes que poussaient alors des exigences morales à l'égard des prêtres qu'ils auraient voulus plus purs ou plus pauvres. Enfin des Églises furent rejetées parce qu'elles apparaissaient étrangères à la nation, ou bien trop visiblement alliées à des pouvoirs politiques ou économiques détestés. La nécessité apparaît donc évidente de procéder alors, comme on l'a fait admirablement devant nous, notamment à propos du hussitisme, à une analyse économique et sociale du milieu hérétique.

Contre cette Église devenue répugnante, telle doctrine propagée paraît satisfaisante à un groupe d'hommes qui l'adopte, plus ou moins complètement, plus ou moins ouvertement. Ce groupe de sectateurs est, on l'a vu, fort difficile à atteindre. La plupart du temps l'histoire ne peut connaître que l'hérésie dépistée ; lui échappent les hérésies cachées, et celles encore qui se montrèrent capables d'un tel mimétisme – songeons aux Vaudois dans l'Italie du XIIIᵉ siècle – qu'elles se confondirent avec l'orthodoxie. Du moins importe-t-il de situer très exactement, et d'abord dans l'espace, celles des sectes qui se révèlent assez nettement dans les documents. Je proposerai donc, comme l'une des tâches les plus urgentes, de travailler à établir une géographie, une cartographie de l'hérésie, à repérer les lieux réceptifs en ville ou dans les campagnes, les points d'où la doctrine a rayonné, les chemins qu'elle a suivis, enfin les asiles où les hérétiques pourchassés ont trouvé refuge, comme ces vallées des Alpes qui jouèrent si longtemps un rôle de conservatoire. Cette recherche préalable préparerait utilement la voie aux essais d'interprétation sociale, aux efforts pour placer les groupes d'adeptes par rapport aux divers niveaux sociaux (riches ou pauvres) et par rapport aux diverses formes de groupements (s'agit-il d'une hérésie qui s'insinue dans le cadre des familles, dans celui des métiers, des confréries ou d'autres associations comme les *consorterie*?). La recherche, je l'ai dit, devient alors des plus malaisées. Nous nous sommes rendu compte, à propos du XIIᵉ siècle, de la difficulté à reconnaître la situation de l'hérétique dans l'organisation sociale de son temps, et nous avons également senti, à propos du jansénisme, la nécessité d'une analyse sûre et précise des zones sociales où telle doctrine hérétique a pu trouver ses lieux de propagation. Je suis même porté à croire que la recherche bute ici souvent contre des impossibilités radicales. Comment saisir en particulier les contours des milieux hérétiques ruraux, alors qu'il est toujours si difficile à l'historien de connaître dans leurs profondeurs les sociétés paysannes?

Enfin, les débats ont montré à plusieurs reprises que les doctrines elles-mêmes, en se transmettant, en se diffusant, subirent une dégradation et un renouvellement. Mais il est apparu aussi que les documents qui permettraient d'observer de près cette dégradation et ce renouvellement sont rares et d'une interprétation fort délicate. Du moins cette notion d'une dégradation, et d'une infiltration progressive des corps de croyances depuis les milieux « intellectuels » vers des milieux de niveau culturel inférieur, permet-elle de rejeter comme un faux problème la question hérésie savante-hérésie populaire? Ou tout au moins de la poser de manière peut-être plus juste, en tout cas plus stimulante. Car la doctrine reçue se déforme toujours. Du fait d'abord des intermédiaires, des propagandistes – ces marchands et ces croisés, par exemple, qui rapportèrent d'Orient une certaine notion du bogomilisme, ou tout simplement les mères de famille transmettant de génération en génération les dogmes clandestins. Mais l'hérésie se déforme aussi sous l'influence de ceux-mêmes qui y adhèrent, puisque, dans l'esprit des adeptes, la doctrine rejoint pour se mêler à elles des croyances « populaires » beaucoup plus simples et beaucoup plus frustes. Presque toujours, en effet, dans les milieux qui s'approprient une hérésie, interviennent comme agent de déformation les attitudes latentes collectives qui favorisèrent d'ailleurs grandement la réception de la doctrine, ces attitudes anxieuses que les Églises appellent des superstitions, mais que nous pouvons, nous, définir comme des comportements religieux instinctifs, fondés sur des représentations extrêmement simples. C'est à ce niveau des consciences qu'il convient de rechercher en particulier les racines des interdits, des tabous, des « modes d'exclusion et de partage » qui peuvent revêtir des formes très tranchées, de schéma généralement dualiste. Le dualisme, dont on sent l'existence à ce niveau des consciences, participe à beaucoup de pulsions instinctives, et notamment au sentiment de culpabilité sexuelle, ce qui explique la fréquence, au sein des groupes hérétiques, de l'exigence de pureté, sinon chez le croyant lui-même, du moins chez un responsable de transfert, chez le « parfait ».

On peut découvrir aussi, à ce palier profond des psychologies collectives, les thèmes très simples qui entraînent les hérésies « populaires », mythe de l'égalité primitive des enfants de Dieu, attente de la fin des temps, idéal enfin de pauvreté, qui parfois se fait nettement jour, mais ne cesse d'être obscurément désiré, on l'a vu, dans les hérésies du XIᵉ au XIIIᵉ siècle, parce que, sans doute, en certains milieux sociaux, cette idée élémentaire formait compensation à la mauvaise conscience d'une richesse mal acquise. En tout cas la fusion progressive des doctrines bâties par les hérésiarques avec des croyances frustes me paraît expliquer les « résurgences », dont les attitudes religieuses latentes sont de toute évidence le lieu ; elle explique aussi certains glissements de l'hérésie depuis certains niveaux sociaux, qui peu à peu, accédant à une culture supérieure, devinrent allergiques à des formes trop primitives, vers d'autres milieux sans doute moins évolués. J'ajoute enfin que ces corps de croyances, disons « populaires » (mais, je crois qu'il vaudrait mieux, puisqu'elles sont présentes en toute conscience, les considérer comme des croyances de soubassement affectif) furent eux-mêmes susceptibles de fermentations religieuses spontanées, en dehors de toute intervention d'une doctrine savante. Ce fut alors, incontestablement, que jouèrent des stimulations d'ordre économique et social. Je ne pense pas, pour ma part, qu'il soit nécessaire toujours de scruter, à propos de l'ensemble du phénomène hérétique, la conjoncture économique et sociale. Mais il est des cas où véritablement l'on discerne un mouvement dialectique. Ils correspondent presque tous aux moments d'affleurement violent des croyances « populaires », comme par exemple au mouvement des flagellants, jugés et poursuivis comme hérétiques par une Église inquiète.

Je voudrais enfin, pour terminer, attirer l'attention sur l'importance dans l'histoire des hérésies, et dans l'histoire des hérétiques, de la répression. On a vu que l'orthodoxie suscitait l'hérésie en la condamnant et en la nommant. On peut apercevoir aussi que l'orthodoxie a résorbé maintes hérésies en les apprivoisant, en les réconciliant, en se les appropriant. Mais il faut ajouter enfin que l'orthodoxie, parce qu'elle punit, parce qu'elle poursuit, met en place tout un arsenal, qui vit ensuite son existence propre, et qui souvent même survit longtemps à l'hérésie qu'il a dû combattre.

L'historien doit considérer avec la plus grande attention ces institutions de dépistage et leur personnel
spécialisé, souvent constitué par d'anciens hérétiques
qui se rachètent. Il y aurait évidemment toute une
histoire profonde à faire de la psychologie de l'inquisiteur, de sa formation, de ses manuels de références.
L'orthodoxie, parce qu'elle punit et qu'elle poursuit,
installe également des attitudes mentales particulières,
la hantise de l'hérésie, la conviction chez les orthodoxes que l'hérésie est hypocrite, qu'elle est masquée
et, par conséquent, qu'il faut à toute force et par tous
les moyens la détecter. La répression crée d'autre part,
comme instrument de résistance et de contre-propa-
gande, des systèmes de représentations divers, qui
continuent très longuement à agir. Enfin tout cet
attirail répressif fut fréquemment utilisé comme un
outil commode par le pouvoir, allié à l'Église orthodoxe, ce qui doit nous diriger vers de vastes perspectives d'interrogations qui, à plusieurs reprises, se sont
entrouvertes durant ce colloque, mais qui réclame-
raient un jalonnement systématique, car elles sont très
largement déployées. Pensons donc au lent transfert de
l'hérésie vers la politique, que nous avons perçu si
nettement lorsque l'on nous parlait du franchisme ou
du XVIIᵉ siècle anglais. Pensons également, beaucoup
plus simplement, à l'utilisation politique de l'hérésie,
du groupe hérétique traité comme bouc émissaire,
avec tous les procédés d'amalgame momentanément
souhaitables.

ORIENTATIONS
DES RECHERCHES HISTORIQUES
EN FRANCE. 1950-1980

En 1950 [1], âgé de soixante-douze ans, Lucien Febvre, dans son bureau de la VIᵉ Section de l'École pratique des Hautes Études, savourait la victoire des *Annales*, cette revue qu'il avait fondée vingt et un ans plus tôt avec Marc Bloch. Elle avait été l'arme d'un combat acharné. Contre ce qui demeurait des traditions positivistes, solidement arrimées à des institutions puissantes – contre l'histoire-bataille, contre une histoire politique isolée du reste, contre une histoire désincarnée des idées. Pour l'histoire économique en premier lieu. De plus en plus pour l'histoire sociale. Enfin – la décision de changer l'intitulé de la revue lorsqu'elle avait commencé de reparaître à la Libération, remplaçant *Annales d'histoire économique et sociale* par *Annales. Économies. Sociétés. Civilisations* est fort éclairante – pour une histoire largement ouverte sur les phénomènes culturels, refusant de privilégier, parmi ce que Michelet appelait les « voies », les « formes », les « éléments de la vie historique », ceux qui relèvent du matériel. Pour une histoire totale, ou plutôt pour une histoire massive : s'éloignant des accidents de surface, de ces petites bulles que sont les « événements », pour sonder l'épaisseur, la profondeur, se coulant pour cela dans les rythmes de très longue durée, s'aventurant

1. Ce texte, inédit, a été écrit en 1980.

jusque dans ces grands fonds où plus rien ne semble changer, plongeant le regard vers les assises, vers les couches les plus stables, les paysannes. Trente années plus tard, l'objectif n'a pas changé : l'histoire qui mérite d'être faite reste, dans la diversité de ses multiples composantes, celle de telle ou telle population à l'intérieur de l'espace qu'elle occupe. Toutefois on n'écrit plus cette histoire en 1980 comme on l'écrivait en 1950. La différence tient à ce que, grâce à Dieu, la discipline historique demeure en pleine jeunesse, et spécialement dans ce pays.

On a parlé, ces temps-ci, de « nouvelle histoire ». A mon sens, on en parle trop. L'expression est heureuse dans la mesure où, stimulante, elle incite à se défier des routines. Mais ce qu'elle contient de polémique peut la rendre dangereuse. Il serait fâcheux qu'elle ravive de vieilles querelles, qu'elle relance des exclusives qui n'ont plus aujourd'hui d'opportunité, qu'elle divise le corps des historiens. Il n'y a pas en effet de « nouveaux historiens ». Il y en a de bons, de moins bons. Tous sont aiguillonnés par l'insatisfaction permanente d'une histoire qui, vivace, déplace sans cesse le champ des ses observations et pose toujours autrement ses problèmes. Voici ce qu'il faut observer de près : comment en France, les conditions du travail historique se sont modifiées en une seule génération.

Je remarquerai d'abord que nous prenons chaque jour plus claire conscience de la relativité de nos connaissances. En 1961, paraissait, dans *L'Encyclopédie de la Pléiade*, *L'Histoire et ses méthodes*, vaste recueil de réflexions pertinentes sur l'esprit et les techniques de nos recherches. Pour une part ce livre faisait front contre les *Annales*. Le maître de l'ouvrage, Charles Samaran, membre de l'Institut, avait chargé une pléiade d'excellents chartistes de présenter dans le meilleur éclairage — et ce fut très salutaire —

l'admirable monument que l'histoire positiviste avait légué, de décrire l'outillage précis servant à récolter, à conserver, à critiquer les témoignages. Ce discours de la méthode historique fut avant tout l'éloge de l'érudition, minutieuse, rigoureuse, objective. Toutefois, dans son souci d'aérer l'édifice et de ramener à soi tout ce qu'il jugeait capable de vivifier le travail de recherche, Charles Samaran, après avoir rappelé qu' « il n'y a pas d'histoire sans érudition », affirmait aussitôt dans sa préface que « l'histoire peut être totale », qu'elle « est une science sociale liée indissolublement aux autres sciences de l'homme » (Lucien Febvre ne se serait pas exprimé autrement), enfin qu' « elle sait d'avance relative » la vérité vers quoi elle tend. Parmi les auteurs, figuraient ainsi Renouard, Meuvret, Georges Sadoul, Philippe Wolff, Charles Higounet. A Henri Iréné Marrou était revenu d'écrire un préambule : « Qu'est-ce que l'histoire », une conclusion : « Comment comprendre le métier d'historien » – et c'est ici, dans un paragraphe intitulé « Objectivité et subjectivité de la connaissance historique », que l'on peut lire : « Dès que l'on entre dans la sphère des réalités proprement humaines, le passé ne peut plus être isolé à l'état pur et saisi en quelque sorte isolément : il est atteint à l'intérieur d'un mixte indissoluble où entrent à la fois, intimement associées, la réalité du passé, oui, sa réalité objective, vraie, et la réalité présente de la pensée active de l'historien, qui cherche à retrouver la première... L'histoire est à la fois objective et subjective; elle est le passé, authentiquement appréhendé, mais le passé vu par l'historien. » Charles Samaran avait tenu à placer en pleine lumière cette proposition de Marrou : « L'histoire est une aventure spirituelle où la personnalité de l'historien s'engage tout entière. »

De cela, nous sommes désormais persuadés. Cette conviction incite d'abord à la modestie. Elle retient de se laisser prendre aux mirages du positivisme. Sans que l'effort se relâche, bien sûr, pour « établir les faits » avec la rigueur et la précision les plus grandes, les œillères sont tombées qui retenaient de considérer, lucidement, que cet établissement est forcément bancal, que nous n'atteindrons jamais qu'une portion dérisoire du passé et qui n'est pas toujours celle vers quoi tendrait notre désir, que la vérité absolue est hors de portée. L'autre découverte est de plus lourde conséquence. Nous mesurons l'influence exercée sur notre démarche, sur la façon dont nous formulons les questions et dont nous nous mettons en quête de leur donner réponse, par l'histoire que l'on dit immédiate, c'est-à-dire par les tumultes du présent. Notre « pensée active » subit le contrecoup de ces ébranlements. Ils l'infléchissent, nous le savons, beaucoup plus fortement qu'on ne l'imaginait jadis. L'important est que les historiens aient appris à ne plus autant se défier de ces agressions, à les prendre pour ce qu'elles sont : stimulantes. Puisque ce sont elles, ce sont les contradictions de notre époque, c'est la position que nous prenons vis-à-vis d'elles qui, dans la plus large mesure, contribuent à sortir la recherche du train-train où elle risquerait de s'enliser bientôt. Nous avons donc moins peur de nos dégoûts et de nos enthousiasmes. Nous maîtrisant, gardant le regard froid tant qu'il s'agit de critiquer les sources – c'est à cette étape du travail que la volonté de subjectivité se concentre –, mais nous laissant aller, dociles, aux impulsions lorsqu'elles entretiennent l'insatisfaction devant la problématique, lorsqu'elles pressent d'interroger toujours différemment les documents. On n'expliquerait pas la vivacité des progrès qu'accomplit sous nos yeux l'histoire sans mettre en cause le sentiment toujours plus vif que pour être bon historien il faut tenir les yeux ouverts sur son temps, que l'histoire neutre, celle que l'on écrit enfermé dans les bibliothèques, est toujours terne et douceâtre.

S'engager dans le présent, prêter l'oreille à toutes ses rumeurs – en un mot : vivre – exige en particulier de se tenir informé de ce qui se découvre et se transforme dans le champ des sciences humaines voisines. L'histoire s'affaiblirait de s'isoler. Il lui faut jouer pleinement sa partie dans un peloton dont les équipiers s'épaulent, rivalisent entre eux, chacun pressant le pas dans l'espoir de prendre la tête. Ce fut la gloire des *Annales* (et ça l'est encore) d'avoir misé sur une telle solidarité compétitive, d'avoir tant lutté pour que les barrières s'abaissent entre les disciplines. Les historiens suivent des yeux leurs partenaires. Ils s'appliquent à demeurer dans la foulée des plus agiles. C'est ainsi qu'ils parviennent à se surpasser.

Au beau temps des *Annales*, la discipline de pointe avait été en France la géographie. Elle entraînait tout. J'aime à le répéter : lorsque j'étais étudiant, ce furent les géographes, mes maîtres, qui me firent les premiers connaître Marc Bloch et Lucien Febvre. Ce que ces deux savants devaient eux-mêmes aux travaux des géographes, français et allemands, est évident. Ouvrez *La Méditerranée* : la place que Fernand Braudel fait au paysage est primordiale. Les vents et les reliefs, les pâtures et les vergers, les flux migratoires tiennent des rôles de premier plan sur la scène qu'il a superbement dressée, et lorsqu'il entreprend d'analyser la durée, je me demande s'il ne doit pas davantage à l'influence des géographes qu'à celle des économistes. Géo-histoire : une œuvre comme celle de Charles Higounet expose les fruits d'une telle alliance.

Si je réfléchis sur l'apport de la géographie, il m'apparaît cependant que l'incitation la plus féconde, la plus prolongée fut celle qui conduisit les historiens à donner plus volontiers pour cadre à leurs enquêtes la monographie régionale. Ils ont appris à circonscrire convenablement un territoire; à considérer l'ensemble des hommes qui le peuplent dans leur rapport avec ce milieu, c'est-à-dire avec la nature longuement façonnée par l'histoire; à mettre en relation les multiples forces intervenant pour donner à cette population ses formes et pour faire évoluer celles-ci. En quoi l'étude de la société féodale que j'entrepris de mener dans les bornes étroites d'une petite région de la France centrale se distingue-t-elle, par son propos, par sa démarche, des enquêtes que les Allix, les Faucher, les Juillard avaient auparavant conduites dans tel secteur des Alpes, de la vallée du Rhône ou de l'Alsace pour confronter l'organisation d'un paysage à celle d'une paysannerie? L'école géographique française donnait de surcroît l'exemple de la décentralisation des programmes. Alors que la recherche en histoire demeurait résolument parisienne, toujours fidèle à la longue tradition portant à tout regarder par les yeux du prince, depuis les sièges du pouvoir étatique et donc depuis la capitale, alors que, volontiers jacobine, elle se montrait encore sensible en premier lieu aux processus d'unification, la recherche en géographie, qui depuis longtemps avait implanté à Grenoble l'un de ses centres les plus vigoureux, s'éparpillait partout parmi les provinces, et c'est là, localement, sur le terrain, qu'elle accumulait les succès. Je suis tenté de chercher ici l'une des racines de cette innovation parmi les plus profitables : la prise en compte d'une histoire régionale. Toutes les perspectives en furent en effet changées. La France du Sud, parente très pauvre jusqu'alors de l'historiographie de qualité, sortit peu à peu de l'ombre. Ce qui mit en question certaines propositions fondamentales. Ainsi, par exemple (j'avertis que je tirerai de préférence mes exemples de mon domaine propre, le Moyen Age), à propos de la féodalité. On la voyait se former dans les pays francs, entre la Loire et le Rhin, sur les débris de la monarchie carolingienne. Les résultats d'investigations récentes, dont certaines, fort remarquables, se sont poursuivies en Catalogne, incitent aujourd'hui à penser que le Midi fut bien loin d'accueillir passivement des formes de sociabilité venues du Nord, que certains aménagements des rapports sociaux, parmi les plus décisifs, y furent sans doute d'abord expérimentés. C'est bien, en tout cas, sur le versant méridional de la Gaule que prirent leur

source certains courants qui imprimèrent à la civilisation « française » du XIᵉ siècle quelques-uns de ses traits
majeurs. Je pense au mouvement pour la paix de Dieu,
à la conception de la vie monastique que l'on se faisait
à Cluny, à la réforme ecclésiastique que nous disons
grégorienne, aux manières de bâtir, de sculpter dans la
pierre que nous disons romane. Une telle décontraction
de l'enquête était pleinement amorcée il y a trente ans.
Elle s'est affirmée depuis lors.

Plus récemment, d'autres défis ont été lancés aux
historiens. Ils vinrent principalement de la linguistique
et de l'anthropologie, les deux disciplines qui supplan-
tèrent la géographie et vinrent la relayer aux premiers
rangs du front de conquête. Les travaux des linguistes
débouchèrent sur le structuralisme, dont on sait le
succès qu'il eut un moment. Conviant à négliger le
changeant pour l'immobile, le structuralisme reniait
l'histoire. Il tendait en tout cas à la marginaliser. Ce fut
pour les historiens comme un coup de fouet. On
s'aperçoit aujourd'hui qu'il fît gagner un large terrain. Il
encouragea à analyser plus judicieusement ce que nous
autres historiens appelions déjà des « structures ». Il
porta certains d'entre nous à ne plus contenir leurs
observations à l'intérieur de phases relativement courtes, à arpenter audacieusement de très longues périodes,
déplaçant d'une extrémité à l'autre des concepts de
manière à distinguer ce qui est stable de ce qui bouge.
L'exemple de la linguistique renforça la tendance à
examiner au plus près l'écorce formelle des témoignages.

Ainsi le gant fut relevé, tandis que, lentement, la
mode passait, et que, dans toutes les sciences humaines, l'attention se tournait de nouveau vers les frémis-
sements du temps court. De la brève crise demeure ce
fait remarquable : nul, dans les dernières années,
mieux que Michel Foucault n'aida les historiens à
resserrer la trame de leur interrogatoire.

Nul, sinon Claude Lévi-Strauss. L'anthropologie progressait du même pas que la linguistique. Comme celle-ci, elle prenait principalement pour objet des systèmes, elle construisait volontiers des modèles et s'appliquait à démontrer la permanence de leurs articulations. En outre, les ethnologues en étaient encore à observer surtout des sociétés exotiques, « froides », qui semblent totalement à l'écart de l'histoire. Le succès de ces études, les faveurs qu'elles recueillirent très vite dans le public cultivé tendaient, eux aussi, à cantonner dans un rôle subalterne le travail des historiens. Mais Lévi-Strauss ne les invitait-il pas à se ranger sous la bannière d'une discipline entraînant désormais toutes les autres? Se référant à Lucien Febvre, à son livre *Le Problème de l'incroyance au xvie siècle*, il leur faisait remarquer que « tout bon livre d'histoire est imprégné d'ethnologie » *(Anthropologie structurale)*. Ce qui est vrai et nous rendit très attentifs aux méthodes et aux découvertes de l'anthropologie sociale. A ce moment d'ailleurs, la décolonisation obligeait bon nombre d'ethnologues à se replier sur la « métropole ». Ils prirent pour terrain les campagnes de France, bientôt ses villes. On vit se développer une « ethnologie française » qui s'appropria la fonction pionnière longtemps assumée par la géographie humaine.

Dans les dix dernières années, la stimulation qui vint de ce côté fut très vive. De toutes les collaborations, celle des ethnologues nous paraît aujourd'hui la plus fertile. Dans la jeune histoire, le projet de Jacques Le Goff de construire une « anthropologie historique » n'est-il pas ce qu'il y a de plus novateur? Toutefois, provoqués de la sorte, les historiens sont contraints d'ajuster leur méthode. Les instruments de la critique historique furent en effet forgés pour s'appliquer à des discours cohérents évoquant les mouvements les plus vifs de la durée. Pour appréhender convenablement les lenteurs et percevoir l'inexprimé, il nous faut par conséquent employer d'autres matériaux et traiter différemment ceux qui nous sont familiers.

***

Ainsi les textes demeurent notre source principale d'information. L'histoire continue de construire le fort de son discours à partir d'autres discours. Cependant dans la façon de manipuler ces documents, de les trier et de les soumettre à la question, je discerne deux changements récents qui sont inversement orientés. Dans la mesure même où l'histoire s'intéresse aux formes structurales, aux oscillations de très longue fréquence et de très faible amplitude, dans la mesure où elle porte son regard vers les couches profondes du corps social, vers ces gens qui parlent peu et dont la plupart des paroles se sont perdues, dans la mesure où le quotidien, le banal, ce dont nul ne songe à conserver la mémoire lui paraît plus digne d'attention que ce qui fait sensation, il lui faut se mettre en quête d'une multitude d'indices très menus, différant à peine les uns des autres et qui s'éparpillent parmi les liasses et les registres. L'histoire devenue celle de l'épaisseur, de la profondeur, l'histoire massive doit élaborer massivement un minerai très lourd et de très faible teneur. Remuer des tombereaux d'écriture insipide pour en extraire une poignée de données, qui sont numériques. Compter, calculer des taux, tracer des courbes, et pour cela disposer en série quantité d'éléments homologues. Dans les premiers balbutiements d'une histoire économique, les historiens des prix, des salaires s'étaient ainsi comportés très tôt. L'exemple des géographes, puis celui des linguistes, le goût de l'anthropologie structurale pour les modèles mathématiques incitèrent à se fonder toujours davantage sur des dénombrements, jusqu'à cet espoir, ce désir de tout mesurer, de tout quantifier, lorsque des machines rendirent de telles opérations à la fois plus aisées et plus précises. Ce fut comme si les tableaux statistiques et les graphiques allaient tenir dans nos disciplines le rôle qui fut celui du papier collé, vers 1910, dans les désarrois de la grande peinture : une planche de salut, le recours contre le vertige qui prend lorsque tous les cadres sont dissociés par le pointillisme et que glisse entre les doigts l'impalpable diversité des phénomènes. Quelque chose d'apparemment solide à quoi s'accrocher. Dans les déroutes du positivisme, le chiffre et ses décimales donnèrent l'illusion de l'exactitude et que l'histoire peut tout de même être une science. Nous savons à présent que tout n'est pas quantifiable et qu'une surabondance de précisions numériques peut être un leurre. Il est cependant bien certain que la connaissance historique n'aurait jamais remporté les spectaculaires victoires de ces temps derniers sans la mise en œuvre des procédés de l'histoire sérielle.

Ce furent évidemment les spécialistes de l'époque moderne, des XVIe, XVIIe, XVIIIe siècles, qui montrèrent le chemin. Tout naturellement. Les textes datant de ces temps-là se prêtent à être exploités de cette manière, abondants mais pas trop, et pour une large part comptables. On avait mesuré d'abord les fluctuations de la valeur des choses, du cours des monnaies, du trafic marchand. On en vint rapidement, appliquant ces procédés aux mentions de baptêmes, de mariages, de sépultures que l'on trouve empilées dans les registres paroissiaux, à l'étude des mouvements de la population. L'histoire démographique fut ainsi la grande triomphatrice : elle répandit de toutes parts dans le monde le renom de l'école française. Dénombrer des fiançailles ou des décès invitait à se demander si de semblables méthodes ne pourraient pas servir aussi à mieux appréhender des phénomènes qui ne sont pas matériels. On s'aperçut vite que l'analyse statistique, non plus des faits eux-mêmes mais des formules rituelles par lesquelles ils sont rapportés, pouvait être très fructueuse. Traiter ainsi des séries de testaments, par exemple, livrait des informations de tout premier intérêt sur l'évolution des attitudes devant la mort et l'au-delà. L'histoire quantitative débouchait ainsi sur celle des comportements et des mentalités.

Parce que leur information est beaucoup moins dense, et surtout trop lacunaire, les médiévistes, les historiens de l'Antiquité ne peuvent faire le même usage de ces procédés. Ils s'aperçoivent cependant que l'ordinateur peut devenir pour eux un outil très efficace, qu'il est utile de lui livrer certaines données : les objets que la fouille découvre et qu'il n'est pas meilleure façon de classer ; les mots surtout. Disséquer de cette façon un vocabulaire, compter les occurrences de vocables, évaluer les taux de fréquence ne permet pas seulement d'affiner de manière radicale les pratiques tradition- nelles de la critique des textes, de déceler les faux, les interpolations, de préciser des dates, donc de préparer des éditions moins fautives. Le recours à la quantifica- tion aide à capturer le sens, à mieux s'en rendre maître dans sa profondeur et dans sa mobilité.

C'est ici, précisément, que confluent, pour transfor- mer de concert les méthodes de l'histoire, le premier courant, dont je viens de parler, et cet autre, parti pourtant d'une direction opposée. J'évoque la tendance fort vive à revenir, après l'avoir longtemps délaissée, à ce qu'il y a de narratif dans les sources écrites, pour l'abondance et la succulence de ce que livrent les récits. Cette tendance invite à se comporter à l'égard de l'information à l'inverse de l'histoire sérielle : tirer de la masse le discours le plus riche pour sa valeur expressive, pour la densité de son contenu. Extraire le monumental du tout-venant. Ce texte privilégié, il convient toutefois de le lire autrement. Les historiens n'ont pas inventé ces nouveaux procédés de lecture. Ils les ont empruntés à d'autres sciences humaines, à la psychologie sociale, à l'ethnologie, à la linguistique – en ce domaine encore initiatrices. Le langage est pris désormais comme matériau. Mais il s'agit moins de compter ses éléments que de démonter ses structures et de comparer. La signification est appréhendée par une autre face, par la topologie, en explorant des champs, en repérant des constellations de termes. Et, c'est ici l'apport spécifique de l'histoire, en cherchant à discerner comment ces ensembles se modifient dans la durée. Mais il apparaît bientôt qu'il ne faut pas s'en tenir aux seuls vocables, que d'autres signes, semblablement traités, procurent des informations très précieuses sur les comportements, les attitudes mentales des hommes du passé, sur l'évolution globale d'une culture, d'une formation sociale. C'est d'une sémiologie beaucoup plus large que les historiens aujourd'hui se soucient. Ils en sont à redonner vie, les pressant d'interrogations, à l'héraldique, à l'iconologie, à l'histoire de la maison ou du costume. Ils en sont à inventer une histoire des gestes.

Car ils ne sont pas restés tout à fait sourds à l'appel de Lucien Febvre invitant, il y a près d'un demi-siècle, à ne point se référer uniquement aux mots, mais à quantité d'autres indices répandus parmi les choses. Une bonne part de ses conquêtes récentes, la recherche historique française la doit à l'essor de l'archéologie. Ce développement date d'hier. Il fut rapide. Non pas que les moyens mis à la disposition des fouilleurs aient été sensiblement renforcés. Le succès tient pour une part à la vogue dont bénéficie ce genre de recherche et qui, comme l'engouement pour l'anthropologie paysanne, pour les arts et les traditions populaires, comme la mode de la brocante, procède de la nostalgie du « monde que nous avons perdu », que nous imaginons paisible, ordonné, le monde rassurant de la ruralité. Mais le succès de l'archéologie tient surtout à ce qu'elle ne cherche plus la même chose. Elle aussi a cessé de se préoccuper seulement de l'exceptionnel. Au souci de sauver des chefs-d'œuvre s'est ajouté celui de mettre au jour, de décaper, de soigneusement inventorier toutes les traces, jusqu'aux plus dérisoires, de la vie de tous les jours, le projet de reconstituer, comme on dit dans l'Europe de l'Est, la « culture matérielle ». Les chercheurs français n'ont effectivement rien fait que s'avancer, et avec un fort retard, dans des voies qui s'étaient ouvertes en Pologne, en Roumanie, dans les pays scandinaves. La France fut touchée il y a bientôt trente ans. On s'est mis à fouiller l'emplacement des forteresses de Normandie, les sites de villages bourguignons, aquitains, provençaux, lorrains, désertés après la Peste Noire ou durant les temps modernes. Il arrive que les découvertes des archéologues contredisent des hypothèses jusqu'ici tout entières fondées sur l'enseignement des textes. Ainsi de l'habitat fortifié : on avait depuis longtemps reconnu que le système de rapports politiques, économiques et sociaux que nous désignons par le terme de féodalité s'était construit autour des châteaux; ceux-ci apparaissent très peu nombreux dans les documents d'archives; or dans toutes les provinces où l'enquête archéologique s'est développée, elle a fait apparaître en quantité les « mottes », ces buttes artificielles élevées au xie siècle pour servir d'assises à des fortifications; ne faut-il pas désormais relire attentivement les chartes, vérifier si la place de la chevalerie dans le corps social est bien celle qu'on imaginait jusqu'ici? Autre défi lancé par les archéologues : dans les ruines d'un petit groupe de maisons perchées près d'un château sur une colline de Provence on a découvert d'abondants vestiges de céramiques qui semblent importées d'Italie, d'Espagne, de la côte barbaresque; cela dérange ce que nous croyions connaître de la pénétration de la monnaie et de la marchandise lointaine dans ces campagnes à la fin du Moyen Age. Enfin, mesurer les squelettes exhumés d'un ancien cimetière du Sud-Ouest oblige à reconnaître aux rustres de ce temps-là une constitution physique fort différente de celle qu'on leur attribuait : ils apparaissent mieux nourris, plus robustes, beaucoup moins sujets aux maladies de carences et capables de vivre plus longtemps; ce qui conduit à rectifier quantité d'assertions à propos de la circulation des biens, de la démographie, des relations de famille, et par conséquent, des comportements et des mentalités.

C'est l'histoire médiévale qui jusqu'ici a profité surtout des apports d'une archéologie soucieuse des aspects quotidiens de la vie. Mais la curiosité s'avive de toutes parts pour les instruments, les costumes, les emblèmes, pour toutes les représentations figurées que les hommes du passé ont données de leur existence concrète et de leurs rêves. Ces traces deviennent évidemment beaucoup plus nombreuses dès que l'on se rapproche de notre époque. Elles sont partout, à la ville comme à la campagne. Encore abondantes, mais menacées, et nous prenons conscience de leur fragilité. On se met à en faire l'inventaire, on les recueille, on les restaure. Ainsi s'inaugure, à l'exemple encore d'expériences conduites depuis longtemps à l'étranger, une archéologie industrielle au Creusot. Ailleurs ce sont des collections de cartes postales qui révèlent une organisation de l'espace dans le village ou à l'intérieur des maisons, des attitudes corporelles, toute une conception du monde, un système de valeurs qui régnait encore il y a fort peu de temps, mais dont nous ignorions qu'il fût si profondément plongé déjà dans l'oubli.

Ce qui s'est rajeuni dans la conception de l'histoire, dans la manière de choisir les sources d'information et de s'en servir est indissociablement lié au renouvellement des questions que l'historien se pose. Dans l'histoire des sociétés, vers quoi finalement tous nos efforts convergent, je discerne d'abord comme une restriction relative de la part faite à l'économique. A l'époque où furent fondées les *Annales*, l'histoire économique tenait le premier rôle. L'histoire sociale suivait; elle faisait figure de comparse. Elle s'est avancée, et très rapidement depuis trente ans, sur le devant de la scène. Mais non point seule : elle entraîne avec elle ce que Lucien Febvre nommait l'histoire des civilisations. L'histoire de la culture? L'expression ne vaut pas mieux. Il s'agit de ces facteurs qui ne relèvent pas du matériel. Du reflux de l'explication prédominante par l'économique, les principaux responsables furent les historiens de l'Antiquité et ceux du premier Moyen Age : en effet les documents qui renseignent sur ces époques sont très pauvres en données susceptibles d'une exploitation statistique. Antiquistes et médiévistes étaient donc préparés à entendre Marcel Mauss, Veblen, Polanyi et les représentants de l'active école française d'africanisme. Il leur suffisait d'ailleurs d'ouvrir les yeux pour se convaincre que, dans ce passé lointain, l'argent occupait une place beaucoup plus restreinte dans les relations humaines, que l'esprit de profit exerçait sur les comportements moins d'influence que les coutumes et les croyances. On s'aperçut vite que les fondateurs d'une histoire économique du Moyen Age, des historiens d'aussi grand talent et d'aussi plein succès qu'Henri Pirenne, s'étaient laissés gagner par une forme d'anachronisme très insidieuse et qu'il est fort difficile d'esquiver : ils avaient projeté dans le passé, pour en interpréter les vestiges, leur propre manière de voir et d'agir. Ils avaient un moment oublié que les choses n'allaient pas exactement autrefois comme elles vont autour de nous ; que, par exemple, ni la monnaie ni le commerce n'avaient à Gand au XIIe siècle la même signification qu'au XXe ; que les lois de la formation des prix dont les économistes de notre temps nous informent ne peuvent s'appliquer dans des formations sociales engoncées dans le ritualisme, qui, par exemple, ne se font pas la même idée de l'au-delà ; bref que le capitalisme appartient à notre monde et qu'il n'est pas chez lui en d'autres lieux et en d'autres temps. Les historiens des temps féodaux durent ainsi faire à la gratuité une place qu'ils ne soupçonnaient pas aussi large. Ils découvrirent qu'ils risquaient de ne rien comprendre au mouvement des biens s'ils ne reconnaissaient pas que parfois le goût de détruire les richesses joyeusement l'emporte sur celui de les produire, que les valeurs de loisir dominent de très haut, dans la plupart des sociétés, celles de travail, que la largesse, voire le gaspillage s'établit souvent au sommet de l'échelle des vertus. Admettre dans les échanges la prédominance du don et du contre-don sur la vente et l'achat, et celle de la fonction symbolique dans l'instrument monétaire aboutit à se représenter les mécanismes de la société féodale de manière entièrement neuve et beaucoup plus juste. Pièce à pièce, la révision se poursuit : on en est aujourd'hui à mieux saisir, par exemple, l'idée que se faisaient de la propriété les gens du xie siècle en remarquant que les notions d'indivision et de solidarité débordaient alors largement les limites de la matérialité, c'est-à-dire du monde visible.

C'est ainsi peut-être que les historiens furent invités à s'engager dans l'une des voies que leur désignait l'anthropologie : l'analyse des structures de parenté. Les premières enquêtes sur l'histoire de la famille furent lancées en France il y a une vingtaine d'années. Dans nul autre domaine, les gains ne furent plus abondants. C'est aussi que l'ardeur à prospecter était ici particulièrement vive, attisée par la curiosité et l'inquiétude devant les problèmes que, dans son évolution actuelle, affronte notre propre société. En ce point précis se voit, plus clairement peut-être qu'ailleurs, comment le trouble qui agite la conscience de l'historien peut retentir sur le choix de ses itinéraires : ce n'est évidemment pas un hasard si l'on s'intéresse tant en 1980 à l'enfant sous le règne de Louis XIV, à l'amour courtois, à la prostitution, aux ouvrières du second Empire, aux dames et aux paysannes des temps féodaux. En tout cas, à mesure que nous connaissons mieux la nature des rapports qui, au xie ou au xviie siècle, s'établissaient entre tel homme et ses ancêtres, son épouse, ses frères et ses cousins, ses descendants, nous portons un regard différent sur les faits politiques, religieux, économiques. Lorsque, s'associant aux efforts de quelques africanistes de formation marxiste, les médiévistes affinent le concept d'un mode de production familial, lorsqu'ils cherchent à percevoir comment se répartissaient les tâches, les profits, l'autorité à l'intérieur de cette cellule sociale essentielle qu'est la parenté, qui disposait des femmes et décidait de les donner en mariage, lorsqu'ils tentent de mesurer

ce que consommaient aussi les morts, ils soulèvent peu
à peu le voile. C'est bien entendu dans le prolongement
des conquêtes de l'histoire démographique que se situe
celle, très vaste et bouleversante, de l'histoire de la
famille. De longue date, les historiens s'occupent de la
mort et du mariage. Mais aujourd'hui ils regardent
autrement ces phénomènes. Ils ne se contentent pas de
mettre en statistiques la mortalité, la nuptialité pour
évaluer leurs effets sur la croissance ou le repli d'une
population. Ils s'intéressent davantage aux rêves qui
gouvernent les comportements, aux codes, aux interdits, à leurs transgressions, à l'espoir dont on se berce,
aux rituels.

Aujourd'hui, la fête est devenue l'un des thèmes
favoris de l'historiographie française. N'est-ce pas
parce que celle-ci a simultanément découvert l'importance fondamentale de la gratuité et du cadre familial,
et parce que l'ethnologie, la linguistique l'ont incitée à
observer principalement des signes, des emblèmes, des
mimiques? Tandis que les psychanalystes l'appelaient
à faire une place toujours plus grande à l'angoisse, au
désir, aux pulsions inconscientes. Comment s'étonner
en tout cas de la voir avec tant d'application scruter
maintenant l'immatériel?

La prise en considération du rôle des mythes, des
rites, de l'imaginaire dans l'évolution des sociétés
humaines fut sans conteste facilitée par la progressive
défaveur du concept de causalité, elle-même accélérée
par les efforts salutaires de critique dont les formes
vulgaires de la pensée marxienne ont fait l'objet dans
les années 50, de la part notamment des marxistes
eux-mêmes. Ce retrait accompagnait d'ailleurs naturellement celui de l'histoire événementielle. Il est permis
de chercher une cause à tel événement. On peine à
mettre en évidence celle qui suscite l'insensible glissement des structures. A s'enfoncer dans les profondeurs
de la durée, l'idée s'impose que l'évolution d'une

formation sociale est déterminée par des facteurs innombrables. Ils agissent ensemble. Ils sont eux-mêmes agis par ceux qui les environnent. Comment désigner celui dont l'intervention est primordiale? N'est-il pas vain de se demander lequel « en dernière instance » est déterminant? Résignés à ne pouvoir atteindre que des vérités très partielles et relatives et contraints à la réserve par cette conviction même, les historiens se persuadent de l'indissociable globalité des influences. Il leur semble tout à fait inutile de s'acharner à ajuster les maillons d'une chaîne de causes et d'effets. Leur effort est de pénétrer les finesses d'un jeu de corrélations, d' « interconnections »; ils voudraient mettre en « relations intelligibles » diverses branches, contemporaines, de l'activité humaine »; leur espoir est de reconstruire des « unités cohérentes, significatives » (Marrou). Plus étroitement que jamais, leur attention se fixe donc sur les rapports, les processus de liaison, les phénomènes d'adhésion, de rejet, d'osmose – ce qui les conduit à s'approprier des concepts que proposent les sciences exactes, celui de membrane, forgé par les biologistes, celui d'interface, forgé par les physiciens.

Une telle inflexion dans les chemins que suit l'historien pour détecter ce réel impalpable, le sillage de ce qui fut vie dans les temps passés, a préparé, sans aucun doute, le succès depuis vingt ans d'une histoire des mentalités. Il n'est aucun historien qui n'admette aujourd'hui la nécessité pour qui veut comprendre un fait historique d'interpeller ce qui se blottit au fond des consciences individuelles, en contrebas de la pensée active, de plonger dans ce magma mal ordonné et pourtant cohérent d'idées reçues, de consignes, de figures apparemment vagues mais dont les membrures sont pourtant assez solides pour contraindre les mots à s'associer de telle ou telle façon, qui enseignent à se comporter d'une certaine manière et sur quoi se trouve tendue la totalité d'une vision du monde. « Prisons de longue durée » bien sûr, les mentalités ne sont pourtant pas immobiles : il appartient à l'histoire, en plein essor, de l'éducation (de toutes les formes d'éducation, celles que donnent l'école ou la cour princière, ce que l'on apprend de son curé, de sa grand-mère, à l'atelier ou au régiment) d'aider précisément à déceler ce qui les transforme.

Il faut bien reconnaître : le terme de mentalité n'est pas satisfaisant. Le concept ne l'est pas davantage. Il faut l'affiner. On y travaille. Les méthodes se précisent qui permettent d'aborder convenablement, rigoureusement, l'histoire des systèmes de valeurs. Et l'on vient d'entreprendre celle des idéologies. Suivre de siècle en siècle dans leur translation insensible ces architectures fantomatiques, en cerner les contours dans l'éparpillement des signes qui font émerger de l'inexprimé tel ou tel pan de la construction : l'entreprise est fascinante. Elle est malaisée, car il faut débusquer les expressions symboliques parmi toutes les traces, écrites ou non, du passé. Elle invite à discerner quels intérêts sont servis par les formations idéologiques, donc les milieux qu'elles rassurent et dont elles justifient les actions, les médiateurs qui les propagent, les stratagèmes qui servent à les imposer et les résistances qu'elles suscitent. Le chercheur s'achemine ainsi vers des lieux où s'entrelacent les liens entre le rêvé et le vécu, entre le concret des conditions matérielles, l'idée que l'on se fait d'elles et les mirages utopiques qui appellent à les transformer. C'est dire que ce genre d'enquête permet de rénover l'énoncé d'un problème fondamental, celui du pouvoir. Les méthodes de l'histoire politique en sont rajeunies. Mais l'histoire des croyances, l'histoire de la peur et celle de la pauvreté que l'on a commencé de faire, l'histoire de l'espérance à quoi il faudrait bien s'atteler, peuvent attendre un profit égal sinon plus grand des déplacements rapides dont la problématique de l'historien est actuellement le lieu. Ils aident à circonscrire d'âge en âge avec beaucoup plus d'exactitude le champ du religieux. De cette délimitation plus précise, tout donne à penser que l'histoire des religions sortira transformée aussi radicalement qu'est en train de le devenir l'histoire économique sous l'effet des réflexions sur le gratuit, sur le loisir, sur le ludique, c'est-à-dire sur l'un des versants de ce que nous appelons les mentalités.

Étudier les idéologies enseigne que dans toute société quelque peu complexe il existe plusieurs systèmes idéologiques et qu'un conflit permanent les oppose. Tout ensemble culturel est hétérogène. Les historiens en sont maintenant persuadés et ils jugent qu'ils doivent étudier dans le passé les différents « niveaux de culture ». Cette métaphore n'est pas sans danger : elle risque d'imposer l'image de couches superposées; elle incite à situer celles-ci en concordance avec la stratification économique de la société. Le fait est qu'elle sous-tend un programme de recherches que l'on peut tenir peut-être pour le plus original de la jeune école française. Je parle des tentatives pour mettre au jour les formes anciennes d'une « culture populaire ». Ce projet date de loin. Lorsque Jacques Le Goff, après avoir avec beaucoup d'élégance campé la silhouette de l'intellectuel du Moyen Age, présenta en 1964 la civilisation de l'Occident médiéval dans un brillant ouvrage de synthèse, il s'écarta résolument des « lignes de faîte », il délaissa les créations culturelles de l'élite, les sommes théologiques, les parades courtoises, les cathédrales, pour le profond, l'obscur, le rustique; il parla abondamment, l'un des premiers, des jeux, du diable, de la faim et de la forêt, des métiers, des superstitions, des manières de manger, des maladies de l'âme et du corps. Il devint pour cela l'un des plus actifs promoteurs de l'archéologie de la vie matérielle et se fit l'auditeur très attentif des ethnologues. Il forma des disciples. Ceux-ci sont fougueux. Ils se sentent comme engagés dans un combat libérateur. Ils veulent rendre la parole aux masses populaires. Ils prennent leur parti. Ils dénoncent le pouvoir exorbitant que confère aux producteurs, aux proférateurs de l'idéologie dominante le monopole des savoirs nobles, du maniement de l'écriture et de toutes les formes d'expression capables de traverser les âges. On découvre sans peine comment la conscience des contradictions actuelles de notre civilisation se joint aux diverses inflexions qui renouvellent sous nos yeux les méthodes de la recherche historique pour orienter de la sorte le désir de connaître. Cet entrecroisement d'influences pourrait illustrer parfaitement le concept de corrélation. En effet, l'exemple des ethnologues, l'attention portée aux sources non écrites, les positions où l'on doit s'établir pour interpréter celles-ci, les réflexions que les avatars récents du fait colonial ont suscitées sur l'acculturation, les résistances nationales, l'impérialisme, les résultats de l'archéologie, le goût pour la ruralité, pour le régionalisme, pour le folklore, tout s'est conjugué pour attirer le regard des jeunes historiens vers les formes mal discernables de ces cultures dont la vie s'est malgré tout prolongée, clandestinement, en contrebas des appareils imposants sur quoi s'attachait jusqu'ici l'attention.

Comme sur les chantiers de fouilles, on voit donc apparaître déjà, patiemment exhumées, quelques bribes. Elles réclament de grands soins. Il faut les dégager de la gangue, raviver leur couleur, confronter des fragments dissociés dans l'espoir de reconstituer des ensembles. Qui veut suivre de près les manipulations dont de tels documents très laconiques sont l'objet et prendre la mesure des découvertes récemment acquises, pourra lire *Le Saint Lévrier*, une étude publiée en 1979 par Jean-Claude Schmitt. Elle s'appuie sur un texte, un écrit du XIIIe siècle. Le dominicain Étienne de Bourbon s'y raconte : il prêchait dans les Dombes; ses pénitentes paysannes s'accusaient parfois de visiter les reliques d'un saint, Guignefort, dont il n'avait jamais entendu parler. Il s'informa. Il apprit avec stupeur que c'était un chien martyr : l'animal s'était battu pour protéger un bébé, et le père de l'enfant, son maître, l'avait tué par méprise. Des miracles se produisaient sur son tombeau : conduites par une vieille du pays, les jeunes mères allaient exposer là leurs nourrissons malingres, attendant de ténébreuses puissances qu'elles les leur rendissent vigoureux. Étienne s'employa à ce que fût rasé le lieu du pèlerinage ; il crut détruire les pratiques. Maniant avec autant de brio que les meilleurs sémiologues l'analyse structurale, explorant comme les archéologues le site et les terroirs environnants, interrogeant les indigènes comme nous apprennent à le faire les ethnologues, se tournant vers les folkloristes, recueillant leurs moindres notules, Jean-Claude Schmitt est parvenu à recomposer un système cohérent de croyances et de rites dont le reflet déformé est transmis par quelques phrases latines écrites dans le fort de la lutte menée contre les « superstitions » par l'autorité ecclésiastique. Il a dégagé des brumes qui la dissimulaient l'image mythique que prenait au XIIIe siècle le pouvoir féodal dans les consciences villageoises. Il a pourchassé enfin jusqu'à nos jours les résidus de ces comportements, lesquels, affirme-t-il, se sont perpétués sur les mêmes lieux, en dépit de toutes les répressions. Cet ouvrage est exemplaire, et non seulement par ce qu'il apprend du peuple, qui est capital : il montre le visage de la plus jeune histoire.

Des formations idéologiques dont leurs concurrentes ont triomphé, qu'elles ont peu à peu refoulées dans les étages les moins accessibles de l'édifice culturel et social, les traces les plus visibles datent du moment où elles furent réprimées : c'est le feu de la polémique qui les éclaire ; on les connaît par les proclamations qui les dénoncent, l'apologie de leurs détracteurs, les attendus des jugements qui les condamnent. Nous les voyons par les yeux de leurs oppresseurs. Elles apparaissent donc comme en creux, en négatif. Caricaturées, défigurées. Dans l'intervalle, pour en déceler l'existence, il convient d'interpréter le silence des textes. C'est donc à propos de tels phénomènes que l'historien, averti par une étude attentive des déformations que les manœu-

vres répressives font aujourd'hui subir aux témoignages, peut tirer le meilleur profit d'une autre expérience : celle des procédés d'analyse de la psychologie
profonde. Comme le psychanalyste ne doit-il pas guet-
ter la vérité qui se cache sous le non-dit? Les exigences
d'un tel décryptage appellent par conséquent à perfectionner les procédures traditionnelles de la critique
historique. Ajustement nécessaire, puisque, lorsqu'il se
fait l'observateur des idéologies, l'historien doit inver-
ser l'objet de ses efforts d'objectivité. Ce que l'histoire
positiviste s'attachait à établir, c'était la véracité des
faits. Or ceux-ci, en l'occurrence, importent moins que
la manière dont on en a parlé, dans l'instant même ou
plus tard. Lorsque le témoignage est mis à l'épreuve, il
ne s'agit pas de trier le vrai du faux à propos de ce qu'il
prétend faire accroire. Il est éprouvé pour lui-même,
pour ce qu'il révèle de la personnalité du témoin, pour
ce que celui-ci cache ou bien oublie autant que pour ce
qu'il affirme et pour la façon qu'il a de l'affirmer.

Une semblable rigueur dans le traitement de l'information importe particulièrement lorsque l'on interroge
les textes qui révèlent certains aspects de la culture
populaire. Les expressions de cette culture sont en
effet, jusqu'à des temps très proches de nous, soit des
objets, dont la plupart sont très périssables, soit des
paroles, qui s'envolent. Nous entendons très rarement
le peuple. Tout ce qui nous est dit de lui provient
d'intermédiaires. Ils ont transcrit ce qu'ils ont ouï-dire.
Leur rôle est de toute première importance, et l'on doit
féliciter les organisateurs d'un colloque qui récemment, à Aix-en-Provence, attira l'attention sur ces
enseignants, ces prêcheurs, ces médecins, tant de
notables de petites bourgades, eux-mêmes formés aux
écoles mais s'appliquant à recueillir les rumeurs leur
parvenant d'hommes et de femmes moins instruits. Ce
furent les principaux relais des mécanismes d'acculturation. Ils aidèrent à répandre de haut en bas les
connaissances, les usages, les modes qu'un mimétisme
très communément partagé fait se diffuser d'eux-

mêmes, de degré en degré, vers les soubassements de la société; en contrepartie, ils transportèrent vers les « élites » ces ornements naïfs dont s'enchante le populisme de bon ton des gens bien. Dans cette seconde fonction, ils nous renseignent : nous devons tout aux relations qu'ils ont rédigées, aux collections qu'ils ont constituées. Or, la pratique de l'ethnologie nous met en garde : la transmission ne s'opère pas sans que le message soit peu ou prou dénaturé. Le médiateur n'est jamais neutre. Sa propre culture déteint sur ce qu'il rapporte, et l'empreinte déforme d'autant plus que le témoin est savant ou croit l'être, et qu'il se mêle d'interpréter lui-même, dans la grande liberté que lui vaut le sentiment de dominer de la hauteur de sa science les objets culturels, fragiles, qu'il récolte. De toute évidence, Étienne de Bourbon, parce qu'il était passionné, a déformé inconsciemment ce que lui avaient appris du culte de saint Guignefort des informateurs qui d'ailleurs déformaient déjà puisqu'ils avaient peur. Mais six siècles plus tard, la déformation n'est certainement pas moindre dans ce que dit l'érudit local interrogé par Jean-Claude Schmitt et qui lui-même était passionné. Pourquoi ne pas le critiquer avec la même acribie? Les historiens de la culture populaire perfectionnent l'outillage qui permet de saisir et de passer au crible les rares informations qui viennent du lointain des siècles. Il est bon de leur rappeler qu'ils doivent se défier autant, sinon plus, des folkoristes du XIXᵉ siècle dont le bavardage surabonde. Qu'ils n'oublient pas non plus que tout ce que l'on a pu recueillir des arts et traditions populaires date de ce même XIXᵉ siècle, ne vient pas des villages mais des bourgs, que beaucoup de ces vestiges sont trafiqués et qu'il est dangereux de supposer qu'ils puissent valablement nous renseigner sur ce que l'on croyait, sur ce que l'on sentait dans les campagnes cent, trois cents, voire neuf cents ans auparavant. C'est faire injure au peuple et le traiter en être débile que se figurer sa culture immobile. Elle est vivante, elle dure elle aussi, et la durée la transforme.

**

Le dernier glissement que je signale affecte le comportement des historiens à l'égard de l'événement. Sous le rude enseignement de l'« école des *Annales* » (l'expression convient-elle, s'est-il agi jamais vraiment d'une école ?), l'habitude s'est ancrée d'affecter quelque négligence à l'égard des agitations de surface, des accidents, des épiphénomènes que sont les spasmes événementiels. A vrai dire, l'œuvre de Fernand Braudel en témoigne, à peine enlevés les gros bastions de l'histoire traditionnelle, les *Annales* n'ont plus appelé à mépriser l'événement. Elles encouragent en tout cas la tendance actuelle à l'observer de plus près, afin d'examiner comme il s'insère dans les masses plus stables qui le supportent, qui provoquent son jaillissement et sur lesquels il retentit. Ne nous hâtons pas de parler d'une réhabilitation de l'histoire événementielle. Ce n'est pas pour soi en effet que l'événement est dépecé, désarticulé. C'est pour ce qu'il révèle, par l'ébranlement dont il est la cause, et qui sans lui resterait inaperçu. Le contrecoup nous intéresse plus que le coup lui-même : ce remous qui fait émerger des profondeurs des choses échappant d'ordinaire au regard de l'historien. En effet les événements déclenchent une effervescence de discours. Ceux-ci relatent l'inhabituel. Mais dans le flot de paroles quelques-unes sont entraînées, que l'on peut percevoir en tendant l'oreille et qui révèlent des structures latentes. J'ai moi-même tiré parti des récits de la bataille de Bouvines pour tenter une sorte de sociologie de la guerre médiévale et, mesurant de génération en génération le retentissement de l'affaire, pour à la fois affiner une géographie de la sensibilité politique et sonder l'élasticité de la mémoire collective. Le cas d'Emmanuel Le Roy Ladurie est fort éclairant. Il est connu pour avoir mesuré le très lent, l'imperceptible balancement des écarts climatiques, et pour ses travaux largement étendus sur ce vaste palier de la culture paysanne française, cette

phase de stabilité comprise entre le xive et le xviiie siècle qui nous fait prendre Restif de La Bretonne pour le
cousin très proche des villageois de Montaillou. Il a,
dans sa leçon inaugurale du Collège de France, fait
l'apologie de l'histoire immobile. Or voici qu'il en est
venu à prendre un événement très ponctuel, les trou-
bles qui marquèrent dans la ville de Romans à la fin du
xvie siècle les festivités d'un carnaval. Parce qu'on a
raconté ces tumultes et que les relations plus ou moins
véridiques donnent le moyen d'appréhender des réalités insaisissables, des objets d'une durée à proprement
parler immémoriale, tels les antagonismes entre la
ville et ses campagnes, ou les gestes que l'on accom-
plissait sans y penser dans le déroulement rituel des
fêtes de fin d'hiver. Tandis que François Furet, repen-
sant cet événement multiforme que fut la Révolution
française, nous invite par un livre superbe à remettre
en question ce que nous croyons connaître des rapports
entre l'aire du politique et les structures.

***

J'ai brossé à très larges traits le tableau d'une
rénovation, celle de l'histoire française. J'ai souligné
les tendances qui m'apparaissent les plus significatives
– à moi qui parle, et de l'opinion que j'exprime, des
jugements que je porte, je n'ignore pas ce qu'ils ont de
subjectif. On m'accordera que le bilan est très positif.
Mais on attend peut-être que je dise un mot des
insuffisances et qu'avant de clore ces réflexions, je
désigne aussi les zones de somnolence, les recoins où
dorment les routines. Je pourrais, par exemple, déplo-
rer que la biographie – à vrai dire, parmi les genres
historiques, l'un des plus difficiles – ait été dans ces
trentes dernières années si délaissée par les historiens
professionnels : malheureusement, car le grand homme, ou l'homme moyen, dont le hasard fait qu'il a
beaucoup parlé ou que l'on a parlé beaucoup de lui,
est, de la même manière que l'événement, révélateur
par toutes les déclarations, les descriptions, les illustra-

tions dont il est accidentellement l'occasion, par les
ondes que ses gestes ou ses mots mettent en mouvement autour de lui. Je pourrais dire que, par rapport à
l'histoire de l'époque moderne et à l'histoire du Moyen
Age, où, exploitant une fertilité naturelle qui tient à
l'état des documents, Lucien Febvre et Marc Bloch ont
semé les ferments les plus actifs de développement (et
sans rien dire de l'histoire de l'Antiquité, dont la
vivacité est également saisissante, mais qui entretient
des rapports très particuliers avec la philologie et
l'archéologie), l'histoire contemporaine peut apparaître en France distancée d'assez loin. C'est comme si
la recherche en ce domaine s'était longtemps trouvée
bloquée par l'exubérance des sciences humaines du
présent, par l'économie, la sociologie, la psychologie
sociale; c'est comme si les historiens devaient se
contenter d'un rebut, l'événement pur, le politique.
Mais j'ajouterai aussitôt que, depuis très peu de temps,
tout a changé : des organismes se sont mis en place, des
équipes se sont formées, guidées par des animateurs de
grand talent. Elles rattrapent à très grands pas le
retard.

Je pourrais signaler enfin des obstacles, ce qui freine
la pétulance de nos recherches. Je dénoncerai principalement deux pesanteurs. Celle d'abord des nouveaux
instruments d'investigation. Ouvrir un champ de fouilles, procéder là, comme il se doit, à la plus fine analyse
stratigraphique, restaurer, classer une collection d'objets, traiter un fonds d'archives par l'ordinateur ou par
telle ou telle technique d'analyse de contenu, dévore le
temps, dévore l'argent. Ceci incite à restreindre le
terrain de l'enquête, conduit à l'étiolement de la
problématique, à la parcellisation, à cette sorte de
myopie dont tant de thèses de doctorat de l'école
historique américaine montrent le fâcheux exemple.
L'exploration du site du vieux Rougiers, une agglomération de Provence abandonnée depuis la fin du Moyen
Age, a donné des résultats admirables. Ils sont le fruit
d'un travail poursuivi pendant près de vingt ans à

l'aide des plus gros moyens qu'il était possible de rassembler. Comment imaginer que l'on puisse, pour les vérifier, pour en déployer l'enseignement, recommencer tout de suite, s'attaquer à des sites voisins, comme il faudrait? L'autre lourdeur résulte de ce qui cloisonne encore les institutions. Dans les universités françaises, au Centre national de la recherche scientifique, les barrières ne sont pas toutes abattues, elles ne sont même pas toutes rabaissées, qui séparent les disciplines. Restent de petites chambres closes où s'enferment encore des historiens de telle ou telle littérature, des historiens de la musique, de la philosophie, des sciences, et dont quelques-uns ne montrent guère de propension à rencontrer les historiens tout court. Or l'histoire, dans ce qui fait aujourd'hui sa vigueur, appelle aux concertations. Elle tient une chanson, une fresque, un poème, le décor d'un ballet pour des documents aussi précieux qu'un cartulaire ou l'éditorial d'un journal. Il faut lutter encore pour que circulent plus librement l'information, les idées. Nombreux cependant, résolus, confiants sont ceux qui, un demi-siècle après la fondation des *Annales*, continuent le combat.

SOURCES DES TEXTES

De l'amour et du mariage

1. *Le mariage dans la société du haut Moyen Age*
Discours inaugural prononcé lors du colloque orga-
nisé par le Centre italien d'études sur le haut Moyen
Age, Spolète, 22-28 avril 1976 (extrait).

2. *Que sait-on de l'amour en France au XIIe siècle?*
« The Zaharoff Lecture for 1982-1983 », New York,
Oxford University Press, 1983.

3. *La matrone et la mal mariée*
paru sous le titre « The Matron and the Mis-Married
Woman : Perceptions of Marriage in Northern
France circa 1100 », *Social Relations and Ideas :
Essays in Honour of R.H. Hilton*, Aston, Coss, Dyen
and Thirsk, Past and Present Society, 1983.

4. *A propos de l'amour que l'on dit courtois*
Académie royale de langue et de littérature française, Bruxelles, 13 décembre 1986.

5. *Le Roman de la Rose*
Préface au *Roman de la Rose* pour le Club français
du Livre, Paris, 1976.

6. *Histoire des femmes en France et en Espagne. Conclusions d'un colloque*
Colloque « La condición de la mujer en la Edad Media », Madrid, 1986, Ed. Universidad Complutense, Madrid, 1986.

Structures de parenté

1. *Structures familiales dans le Moyen Age occidental*
XIIe Congrès international des sciences historiques, Moscou, 16-23 août 1970.

2. *Structures familiales aristocratiques en France du xie siècle en rapport avec les structures de l'État*
Actes du colloque « L'Europe aux ixe-xie siècles », Varsovie-Poznan, 1967.

3. *La France de Philippe Auguste. Les transformations sociales en milieu aristocratique*
Actes du colloque organisé par le CNRS, Paris, 29 sept.-4 oct. 1980. Ed. du CNRS, 1980 (extrait).

Cultures, valeurs et société

1. *Problèmes et méthodes en histoire culturelle*
Actes du colloque « Objet et méthodes de l'histoire de la culture », Tihany, 10-14 octobre 1977.

2. *L'histoire des systèmes de valeurs*
Studies in the Philosophy of History, vol. XI, n° 1, 1972, Wesleyan University Press.

3. *La Renaissance du xiie siècle. Audience et patronage*
Paru sous le titre « Audience and Patronage », *Renaissance and Renewal in the twelfth century*, edited by R. L. Benson and G. Gustable, Harvard U. Press, Cambridge, Mss, 1982.

4. *Réflexions sur la douleur physique au Moyen Age*
Colloque organisé par l'université de Varsovie,
1986, *Revue des sciences médicales*, n° 345, 1986.

5. *Mémoires sans historien*
Nouvelle Revue de psychanalyse, XV, printemps
1977.

6. *Hérésies et sociétés dans l'Europe préindustrielle*
xie-xviiie siècles
(Colloque de Royaumont), 1968, Paris-La Haye.

TABLE DES MATIÈRES

Cultures, valeurs et société

NOUVELLE BIBLIOTHÈQUE SCIENTIFIQUE

La Nouvelle Bibliothèque Scientifique a pris, en 1962, la suite de la célèbre « Bibliothèque de Philosophie Scientifique » fondée par Gustave Le Bon en 1905. Dirigée par Fernand Braudel jusqu'en 1979, elle est maintenant placée sous la responsabilité de Louis Audibert, après avoir été animée par un Conseil scientifique comprenant : Georges Duby, Jean-Claude Pecker, Michel Serres.

Einstein (A.) et Infeld (L.). L'ÉVOLUTION DES IDÉES EN PHYSIQUE.

Erikson (E.H.). LUTTER AVANT LUTTER, PSYCHANALYSE ET HISTOIRE.

Erikson (E.H.). ÉTHIQUE ET PSYCHANALYSE.

Erikson (E.H.). ADOLESCENCE ET CRISE. LA QUÊTE DE L'IDENTITÉ.

Erikson (E.H.). LA VÉRITÉ DE GANDHI. LES ORIGINES DE LA NON-VIOLENCE.

Finley (M.I.). MYTHE, MÉMOIRE, HISTOIRE.

Finley (M.I.). L'INVENTION DE LA POLITIQUE.

Fougeyrollas (P.). MODERNISATION DES HOMMES. L'EXEMPLE DU SÉNÉGAL.

Fox (E.W.). L'AUTRE FRANCE. L'HISTOIRE EN PERSPECTIVE GÉOGRAPHIQUE.

Fritsch (V.). LA GAUCHE ET LA DROITE, VÉRITÉS ET ILLUSIONS DU MIROIR.

Furet (F.). MARX ET LA RÉVOLUTION FRANÇAISE.

Giesey (R.). LE ROI NE MEURT JAMAIS.

Ginzburg (C.). LE FROMAGE ET LES VERS. L'UNIVERS D'UN MEUNIER DU XVIe SIÈCLE.

Ginzburg (C.). ENQUÊTE SUR PIERO DELLA FRANCESCA.

Gochet (P.). QUINE EN PERSPECTIVE.

Gourou (P.). LA TERRE ET L'HOMME EN EXTRÊME-ORIENT.

Gourou (P.). POUR UNE GÉOGRAPHIE HUMAINE.

Guillaume (P.). LA PSYCHOLOGIE DE LA FORME.

Guitel (G.). HISTOIRE COMPARÉE DES NUMÉRATIONS ÉCRITES.

Gusdorf (G.). MYTHE ET MÉTAPHYSIQUE.

Hécaen (H.) et Dubois (J.). LA NAISSANCE DE LA NEUROPSYCHOLOGIE DU LANGAGE (1825-1865).

Henry (A.). PROUST ROMANCIER. LE TOMBEAU ÉGYPTIEN.

Hoffer (A.). et Osmond (H.). COMMENT VIVRE AVEC LA SCHIZOPHRÉNIE.

Huppert (G.). L'IDÉE DE L'HISTOIRE PARFAITE.

Huppert (G.). BOURGEOIS ET GENTILHOMMES. LA RÉUSSITE SOCIALE EN FRANCE AU XVIe SIÈCLE.

Jankélévitch (V.). L'IRONIE.

Jankélévitch (V.). LA MORT.

Jankélévitch (V.). L'IRRÉVERSIBLE ET LA NOSTALGIE.

Kapp (W.). LES COÛTS SOCIAUX DANS L'ÉCONOMIE DE MARCHÉ.

Kaufmann-Rochard (J.). ORIGINES D'UNE BOURGEOISIE RUSSE. XVIe ET XVIIIe SIÈCLE.

Konczewski (C.). LA PHYSIOLOGIE DYNAMIQUE ET LA PENSÉE VÉCUE.

Koning (R.). (Coll. sous la direction de). SOCIOLOGIE.

Kuhn (T.S.). LA STRUCTURE DES RÉVOLUTIONS SCIENTIFIQUES.

Laborit (H.). L'HOMME ET LA VILLE.

Lafont (R.). LE TRAVAIL ET LA LANGUE.

Laplanche (J.). VIE ET MORT EN PSYCHANALYSE.

Laslett (P.). UN MONDE QUE NOUS AVONS PERDU, LES STRUCTURES SOCIALES DANS L'ANGLETERRE PRÉINDUSTRIELLE.

Le Bras (G.). L'ÉGLISE ET LE VILLAGE.

Lefebvre (G.). NAISSANCE DE L'HYDROGRAPHIE MODERNE.

Le Roy Ladurie (E.). HISTOIRE DU CLIMAT DEPUIS L'AN MIL.

Lévy-Valensi (E.A.). LE TEMPS DANS LA VIE PSYCHOLOGIQUE.

Lhomme (J.). POUR UNE SOCIOLOGIE DE LA CONNAISSANCE ÉCONOMIQUE.

Lombard (M.). L'ISLAM DANS SA PREMIÈRE GRANDEUR, VIIIe-XIe SIÈCLE.

Lorenz (K.). L'AGRESSION.

Lorenz (K.). L'ENVERS DU MIROIR : UNE HISTOIRE NATURELLE DE LA CONNAISSANCE.

Lorenz (K.). LES FONDEMENTS DE L'ÉTHIOLOGIE.

Mandelbrot (B.). LES OBJETS FRACTALS, FORME, HASARD ET DIMENSION. 2e édition.

Mareuil (A.). LITTÉRATURE ET JEUNESSE D'AUJOURD'HUI.

Mayer (A.). LA PERSISTANCE DE L'ANCIEN RÉGIME, L'EUROPE DE 1848 A LA GRANDE GUERRE.

Ménard (C.). LA FORMATION D'UNE RATIONALITÉ ÉCONOMIQUE, LE MODÈLE DE COURNOT.

Miquel (A.). UN CONTE DES MILLE ET UNE NUITS. AJÎB ET GHARÎB.

Miquel (P.). LA PAIX DE VERSAILLES ET L'OPINION PUBLIQUE FRANÇAISE.

Moreau (T.). LE SANG DE L'HISTOIRE MICHELET. L'HISTOIRE ET L'IDÉE DE LA FEMME AU XIXe SIÈCLE.

Moscovici (S.). ESSAI SUR L'HISTOIRE HUMAINE DE LA NATURE.

Newton (F.). UNE SOCIOLOGIE DU JAZZ.

Nicolle (J.). STRUCTURE MOLÉCULAIRE ET PROPRIÉTÉS BIOLOGIQUES.

Pacault (A.) et Vidal (C.). A CHACUN SON TEMPS.

Piaget (J.). (Coll. sous la direction de). L'EXPLICATION DANS LES SCIENCES.

Piaget (J.). et Garcia (R.). PSYCHOGENÈSE ET HISTOIRE DES SCIENCES.

Piganiol (P.) et Villecourt (L.). POUR UNE POLITIQUE SCIENTIFIQUE.

Planhol (X. de). LES FONDEMENTS GÉOGRAPHIQUES ET L'HISTOIRE DE L'ISLAM.

Poincaré (H.). DERNIÈRES PENSÉES.

Pouchelle (M.-C.). CORPS ET CHIRURGIE A L'APOGÉE DU MOYEN AGE.

Quine (W.V.O.). LE MOT ET LA CHOSE.

Renfrew (C.). LES ORIGINES DE L'EUROPE. LA RÉVOLUTION DU RADIOCARBONE.

Richard (G.). LES INSTITUTIONS POLITIQUES DE LA FRANCE, DE LOUIS XV A GISCARD D'ESTAING.

Cet ouvrage a été réalisé sur
Système Cameron
par la SOCIÉTÉ NOUVELLE FIRMIN-DIDOT
Mesnil-sur-l'Estrée
pour le compte des Éditions Flammarion
le 24 décembre 1987

Imprimé en France
Dépôt légal : janvier 1988
N° d'édition : 11481 – N° d'impression : 8190